Total Cost Control in Purchasing
全面采购成本控制

宫迅伟 李斌 赵平 著

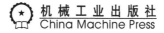

图书在版编目（CIP）数据

全面采购成本控制 / 宫迅伟等著. —北京：机械工业出版社，2020.1（2024.7重印）

ISBN 978-7-111-64176-6

I. 全… II. 宫… III. 企业管理 - 采购成本 - 成本控制 - 研究 IV. F274

中国版本图书馆 CIP 数据核字（2019）第 252893 号

本书是"SCAN 专业采购四大核心能力"系列课程配套教材之二。

《全面采购成本控制》，强调"三全降本"：全员、全流程、全方位。

所有企业都会控制采购成本，降本是所有采购人的痛。有的企业频繁招标，降本直接变成降价，高强度的 KPI 绩效考核使采购降本扭曲，牺牲了质量，牺牲了服务，甚至牺牲了客户。其实所有员工、所有环节都会影响采购成本，本书利用英文 COST（成本）的四个字母构建框架，阐释降本手段，用 DOWN（降低）的四个字母描述降本目的，构建全面降本方法论：G-COST DOWN 模型。

希望通过本书，提高采购专业能力，助力采购由行家变大家。

全面采购成本控制

出版发行：机械工业出版社（北京市西城区百万庄大街 22 号 邮政编码：100037）			
责任编辑：刘新艳		责任校对：李秋荣	
印　　刷：固安县铭成印刷有限公司		版　次：2024 年 7 月第 1 版第 11 次印刷	
开　　本：170mm×240mm　1/16		印　张：17	
书　　号：ISBN 978-7-111-64176-6		定　价：69.00 元	

客服电话：（010）88361066　68326294

版权所有・侵权必究
封底无防伪标均为盗版

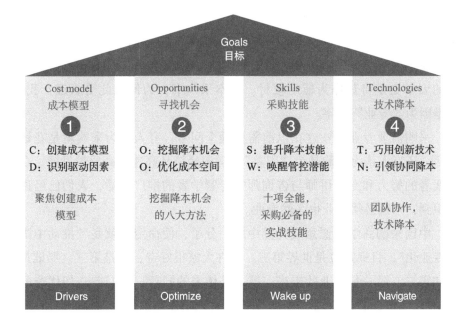

Preface
序言

"三全"降本,开启全面采购降本新时代

我的第一本书《如何专业做采购》,自2015年出版以来,已印刷12次,2018年7月24日CCTV2的《第一时间》栏目专门做过推荐,这本书常年在京东、当当等网站位居畅销书榜单,很多公司的采购人员人手一册,有的大学更是将其作为辅助教材。一本采购书,为何如此受欢迎?我想,就是因为"专业"二字。

采购需要专业吗?这在以前需要画个问号,有人认为采购就是花钱买东西,还有人认为采购是个"肥差"。随着经济从高速到高质量发展、众多实践者的努力和专业讲师与咨询师等专家学者的推广传播,人们已经逐渐意识到,采购必须专业也必然专业。

中国采购商学院愿意成为其中的一分子,使命定位就是"推动中国采购专业化",目标定位是世界第三。或许大家很好奇,你是第三,那谁是第一和第二?第一是专业的未来,第二是优秀的同行。我们向一切优秀的同行学习,学习同行优秀的一切,我们要对未来保持敬畏,对专业保持谦卑,这是我们的价值观。

欧美有专业的采购经理人认证培训,大学里也开设采购专业课程,国内的一些领先企业也开始投入预算开展采购培训、采购咨询。制造业是国民经济的主体,是立国之本。回顾历史,管理理论往往诞生在制造业、制

造大国。毫无疑问，中国应该有人总结实践、萃取经验，搭建一套中国自己的采购知识体系，创作出专业权威的采购书籍，很多同行在为此努力着。

《如何专业做采购》这本书，把采购的专业能力概括为四大核心能力，即专业的采购人必须有能力回答四个问题：

（1）为什么选择这家供应商？

（2）为什么是这个价格？

（3）如何控制合同风险与合规？

（4）如何进行一场双赢的谈判？

这四个问题，每个采购人每天都在面对，每位领导、每次审计都在询问，它写出了采购人的痛点。

回答这四个问题，必须具备四大核心能力，即：

（1）供应商关系管理与选择评估。

（2）成本分析与价格控制。

（3）合同风险与合规管理。

（4）双赢谈判技巧。

取其英文核心内涵概括为 SCAN：

- 供应商管理（supplier management）。
- 成本管理（cost management）。
- 合同协议管理（agreement management）。
- 谈判技巧（negotiation skills）。

这本书广受欢迎，是一本专业的畅销书，但如果想进一步提升其权威性，要有自成体系的理论架构，还要有更深度的理论阐释和创新。于是我想，是不是把这四大核心能力分别写一本书，形成一个系列，变成更具权威的书呢？很多读者也提过这样的建议，于是我起心动念决定把它写出来，供大家参考。

我给这套书做了这样的定位，描绘了这样一幅画像：系统全面、结构清晰、表达有力。

系统全面。希望它能涵盖市面上的各种权威论断，涵盖采购业务的方方面面，让大家"一册在手，全部拥有"，节省大家的时间。为了突出"全"，我斗胆在每本书的书名里都加了一个"全"字。希望它能兼收并蓄，博采众家之长，站在巨人的肩膀上，在此要感谢一切同行，尤其是写过书的同行。

结构清晰。希望它有一个好的逻辑架构。判断一本书的好坏，我特别喜欢看它的架构，就像看一套房子，特别喜欢看它的户型。如果缺少逻辑架构，只是简单的文字堆砌，那它就是一本杂记、一本文集，不能作为权威著作。

表达有力。希望它文笔流畅，可读性强，有读者才有影响力，不能变成一本死板的教科书，要让大家读起来轻轻松松，在不知不觉中掌握采购知识。

要完成立意这么高的一套书，我自己的时间有限、水平也有限。于是我组织官采道弟子，大家一起来打造这套书。他们都是在岗的优秀职业经理人，都是各自领域的专家，我们利用元旦、五一、中秋、国庆等假期数次在一起研讨，历时一年多，反复打磨，最终打造出这样一套书。

这套书由M1到M4，一共四本，即四个模块：

M1：《供应商全生命周期管理》

M2：《全面采购成本控制》

M3：《采购全流程风险控制与合规》

M4：《全情景采购谈判技巧》

期待这四本书与《如何专业做采购》，以及之后出版的《全方位采购领导力》组成一个整体，作为"三步打造采购专家"晋阶培训的配套教材，助力采购人"由行家变大家"。

读者拿在手上的这本书是M2，《全面采购成本控制》。

所有企业都会控制采购成本，所有企业年年都有降本指标，降本（cost down）是所有采购人的痛。有的企业频繁招标，降本直接变成降价，高强度的KPI绩效考核使采购降本扭曲，牺牲了质量，牺牲了服务，甚至牺牲了客户，因此有人大声疾呼"不要再搞最低价中标"。

其实所有员工、所有环节都会影响采购成本，买什么、买多少、什么时候买这些使用者的需求影响成本，从哪儿买、怎么买这些决策者的决定影响成本，还有经常出现的"急""设计变更"，各种"不合理"的质量、交期、数量要求，都会影响采购成本，更有看不见的供应商沟通成本。但现实情况是，采购降本往往局限在采购部门内部，存在严重的"部门墙""企业沟"。

全面质量管理（total quality management，TQM）强调质量管理的全面性、全员性、全流程，打破单一质量管理的弊端。

本书借鉴全面质量管理理念，取名《全面采购成本控制》，强调"三全降本"。

（1）**全员降本**。每个员工的需求都影响采购成本，所有员工都有降本智慧。因此，本书特别倡导需求管理、做支出分析，强调全员参与，采取多种技术、多种方式，包括数字化技术以及其他创新手段降本，而不仅仅是砍价和招标。

（2）**全流程降本**。一个采购项目从开始到结束，从采购申请、寻源比价、审批合同、提交订单、交付和付款，每个环节都会影响采购成本，都存在降本机会，降本覆盖整个供应链。

（3）**全方位降本**。采购成本 = 产品质量 + 价格 + 交货期 + 服务，不仅仅要考虑价格，更要考虑总拥有成本（total cost of ownership，TCO）和生命周期总成本（life cycle cost，LCC）。要聚焦客户，使用多种技术，供应链协同降本。采购不是采购部门的采购，而是整个公司的采购。

因此，降本要有大局观，降本要"三全"。

本书让我引以为傲的是：利用英文COST（成本）的四个字母构建本书的框架，阐释降本手段，用DOWN（降低）的四个字母描述降本的目的，形成全面降本方法论：G-COST DOWN模型。

G——GOAL（目标），告诫大家降本的目的是实现公司的总体目标，心中要装着"三全降本"，要装着顾客，不能片面追求降本。

给英文单词COST DOWN（成本降低）赋予了如下内涵：

C：创建成本模型；D：识别驱动因素。

O：挖掘降本机会；O：优化成本空间。

S：提升降本技能；W：唤醒管控潜能。

T：巧用创新技术；N：引领协同降本。

本书在中国机械工程学会的指导下由宫迅伟主导，由宫采道弟子李斌、赵平执笔，汪浩、刘成、盖启明参与讨论，最后由盖启明修订，由李斌统稿完成，他们对后期完成书稿做出非常大的贡献。

本书力求倾尽作者所能，让 CEO、COO、CFO、CPO 等高级管理者，让广大采购从业者乃至初学者，让咨询师、培训师、教师乃至其他一切对采购管理感兴趣的人，对于书中所讲内容都可以轻松理解，快速掌握，拿来就用。

当然，限于时间和水平，本书一定还有很多不足，还望读者包涵，专家学者指正。

如有任何问题，请联系 gongxunwei@cipm-china.com。

本书已被纳入中国机械工程学会培训教材系列。

宫迅伟

目录

导图　COST DOWN总体架构

序言　"三全"降本，开启全面采购降本新时代

第一部分　C：创建成本模型　D：识别驱动因素

第一章　透视成本结构：火眼金睛看"本"质　/ 3

P公司运用成本分析降低模具采购成本的实践　/ 3

一、成本分析：成本模型的基础　/ 6

二、成本结构：看清钱都花哪儿了　/ 8

三、六大成本结构：解剖成本　/ 11

四、成本费用分摊：花钱的都有谁　/ 21

五、不同行业的成本结构　/ 22

第二章　创建成本模型：运筹帷幄搭结构　/ 25

一瓶矿泉水的价格秘密　/ 25

一、成本模型：成本控制的核心手段　/ 27

二、PPDAR五步法：成本模型建立指南　/ 28

三、创建成本模型的实践方法　/ 31

四、成本模型的管理　/ 52

五、成本模型其他要素简介 / 62

第二部分　O：挖掘降本机会　O：优化成本空间

第三章　八大方法：深度挖掘找机会 / 75

　　一家全国零售企业削减保洁服务支出 / 75
　　一、采购需求管理：控制没必要花的钱 / 76
　　二、支出分析：搞清钱都花哪儿了 / 81
　　三、价格分析：为什么是这个价格 / 85
　　四、自制或外购、租赁分析：做有价值的事 / 96

第四章　八大方法：拧干毛巾降成本 / 104

　　中国航空工业以规模化效益助力航空工业降本增效 / 104
　　一、招标与谈判：商务降本两大招 / 106
　　二、集中与联合采购：利用规模优势 / 114
　　三、目标成本法：反向成本控制 / 122
　　四、全球采购：参与全球资源分配 / 128

第三部分　S：提升降本技能　W：唤醒管控潜能

第五章　十项全能：全局优化成本 / 135

　　ZARA 极速供应链的成功经验 / 135
　　一、供应链管理：创造价值、减少浪费 / 138
　　二、产品设计优化：从源头控制成本 / 140
　　三、工艺流程改进：减少不必要的动作 / 142
　　四、库存成本控制：服务与库存的平衡 / 144
　　五、质量成本控制：质量和成本就是水涨船高 / 145
　　六、物流成本控制：管理花在路上的钱 / 147
　　七、项目管理技能：成本控制的系统化手段 / 149

第六章　十项全能：技术化技能 / 170

　　加快降成本步伐，多措并举减税降费 / 170
　　一、财政金融学知识：理解看得见的手 / 174
　　二、经济学知识：理解看不见的手 / 179
　　三、统计与数据分析：预测成本变化趋势 / 189

第四部分　T：巧用创新技术　N：引领协同降本

第七章　全面降本技术 / 201

　　飞利浦采购管理风暴：重新定义 DFX，斩除高成本 / 201
　　一、价值分析与价值工程：做有价值的事 / 204
　　二、创新引领：新方法助力成本降低 / 221
　　三、标准化：提高效率就是降低成本 / 227

第八章　全链条协同降本 / 232

　　江淮汽车随需而动的采购供应链 / 232
　　一、供应链协同：内外协力降成本 / 235
　　二、价值链管理：降低顾客成本、增加企业价值 / 238
　　三、供应商早期参与：前置成本控制 / 244
　　四、伙伴供应商：关注共同价值 / 245
　　五、数字化采购：采购发展未来的方向 / 247

参考文献 / 259

🎙️ 宫老师

帅大叔，低调，经历丰富。脑子里干货满满，心里有许多故事，随便掉一个出来都是天然段子。重实战，擅长深入浅出地把枯燥的知识用活泼的形式呈现出来。业余时间喜欢和太太一起旅游，尤其喜欢爬山，是爱妻号好男人。

 学霸

双子座，男生，高冷，爱读书、爱做笔记、爱总结，时不时掉个书袋。虽然掉书袋的时候让人觉得有点烦，但是很大方，总是把自己的笔记无私地分享给大家，人缘很不错。

 小师妹

双鱼座，女生，爱八卦、爱零食、爱逛街、爱插嘴，大大咧咧、没心没肺、偶尔犯个小迷糊，有时候伶牙俐齿，无可救药的乐天派，是全班的开心果。

第一部分

C：创建成本模型
D：识别驱动因素

导读：为什么是这个价格？困扰采购的第一难题

采购价格与供应商的选择、风险的管控以及谈判都相关。在实际工作过程中，采购人员不时地面对降本的压力，要对价格进行"搏杀"，"血淋淋"的场面经常出现。

到底什么样的价格是合适的？什么样的价格能让老板信服和满意？这是困扰采购人员的第一难题。

要有效地解决这个问题，采购人员必须有能力开展成本模型的建立与分析活动。这样，采购人员才能练就一双火眼金睛，用数据与事实说话，使价格猫腻无处遁形。

**Cost model
成本模型
1**

C：创建成本模型
D：识别驱动因素

聚焦创建成本模型

Drivers

本部分是 COST DOWN 架构的开始，聚焦于"成本模型"，目标是使采购人员能够"识别驱动因素，创建成本模型"。

本部分分成两章进行解析。

第一章，透视成本结构：火眼金睛看"本"质，侧重于成本分析模型最基础的知识——成本结构的解析，包括成本结构、成本费用的分类。

第二章，创建成本模型：运筹帷幄搭结构，侧重于介绍如何创建成本模型，计算"应当成本"。成本模型的建立是在第一章成本结构知识的基础上进行的延伸与应用。

Chapter 1
第一章

透视成本结构
火眼金睛看"本"质

 学习目标

1. 理解成本和成本分析的含义。
2. 掌握六大成本结构。
3. 了解成本费用是如何分摊的。
4. 了解不同行业成本结构的区别。

本章我们将紧紧围绕成本结构的知识展开,包括成本结构、成本费用的分类与分析。练就火眼金睛,才能透视结构本质。

下面我们来看一个案例,开始"透视成本结构"的学习。

P公司运用成本分析降低模具采购成本的实践

模具是产品生产中最常见的一种工具,很多塑胶、五金制品的成型都需要用到。对于采购来说,模具也是一种被采购的"产品"。很多公司将模具的采购合并在制品的采购职责范围内。例如,一个负责注塑件制品的采购人员,同时也管理着相应的注塑模具的采购。注塑模具可能由塑件供应商(一级供应商)自制,也可能是塑件供应商的模具供应商(二级供应商)提供的。这种将制品和模具的采购职责合并在一起的采购方式,有利于节省采购资源。在这种模式下，很多时候采购只需要关注塑胶件制品，无须花更多的精力关注模具的状况。同时，授权一级供应商提供模具（自制或外购），可以充分利用供应商的资源，由供应商对模具和注塑生产的品质做保证，减少了模具供应商与注塑供应商之间的矛盾与摩擦，但也会让模具的采购不透明，失去对模具供应商的管控。尤其是对于精度要求高、技术复杂、价格昂贵的模具来说，在模具的价格和品质方面，采购人员往往一筹莫展。

对于P公司来说，每年的模具采购支出占公司总采购金额的30%左右，但之前没有专门的人员负责模具的采购管理，甚至没有采购价格的绩效数据。因此，P公司让五金件采购团队专门负责公司的模具采购。在五金件采购团队刚接手这项工作的时候，模具采购价格的认定主要源于价格比较，也就是说货比三家。因为模具服务于产品的成型，是根据产品的结构进行设计和制造的，而针对相同的产品结构，可以有不同的模具结构去实现相应的功能；同时，对于新项目或新产品，因为其产品结构不同，导致模具结构也不同，这造成了每套模具都是独特的，每次采购都类似于一次性采购，这也给采购人员评估报价增加了不小的难度。看起来，模具报价就像是一个黑箱，为了了解模具的成本结构，采购团队决定从模具的制造着手调研。

采购团队首先展开了对供应商的逐一拜访。经过一段时间的走访（有时在供应商处蹲点），采购团队发现了供应商之间的一些差异，这些差异主要来自模具供应商的设计能力和模具加工机床设备的不同。比如，火花机设备的加工频率、速度，制造过程中加工刀具、治具以及操作工人的熟练程度等。为了做进一步的分析，方便比较其中的差异，采购团队重新设计了模具报价模板，决定让每家供应商提供其报价的成本明细。各供应商做了成本报价明细，粗略的成本明细表包含以下成本因素：材料（钢材、模胚、电极、标准件等外购件）、加工费（设备折旧和加工时间）、设计费用、管理费、物流费等。

采购团队从成本明细中发现，模具成本中占比较大的部分是加工成本。以模芯为例，加工步骤至少包括下料（订料）、钻水路和螺丝孔及攻牙、CNC、细孔放电、慢走丝（线割）、打火花（EDM）、省模、刻字、飞模（配零件、配模）等。多个工序使加工过程看起来比较复杂，好在业内的生产设备有一定的相似性，因此可以针对不同工序使用的机器设备调查得出其折旧费率。比较难以把握的是每个工艺的加工工时。通常供应商会由工艺编制人员核算出理论工时，然后与车间加工类似零件的实际工时相比较，修正估计值，再呈送报价部门给出报价工时。P公司的采购团队将几家供应商报价的工时进行对比分析，逐一与每家供应商开会了解工时的计算过程，最后经过几个月的努力，得出一套还算准确的标准工时计算方法，作为衡量报价的参照。工时出来之后就可以计算加工成本（将机器设备的折旧费率与工时相乘再加总）。这个方法的采用，是因为采购团队之前没有这个信息基础，所以只能被动地接受所谓的市场价。

另外比较重要的一部分，就是材料费用。为此，采购团队要求供应商提供材料的采购单价（包括钢料、电极等），同时也在开放的材料供应市场询价，并与供应商模具设计部门合作统一了模具主要材料的规格，然后与各模具厂家进行谈判（模具厂商通常购买的钢料多，与钢料代理商有长期的合作，有相对的价格优势），获得了一个材料指导价格，要求供应商以后在核算成本及报价时不得高于此指导价。这样，就有效地控制了材料的成本。对于模具上使用的标准件，很容易拿到供应市场的市场价，这个控制方法其实和原材料的是一样的。当然，还需要注意材料的采购渠道，来源不同，价格有可能差异很大。与此同时，采购的金额和谈判能力也决定着价格的好坏。

经过半年的密集访问和现场调查，最终，采购团队建立了模具成本的数据库，创建了模具成本的应当成本分析模型。对于长期合作的供应商，双方的合作模式比较清晰、明确，以应当成本为基础，考虑其他费用、利润进行报价（对于不同的项目，可以给不同的利润率，5%～15%都有可能）。这个方法在双方间建立了信任感，也节省了对于报价的核实与谈判。同时，在公司内部，因为有了成本核算分析的依据和标准，采购部门容易取得销售、财务等相关部门对采购价格的认同。在降本的压力下，采购方与供应商的努力方向也从谈判转向如何通过优化设计、提高生产效率、减少损耗来降低成本。

采购团队从报价细分、供应商走访，到建立模具成本模型、进行成本改善活动持续了两年时间，综合降本达到25%。当然，所有这些工作的开展，需要有一定的成本基础知识。

- 要熟悉产品的结构、材料及单价，这样才能计算材料成本。
- 要对产品的生产工艺（流程）进行调查研究，否则就无法计算出较为合理的制造成本。
- 再根据市场、行业、供应商状况考虑三项费用的影响（管理、财务和销售费用）。

小师妹插嘴

P公司的采购成本管控做得真不错，看来作为一个优秀的采购人员，学习成本相关的知识，对提升个人采购能力、为公司创造价值非常重要。

学霸掉书袋

是的，宫老师讲过采购人员要做到"三化"——"知识结构化、能力显性化、个人品牌化"，从成本分析模型的学习开始，向"三化"前进。要学好成本分析，第一步就是了解成本结构。

一、成本分析：成本模型的基础

（一）成本≠价格

在讲成本分析之前，我们来谈谈两个最基础的概念：**成本与价格**。

从经济学的角度来看，成本是为了特定目的而付出的用货币测定的最大价值。简单来说，成本是单位或者个人为了获得某物而付出的代价。这是站在使用者的角度来看成本。比如说，学生要想考高分，就要付出时间去努力学习，时间就是获得高分的成本。

从会计学的角度来看，成本是为生产和销售产品（服务）所耗费的资源用货币计量的值，是生产经营过程中的全部耗费。简单来说，就是消耗了什么，什么就产生了成本，比如，生产矿泉水瓶需要将塑胶材料转换成水瓶，因此消耗了的塑胶材料就产生了成本。

价格是客户购买产品（服务）所愿意支付的费用，用货币计量的值来表现。例如，对于很多产品（服务），其成本是价格的组成部分，供应商通常依据成本来制定价格。在成本的基础上，加上一些费用和利润就成了卖给客户的价格。在此情况下，买方不会期望购买价格等同于产品的成本，否则供应商就无利可图了，企业也就没有持续经营的基础了。

从以上的讲解可以看出，成本更多地源于内在的输入、转化与输出（原材料的获取也被认为是内在的输入能力），而价格更多是由外部市场的供求来决定，比如，奢侈品就是参照市场的需求来定价的。因此，我们提倡企业"内外兼修"，即修炼内功——控制成本，苦练外功——提升市场的认可价值，从而达到利润的最大化。

（二）什么是应当成本

在说明应当成本之前，我们先来讲述一下标准成本。

标准成本，是理想的情况下可以实现的成本，而不是实际发生的成本，是有效经营条件下发生的一种目标成本。

供应商依据预估发生的成本进行报价，采购如果要还价，一般以标准成本为依据，因为它是理想情况下的成本。于是，双方的价格谈判就是在估计成本和标准成本之间进行博弈。作为专业的采购人员，在和供应商谈判之前必须知道标准成本，这是和供应商谈价的基准点。

一般认为，标准成本是一种事先预定的"目标成本"，基本上排除了不应该发生的"浪费"，被认为是"**应当成本**"（should cost）。因此，标准成本具有"规范"的性质，可以作为对标管理的对象来衡量实际成本。

本书在叙述过程中，不做细分，统一以"应当成本"的表述来代替"标准成本""目标成本"以及"合理成本"。

 小贴士

宫老师曾经举了个例子：从宫老师家去机场，需要多长时间？有人说大约60分钟。同样的路线，换成凌晨人少的时候出行，可能只需要30分钟。为什么时间差别这么大？因为60分钟是在等红绿灯、交通堵塞可能发生的情况下进行的估计;而30分钟是在交通非常顺畅的情况下的估计。那请问如果官老师是大家的供应商,报价的时候会以哪个为基准呢?应该是60分钟吧。供应商撒谎了吗?没有,只是把困难考虑得比较充分,这就是供应商的预期成本。采购如果要还价,会以哪个为基准?大家说当然以30分钟为基准,这就是标准成本,因为它是理想情况下的估计。于是,我们谈判的区间就落在30~60分钟。

(三)什么是成本分析

成本分析(cost analysis),是利用成本核算及有关资料分析成本水平与构成的变动情况。比如,采购人员拿到供应商的报价单,会查看报价单上的成本项目,并分析其大小与合理性等。

成本分析的重要性毋庸置疑,其结果和所揭示的问题推动了商务谈判、优化设计、持续改善和管理的提升。成本分析的几个好处如下。

(1)了解产品的成本结构。

(2)识别关键成本驱动因素(成本动因)。

(3)支持基于数据和事实的价格谈判和投资决策。

(4)识别制造过程、组织流程的成本改善点(高效增值)。

(5)为企业提供统一的成本交流和认知的基准,例如,对比不同供应商的报价、建立全员的成本意识、打破部门间的壁垒。

二、成本结构:看清钱都花哪儿了

(一)什么是成本结构

在谈了成本和成本分析之后,我们终于可以开始谈成本结构了。

成本结构反映企业或产品成本的构成情况,简单地说,即成本中包括哪些类型的费用(例如,原料、人工、机器设备、管销费用等),每种类型费用的数额是多少(或者说,占比是怎样的)。比如,我们日常生活开销的成本结构包括房贷、伙食、日常用品、通勤、交际、文娱活动等,不同家庭、不同国家、不同时期的占比都不一样,表1-1是各种类型家庭的恩格尔系数（恩格尔系数表示家庭日常饮食开支占家庭经济总收入的比例，它反映了居民家庭的实际生活水平）。

表 1-1　各种类型家庭的恩格尔系数

家庭类型	贫困家庭	温饱家庭	小康家庭	发达国家家庭	最富裕国家家庭
恩格尔系数（n）	75%以上	50%～75%	40%～49%	20%～39%	不到20%

资料来源：《初中数学》。

因此，分析成本结构可以帮助我们看清楚钱都花到哪里了，哪部分花得多了，哪部分花得少了。这样，我们才可以针对不合理的花费对症下药，寻找进一步降低成本的途径。例如，若交际活动的开销和占比过高，就可以审视人际交往策略，减少不必要的"酒肉朋友"，聚焦于打造有质量的朋友圈。企业也可以依据成本结构做差异管理，即将实际的成本结构与计划的、之前的或同行业的成本结构指标做对标分析，找出差异，从而反映出经营管理取得的成绩或存在的问题，有利于做进一步的改善。

同一行业的不同企业由于生产技术水平高低不同，成本结构也会不同。例如，机械化、自动化程度较高的企业，机器的折旧比重比较大，直接人工占比较小。而大规模生产的企业，其单位固定成本要比小批量生产的企业低一些。当然，企业融资结构和经营管理水平的不同，也都会使成本结构发生变动。

（二）为什么要"透视"成本结构

成本结构好比人体的骨骼，骨骼构成了人体的框架，各个器官以及肌肉填充在骨架之间，形成了完整的体系。很多时候，我们并不能一眼就看清供应商的成本结构，因此使用"透视"一词。就像在医院做体检一样，需要借助影像化的检查设备以及医生的专业知识，才能看清人体的内部结构，判断是否有异常。探查供应商的成本结构也与之类似，我们需要熟悉供应商的成本结构以及成本的流转过程。

（三）成本的流转过程

下面我们详细地展示一下成本的流转过程，为成本结构的讲解打基础

（见图1-1）。

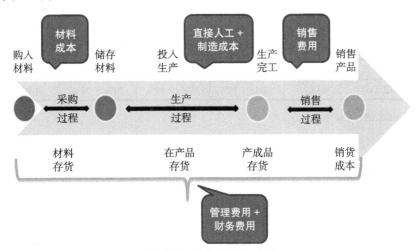

图1-1　成本的流转过程

无论是从事产品的生产还是提供服务的企业，为了进行有效的经营活动：

（1）要从外部购入各种物料，以备生产（服务）所需（称为输入）。

（2）企业把这些物料投入生产过程，进行加工（称为转换）。

（3）制造出产品，到市场上销售（称为输出）。

为了完成整个输入—转换—输出的过程，企业需要完成各种活动，这些活动会消耗各种资源，这些消耗的资源就产生了成本，例如：

（1）原材料（一种输入）在转换过程中被消耗掉或被改变初始形态，其价值也随之一次性转移到新产品中去，构成新产品生产成本的一部分。

（2）转换过程是劳动者借助工具对原材料（又称劳动对象）进行加工、制造产品的过程，通过劳动者的加工，才能增加原材料原有的价值，并且创造出新价值，例如，把塑胶材料注塑成水瓶，这样就增加了塑胶材料的使用价值（塑胶材料本身很难直接使用，水瓶则可以直接使用）。当然，作为对劳动者的回报，企业以工资的形式支付酬劳，因此这部分工资也构成新产品生产成本的一部分。

（3）厂房、机器设备等作为固定资产在转换过程中运作直至报废，其价值则随着生产的磨损，通过折旧的方式逐渐地转移到新产品中去，也构成产品生产成本的一部分。

以上三项，在产品的转换过程中发生的各种耗费，主要包括原材料、直接生产人员、固定资产的折旧以及间接人工（生产单位管理人员的薪酬）等，构成了产品的生产成本（也叫作"制造成本"），这些成本是因为生产活动才发生消耗，不生产就不消耗。

还有一些费用不与生产过程直接相关：

（1）产品生产出来以后，就要面向市场进行销售（输出过程）。为了更好地销售产品，需要各种投入，例如，企业要负担的包装费、运输费、保险费、展览费、差旅费、广告费等，以及企业内销售部门的员工薪酬、业务费等。所有这些为销售产品而发生的费用，构成了企业的销售费用。

（2）企业的运营需要各职能的分工合作，我们把这些职能部门的活动叫作管理活动。为了维持这些管理活动，企业也需要各种投入，例如，管理部门人员的薪酬、福利支出、差旅费用、工会经费、税费等，这些费用被统称为管理费用。

（3）企业为了筹集经营所需的资金也会发生一些费用（融资费用），例如，借贷的利息、汇兑的损失、融资的手续费等，这些费用被统称为财务费用。

上述三项，销售费用、管理费用和财务费用，与产品生产没有直接联系，而是在一定的期间发生的用于维持运营的费用。简单地说，这些费用无论企业是否生产，或者生产多少都会发生。因此，它们构成了企业的期间费用。

三、六大成本结构：解剖成本

通常，一个企业的成本结构包括以下六个方面，我们称之为六大成本结构（见图1-2）。

（1）直接材料成本。

（2）直接人工成本。

（3）制造成本。

（4）管理费用。

（5）销售费用。

（6）财务费用。

下面以矿泉水瓶身的制造销售为例，介绍六大成本结构。

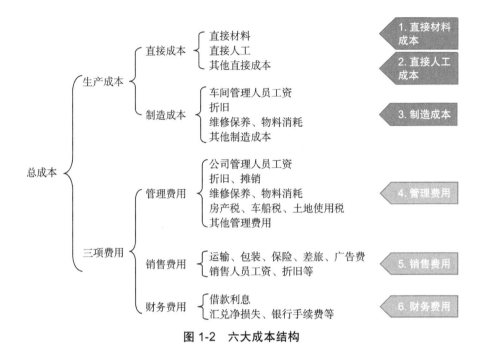

图 1-2 六大成本结构

（一）六大成本结构：直接材料成本

1. 材料的分类

材料是构成零部件和产品的基础。

材料按照是否经过人为改造，可以分成以下两大类。

（1）**天然材料**：指自然界原来就有，未加工或基本不加工就可直接使用的材料，包括矿物材料，如石油、煤炭、石材、金属矿藏等；生物材料，如羊毛、皮革、棉花、木材等。

（2）**人工材料**：需要经过人为加工或合成才能使用的材料，如金属材料、化工材料、复合材料等。

材料按照制造而成的零件属性可以分成四类：塑胶件、五金件、电子料以及包材。很多公司的采购组织架构就是按照这种方法分成不同的品类采购小组。这样采购人员各司其职，专门负责某些品类的采购，对品类更加专业和熟悉，便于实现集中采购，同时，可以监控和分析材料供应市场的变动趋势，加强材料的成本管控。

2. 什么是直接材料成本

直接材料是指构成产品实体的材料,也就是在产品上能直接看见或检测到的主要材料,其产生的成本就是直接材料成本。例如,矿泉水瓶身的直接材料是聚氯乙烯(PVC)或聚对苯二甲酸乙二醇酯(PET)。具体是哪种呢?可以查看塑料制品的回收标识,比如矿泉水瓶的底部有一个带箭头的三角形,"1"为PET(见图1-3)。

图1-3 塑料制品回收标识

通常,查找材料更为精准的方法是查看设计师提供的图纸或查询物料清单(bill of material,BOM)表,有时甚至需要送到材料实验室进行检测。例如,图1-4为某产品2D图纸的图框说明。

材料: 热镀锌板			图样名称: 外锅底支架
版本	重量(Kg)	比例	图样代号:
D.3	0.014 1	1:1	产品型号:
共1张 第1张			

图1-4 产品2D图纸的图框

与直接材料相对应的是间接材料,间接材料指在生产过程当中没有直接变成产品,但也是生产过程必需的材料,也有企业把间接材料称为辅助材料或非生产材料,而把直接材料称为主要材料或生产材料。间接材料的例子有:

（1）辅助材料，例如，催化剂、刀具、润滑油等。辅助材料包括低值易耗品，工人使用的劳保用品、工作服，生产车间的办公用品等，是工业生产中的日用品，具有价格低、使用时间短、需要经常购买等特点。

（2）维修保养用的备品备件（maintenance, repair & operations, MRO），指为修理本企业的机器设备、运输设备等所专用的零件和备件。

（3）燃料，指生产过程中用来提供热能的各种燃料，例如，炼钢过程中用的煤、焦炭、天然气等。

（4）包装材料，指包装产品而随同产品运输、出售给用户的各种材料（很多公司把包装材料视为直接材料，体现在 BOM 表中）。例如，各种金属罐、塑料容器、玻璃瓶、陶瓷、纸箱、印刷物等。

3. 结构、材料对成本的影响

产品的结构非常重要，设计的要求最终体现在结构上面。通常，结构对于产品主要起到包装、支撑、安装、连接等作用，也构成了产品的内外轮廓。材料是实现结构功能的基础。

在制造业，材料占总成本的比例非常高，一般为 50%～85%，可以被认为是影响产品成本的第一要素。通过合理选择使用原材料（使用低价原材料）、控制原材料的耗用量（优化结构、减少材料使用量）、控制不良率、减少材料损耗及回收利用，可以有效地控制材料成本。其他产业也有不同程度的材料耗用，都会影响成本。因此，材料的选用及管控是成本管理的一个重要环节。

那怎样选材料呢？一般来说，可以从以下两个方面考虑。

（1）满足规定的功能和使用要求（技术要求）。例如，矿泉水瓶要能够盛水，同时面对市场上同质化的竞争态势，又要造型新颖、独特，吸引眼球。

（2）满足经济性要求，即产品的结构能经济地进行生产，满足成本和经济效益的要求。经济性指标会决定产品的可接受成本，影响产品的竞争力。例如，对水瓶的材料选择要经济可靠，工艺选择上高效高质。

我们在做成本分析的时候，首先要从产品的结构入手，知道产品的结构是由哪些零部件组成的以及所使用的材料。

（二）六大成本结构：直接人工成本

直接人工是指生产过程中直接改变材料的性质和形态所耗用的人工。例如，矿泉水瓶身的两个生产过程（注塑瓶坯以及吹塑瓶身）中，在注塑机和吹塑机旁直接进行设备的操作，取放、检查产品，将产品包装入箱等的人员就是直接人工。

直接人工产生的成本就是直接人工成本，其主要包括两部分：工资和福利费用。

与直接人工相对应的是间接人工，即不直接参与产品生产活动的那些人员。简单地说，间接人工也在生产一线工作，但不直接"动手操刀"，比如产线的品管人员、修理工、叉车司机、仓库保管员、统计核算员等。

根据这个定义，请问：采购人员是间接人工吗？

很多人回答"是"。这里就有误会了，采购人员确实"不直接干活"，看似满足定义的条件，但因其不属于生产一线人员，所以通常归类于管理人员，属于管理费用的范畴，好多人对此概念模糊，分不清。

（三）六大成本结构：制造成本

1. 什么是制造成本

对于这个问题，宫老师给的定义是：制造成本是生产过程中除了直接材料和直接人工之外发生的其他所有费用。

这个定义很妙，妙在不会遗漏。通常人们把制造成本定义成"制造过程当中产生的费用"，这个定义没说清楚；还有另一种定义，"制造成本是折旧、水电气等"，这个"等"字也没说清楚。大家可以列举出很多与制造成本相关的费用项，但还是担心有遗漏。因此，我们进一步阐述一下宫老师的定义。

（1）在生产现场，厂房和设备都会折旧，所以制造成本的第一项就是折旧，如果是租来的就是租金，折旧和租金都需要分摊到各个产品上去。

（2）第二项是能源费用，厂房设备只要一运转，就要消耗各种能源（如水电气）。

（3）第三项和第四项就是前面讲的"两个间接"，间接材料和间接人工。

这四项说得既清楚，又没有遗漏。

我们仍以矿泉水瓶为例，其制造成本包括生产车间厂房的折旧分摊、设备及相关辅助设备的折旧分摊，机器设备运转过程中消耗的水、电、气费，为了维持生产所需的辅助性材料（设备的MRO、工人的劳保物品等）和间接人工（产线长、组长等生产管理人员，品质管控人员，厂内物流人员等）。

如前文所述，在成本的流转过程中，要完成整个输入—转换—输出的过程，需要发生各种活动，这些活动会消耗资源，这些消耗的资源就产生了成本。制造成本与转换过程密切相关，因为在转换过程中，厂房、机器设备等处于运作（消耗能源）、磨损状态，通过折旧的方式，成本逐渐地转移到产品中去，同时，间接材料和间接人工参与生产。

试想一下，如果转换的过程很长，资源消耗是不是就会更多，成本是不是就会逐渐增加？反之，则成本可以减少。例如，瓶身的基本生产流程如果可以去除某些工序（当然，这取决于满足产品的质量要求），比如"除湿干燥"或"库存（释放应力）"，成本是否可以减少？

因此，工艺流程对成本的影响还是很显著的。下面我们来讨论一下相关的知识。

2. 工艺流程/业务流程

流程在我们的日常工作生活中确实无处不在，比如，吃饭的流程包括洗手、洗碗筷、盛饭、盛汤、挑选可口的菜式、进食到饱等（只是在大多数情况下，我们都是按照习惯做事情，并没有意识到其实是在一定的流程下进行的）。无论干什么工作，首先要考虑的都是流程，先干什么？再干什么？哪些可以做？哪些不能做？

在制造行业中，工艺流程又称"加工流程"或"制造流程"，指通过一定的生产设备，从原材料投入到成品产出，按顺序连续进行加工的全过程（成本的流转过程其实也是按照工艺流程进行的）。一个完整的工艺流程通常包括若干道工序。例如，本章的案例中，模芯的加工工艺包括下料（订料）、钻水路和螺丝孔及攻牙、CNC、细孔放电、慢走丝（线割）、打火花（EDM）、省模、刻字、飞模（配零件、配模）等多道工序。

与工艺流程相对应，企业的运营管理当中必须有业务流程。类似于工艺流程，业务流程是指由不同的人共同完成的一系列活动。活动之间不仅有严格的先后顺序，而且活动的内容、方式、责任等也都必须有明确的安排和界定。例如，公司有成文的采购流程，会规定采购活动的先后顺序、每项活动的输入与输出、审核权限等。当然，制定业务流程的目的也是精益高效地为客户提供服务、节省资源的投入、更好地控制成本等。

3. 如何了解工艺 / 业务流程

我们从前文可知，流程确实很重要，但现实的惨痛经验教训告诉我们，采购人员往往对流程并不熟悉（对于某些复杂的、保密的流程，甚至无从获取相关的信息）或者采购人员对流程根本不感兴趣，导致的结果是，采购人员常常被供应商认为是外行，在谈价时（尤其是谈到制造成本时），一时语塞，不知如何应对，往往处于下风。反之，熟悉技术的采购人员往往能得到供应商的尊重，谈判也比较容易切入主题，因为供应商知道你是专业的。

既然流程这么重要，那么如何获得流程的相关信息呢？

如果供应商愿意配合的话，我们可以参考生产线的工艺流程文件（包括工艺流程图），业内经常叫作"作业指导书"（work instruction，WI）或标准作业程序（standard operating procedure，SOP），也有学者认为这两种文件是不同的而加以区分（这不是我们这本书要讨论的重点）。这种工艺文件是根据产品的设计文档，为了进行生产准备、计划调度并结合企业的实际情况而编制的，是企业进行生产和检验的技术指导。对于业务流程，可以参照企业相关的业务流程图来获得。

图 1-5 就是一份"作业指导书"（虚拟的"富强公司"）。

工艺要求：重要的品质管控点。

注意事项：以前的经验教训。

示意图：用照片展示物料的状况和装配的过程。

使用的物料：本工序装配过程中用到的物料及用量。

使用的工具：本工序装配过程中用到的工具。

工序步骤：装配动作的先后顺序。

有些公司的"作业指导书"上甚至会注明本工序所需的标准作业时间及标准作业人数。这两项数据对于我们计算直接人工成本是非常有用的（见表 1-2）。

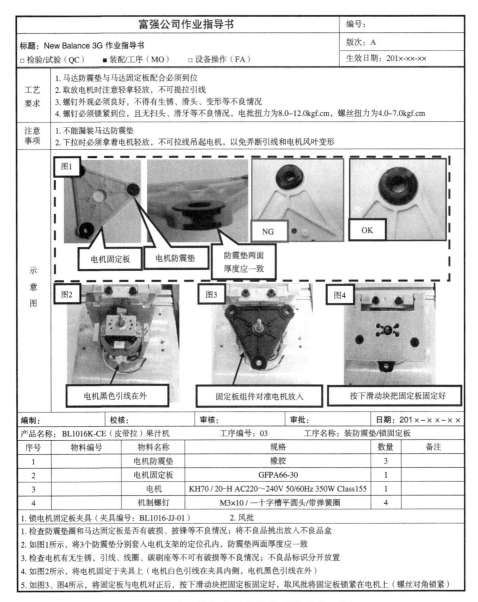

图1-5 作业指导书(虚拟的"富强公司")

当然,在很多情况下,我们得不到如此详细的作业指导书,特别是对于瓶颈型的物料,以及供应商有核心技术的生产流程。这时候就需要发挥采购人员的调查研究能力。

表1-2 标准作业时间及标准作业人数

型号		工序号	M330	编写日期	20××-××-××	编写	
客户型号	AB3345	工序名称	装弹簧于触片/焊接	修订日期	/	审核	
产品名称	New Balance 2G	工序时间（s）	24.6	修订次数	00	批核	
文件编号	15-40-99170	工序人数	10				

（1）是否可以从行业内的其他厂商处获取？这些公司目前还不是我们的正式供应商，为了得到业务、扩大销售额，往往愿意提供更加翔实的信息。

（2）是否有相似的生产流程可供参考？有些厂商有技术能力，也生产过类似的产品，而这些技术可以移植到我们的产品中。

（3）拜访供应商，现场调查了解。采购人员有参访供应商的便利性，参观生产现场可以让我们学到很多。

这里推荐"三家供应商拜访法"，供大家参考。

在第一家供应商只听只看。让技术人员给我们讲解生产制程，做到对制程有初步的了解。

在第二家供应商边看边问。对在第一家供应商处没有明白的问题，请教技术人员给予讲解。

在第三家供应商边看边讲。在综合比较前两家供应商的基础之上，自己尝试对制程进行讲解，同时在这个过程中与技术人员进行探讨，甚至可以提出不同的流程方案（从前两家供应商处看到的）。供应商会对你的专业性大加赞赏。

（四）六大成本结构：销售费用

销售费用是销售环节发生的费用。例如，销售人员的费用，包括人员的工资、差旅费、招待费等；市场营销活动、广告、参加展会的费用等，比如，矿泉水品牌商一般会通过广告营销的方式去推销其产品，大家都很熟悉"有点甜"的某矿泉水。在现代企业的经营当中，广告费用的支出越来越高。据广告商Pathmatics的数据披露，苹果投在电子广告上的费用远远超过其对手三星，从 2016 年年初到 11 月底，苹果在美国投在显示屏、手机以及视频广告上的费用高达 9700 万美元，超出了三星的 8040 万美元。虽然苹果已经不再公布营销费用，但从大街小巷越来越多的巨幅广告和公交广告以及线上电视广告可以发现，苹果近年的广告投入只增不减，而且增幅巨大。

物流费用算不算销售费用呢？

物流包括进货物流、场内物流以及出货物流，每一个流程都要分别核算。

（1）把供应商的东西运进来，就是进货物流（比如，输入原材料）。进货物流会产生入场的物流费用，但是通常算在材料成本里面。直接材料成本包含了材料从供应商到我方仓库之前发生的所有费用。

（2）如果是场内物流，比如，把半成品（瓶坯）从注塑车间运到仓库（释放应力）产生的成本，这算作制造成本（前文在讲述间接人工时，提到工厂内物流人员发生的成本属于制造成本）。

（3）最后，把产品运出去售卖还产生一笔费用——出货物流费用，这算在销售费用中。

（五）六大成本结构：财务费用

财务费用，就是企业运作资金而产生的成本（用钱、花钱产生的成本），主要有以下三项。

（1）**融资成本**，比如，贷款产生的利息。

（2）**在金融机构办理业务发生的手续费**。

（3）**汇兑损失**，比如，如果产品需要进出口，就存在人民币和外币的兑换，那么就存在汇兑损益，这一项在不同时间段有可能是损失，也有可能是收益。损失发生时，就产生了费用。

（六）六大成本结构：管理费用

管理费用，是指企业行政管理部门为组织和管理生产经营活动而发生的各种费用。虽然听上去很笼统，但如果枚举，也有很多科目，会有遗漏的嫌疑，例如：

（1）公司办公经费（企业董事会和行政管理部门在企业经营管理中发生的或者应当由企业统一负担的）、董事会费、工会经费、差旅费。

（2）管理人员的工资及福利费等，比如，采购人员的薪资。

（3）为第三方的支出费用，各种保险费、聘请中介机构的咨询费、法务诉讼费。

（4）其他杂项支出费用等。

管理费用最聪明的解释是，除了前面五项成本之外发生的所有费用。

我们从以上论述可以看出，任何企业，不管是矿泉水品牌商还是瓶坯供应商，在经营活动中都会发生管理费用。

四、成本费用分摊：花钱的都有谁

至此，我们把六大成本结构都讲了一遍。曾经有人问，为什么要分成六大项，而不是五大项，也不是七大项呢？比如销售费用，从概念上看，比较接近于管理费用，能不能干脆合并到管理费用里面去呢？

六大项是大多数企业在长期的财务管理实践中总结出的框架，逐渐成了共识，形成了会计规范准则。另外，销售费用从理论上是可以合并到管理费用中的，但这样就不方便单独展示销售费用的大小与占比，而花在销售上的费用却可以反映公司的运营管理倾向，所以这项费用对于投资者、公司管理层都是有意义的。因此，成本费用的项目设置要体现管理意图。比如，为了展示研发费用的大小，可以单独汇总研发费用，形成单独的费用项用以反映企业在研发上的投入，可能预示着企业未来发展的后劲。但如果拆分得太多，又会造成没有重点，所以六大成本费用的分类归根结底是根据管理意图来体现的。

前文在成本结构的分类中，前三项——直接材料、直接人工和制造成本，称为生产成本，那后三项——销售费用、财务费用和管理费用合在一起又叫什么呢？

通常，我们称之为"销售及一般管理费"（sale general & administrative costs，SG&A）。六大成本费用怎样计算呢？

前三项，因为它们与产品的生产直接挂钩，所以采用核算的方式来计算成本，通常在生产现场能够获得相对准确的数据。比如，在产线可以获得矿泉水瓶的直接材料（PET）、直接人工（生产加工过程中的人力投入情况）和制造成本（机器设备的折旧、间接人工等情况）。

对于后三项，销售及一般管理费（财务费用、管理费用和销售费用），通常不跟产品的生产直接挂钩，只能得出某个期间的总费用。问题是，此期间的总费用怎么分摊到单个产品上去？

这里介绍分摊的两种方法：一种叫传统分摊法，另一种叫作业成本法（简称"ABC法"）。

传统分摊法以直接材料、人工工时或机器工时作为分摊标准。这种分摊方式的好处是容易计算，用销售及一般管理费除以产品所耗用的材料、工时，可以说是相当简单。比如，材料成本高的就多摊一些，少的就少摊一些。但事实上这种方法不一定公平，没有理由说某个产品的材料费用高，公司就要为它多花财务费用、管理费用和销售费用，而恰恰可能是其选用的零件好导致材料成本高，但开发过程不一定复杂，销售这个产品也没有比销售别的产品花的精力多。

因此，一个相对公平、合理、精确的分摊方式是，费用发生在谁的身上，就由谁来承担。这就需要使用ABC法。ABC法是"基于活动的成本管理"方法，根据生产活动量的多少将间接费用分配到产品上去。因此，ABC法的第一步是识别产品的所有作业（活动），这些作业的多与少、复杂与否与产品本身密切相关，同时这些作业消耗资源产生成本，这样就把产品与消耗的资源链接在一起了。通过作业量（活动量）作为桥梁（分摊依据），把费用更准确地分配给了产品。

因此对于销售及一般管理费，我们要关注的是费用的总额以及分摊方法。采购人员在谈价时，可以询问供应商报价时所用的分摊方法，如果我们是有更高价能力的强势客户，可以要求供应商给予一定的优惠，以达到降低成本的目的。

五、不同行业的成本结构

如前文所述，成本结构可以反映产品的生产特点，那不同行业的成本结构都一样吗？我们先来看一下不同行业的成本结构，如图1-6所示。

图1-6　不同行业的成本结构

从图1-6可以看出，不同行业的成本结构差异很大。

通常制造业有完整的六大成本结构，供应商的成本可以按照此结构进行核算。例如，图1-7是乘用车的成本结构图。

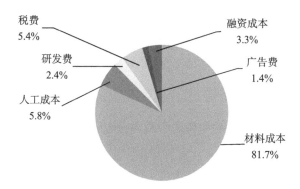

图1-7　乘用车制造企业的成本结构

销售业（贸易公司）的成本结构相对简单，产品的采购价格与货品运到公司的运费构成了基础成本，再加上经营过程中的销售及一般管理费。例如，图1-8是房地产企业的成本结构图。

对于服务业，它们的直接支出通常是人工费用，比如清扫保洁、门卫、咨询培训等行业，人工支出占比较大，需要关注工作量和人工单价，材料的使用就很简单了，或者几乎没有，再加上经营过程中的销售及一般管理费。

这样，我们在跟不同行业打交道时，就可以要求供应商提供不同成本结构的报价。需要指出的是，以上只是列出了几种比较有代表性的行业，并不是说所有行业一定按照这三种结构核算。我们需要掌握成本结构的思维，在遇到成本分析时就可以灵活处理。比如，饭店的经营属于服务业，但饭菜的成本结构比较接近于制造业。此时的材料是各种食材，直接人工是厨师的炒菜手艺，制造成本是厨房的各种设施折旧，以及饭店经营过程中的销售及一般管理费。

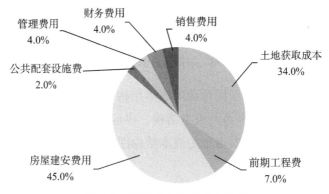

图1-8 房地产企业的成本结构

思考题

1. 结合本章内容，思考如何进行成本分析。
2. 简述成本流转的过程。
3. 产品成本的六大结构是什么？
4. 你所在的公司适用哪种成本结构？

Chapter 2

第二章

创建成本模型
运筹帷幄搭结构

学习目标

1. 理解成本模型的结构、组成以及价值。
2. 学会搭建成本模型。
3. 学会管理成本模型。
4. 运用成本模型快速估算成本。

本章侧重于介绍如何创建成本模型,计算"应当成本"。成本模型的建立是在第一章成本结构知识的基础上进行的延伸与应用。

下面我们来看一个案例,然后开始"创建成本模型"的学习。

一瓶矿泉水的价格秘密

矿泉水大家都喝过,如果要问在一瓶矿泉水中什么部分最贵,相信大家都会觉得肯定是水最贵,因为水才是我所需要的,而且分量最重。可是当有人拿出图2-1这张成本分解图时,很多人都会大吃一惊——以一瓶550ml在社区零售店售价为1.5元的矿泉水为例。水的成本仅为1分钱(0.01元),瓶子+盖+喷码+胶带等约为0.17元,营运和广告费约为0.22元,经销商平均以每瓶0.6元的出厂价拿货,再以平均每瓶1元的价格批发给社区零售店，零售店以每瓶 1.5 元的价格出售。（当然，以上例子没有详细地说明相关的包装和灌装过程中的制造成本、税费以及运输成本等，但这并不妨碍我们探讨成本模型的建立过程，因为数据随时间不断变化，不必拘泥于具体的数字，更重要的是掌握背后的方法。）

原来我们买的不是水，而是营销渠道，这真是现实版的买椟还珠啊！

如果矿泉水品牌商自己建有灌装、打包生产线，抛开经销商和零售店的费用，单看其出厂价 0.6 元，其中品牌商需要采购的零部件成本（包括水、瓶子、盖、喷码以及胶带等）为 0.18 元。营运费用加上面对市场的激烈竞争而花费的广告费用达到了 0.22 元（见图 2-2）。

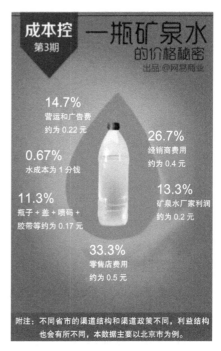

图 2-1　一瓶矿泉水的价格秘密

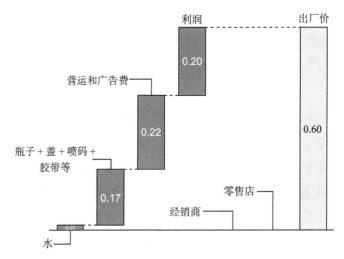

图 2-2　一瓶矿泉水的成本结构（单位：元）

为了解开为什么水只要1分钱的疑团，我们对"水"进行简单的成本分析。

矿泉水从水源地取水，不算灌装、打包生产过程，一吨水大概需要20元。以550ml为例，每瓶大概为0.011元，即1.1分钱。

其他采购的零部件（瓶子、盖、喷码以及胶带等）的成本是怎样算出来的呢？

别急，我们在下文中以相对昂贵的瓶子为例，探讨瓶子的成本结构，慢慢地展开成本模型的建立与分析过程。大家在掌握了这些基本的方法之后就可以触类旁通，引申到其他采购物料。

资料来源："网易财经"——成本控第3期：一瓶矿泉水的价格秘密。

 小师妹插嘴

没想到简简单单的矿泉水背后还有这么多的成本分析知识。

 学霸掉书袋

是的，为了揭示采购部件成本的真实性与合理性，管控采购成本，有必要通过成本模型的建立与分析，计算出应当成本，以协助谈判或精益改善。掌握成本模型的建立方法是每个采购人员必修的功课。

一、成本模型：成本控制的核心手段

1. 成本动因

成本动因也称为成本驱动因素，是指引起成本的发生或变化的任何因素。例如，产品的产量、机器工时、人工工时、加工时间，甚至订单需求数量都会引起成本的变化，是常见的成本动因。在矿泉水瓶的生产过程中，材料的种类、使用量的多少，注塑、吹塑的机器状况，加工时间，直接人工的投入变化等都会影响成本，这些都可视为成本动因。

2. 成本模型

成本模型是指基于成本动因的数据信息和成本计算逻辑来反映"应当

成本"的模式。简单地说，成本模型包括两大部分：一是数据信息（成本动因相关的数据），二是算法（数据之间的逻辑计算方法）。例如，我们搜集到矿泉水瓶的材料、加工设备、人工、加工时间等成本动因的数据信息，通过 ABC 法计算出应当成本，这样就建立了矿泉水瓶的成本模型。

数据和算法是成本模型的灵魂，数据相当于人的肉体，而算法类似于人的精神世界。光有数据而不知算法，等同于行尸走肉；而有了算法，却没有数据输入参与运算，相当于残缺的躯体，也不完美。为了创建合理、准确的成本模型，要做到"两手都要抓，两手都要硬"——一手抓数据，一手抓算法。

成本模型的计算结果（应当成本）可以作为成本和价格的参考。成本模型的基本架构如图 2-3 所示。

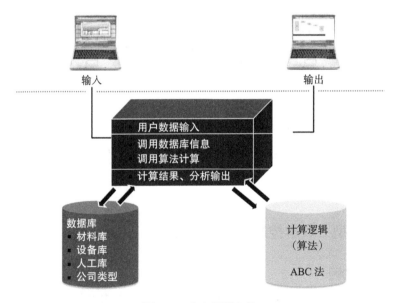

图 2-3　成本模型架构

二、PPDAR 五步法：成本模型建立指南

在理解了成本模型的基本框架之后，我们开始着手创建成本模型。

凡事预则立，不预则废，成本模型的创建同样如此。需要指出的是，成本模型可以复杂细致，也可以简单精干，企业要根据自身的实际情况，设定成本管控的标准。

成本模型的创建过程不是千篇一律的，但是万变不离其宗，在这里，我们根据多年的实践经验，提出了"PPDAR"成本模型创建的五步法（"PPDAR"音译为"扒达"，"扒"表示这个过程要不断地深入挖掘数据、算法，"达"意味着努力之后达成目标），如图2-4所示。

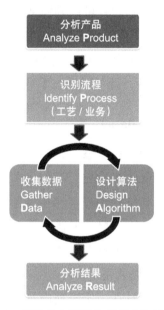

图2-4　创建成本模型的PPDAR五步法

（一）P：分析产品（analyze product）

首先要分析产品，需要拿到产品实物或相关的设计资料，例如，图纸、BOM表等，对产品进行拆解，至零部件级别。分析的内容包括：产品所属的行业是否有六大成本结构、产品的物理结构（所用的零部件、尺寸、重量、材料）等。这个过程从已有的产品和资料入手，获得基本的输入，为流程分析做准备。

（二）P：识别流程（工艺/业务）(identify process)

下一步是识别产品的供应链、工艺/业务流程。识别的内容包括：产品所在的行业，其上下游的供应商，每个零部件的厂家、产地。

这个过程的重点是关注零部件以及各零部件组装在一起的工艺流程，每个生产步骤使用的资源（人工、设备、生产工时、产量、不良率等）。我们推荐使用类似价值流图析（value stream mapping，VSM）这样的工具，帮助分析人员画出工艺流程图。通常，我们需要基于第一步的基本资料结合分析人员的经验做出判断甚至假设。例如，分析人员之前熟悉矿泉水瓶的生产工艺，在拿到水瓶的时候就可以判断使用了瓶坯的注塑和瓶身的吹塑工艺。当然，不是每个采购人员都对工艺流程很熟悉，这时可以参考第一章成本结构分类中有关"如何了解工艺/业务流程"的讲解。做完了流程（工艺/业务）的识别之后，就可以进入下一步——收集数据。

（三）D：收集数据（gather data）

数据信息是成本模型的"双引擎"之一。我们在上一步识别了流程之后，发现有大量的信息需要收集补充，例如，矿泉水瓶的注塑工艺中，使用的材料单价是多少？材料的耗用量是多少？注塑机的工费率（每小时工作成本）是多少？直接人工的个数及工费率是多少？一次成型的产出数量（模腔数）是多少？一次成型的时间是多少？产线的间接人工数量是多少？生产厂家的销售及一般管理费水平等。

这些数据有的经常使用且在一定时期内是相对稳定的，我们可以考虑归纳、分类整理数据信息，统一数据格式，形成数据库，在需要参与计算的时候进行调用。同时，我们可以更新、维护数据库，保证数据的准确、可靠。下文"成本模型的管理"中会展开讲解数据库的创建与维护。收集数据到一定的程度之后，就可以进入"设计算法"了。

（四）A：设计算法（design algorithm）

算法的设计是成本模型的另一个"引擎"，算法其实就是找到成本动因之间的逻辑关系用来计算成本的方法。比如，材料成本的算法通常为"材料的单价乘以材料的耗用量"；而加工成本通常可以用"加工设备及人工的工费率乘以加工时间"等。市面上的生产工艺多种多样，要求分析人员具有"化繁为简"的能力，即掌握一些核心的基础算法，再将复杂的工艺成本分解到简单的算法进行处理。

从 PPDAR 流程图可以看出，"设计算法"和"收集数据"是一个循环的过程，即数据的收集要根据算法的需要来调整，而算法也会基于已有数据的详细程度来改善。例如，机器加工成本的算法通常可以采用"加工设备的工费率乘以加工时间"，如果可能的话，收集到足够详细的工费率（通常包括机器折旧、厂房折旧或租金、能源、维保四项费用）用来参与计算会比较精确；而条件不允许时，也可以用"折旧率"来代替完整的"机器工费率"，这时机器加工成本的算法就是"加工设备的折旧率乘以加工时间"。反过来，如果算法要求比较高，一定要收集计算机器工费率，则只能做更深入的调查研究，补充更多的数据信息。

（五）R：分析结果（analyze result）

最后，通过成本模型的计算导出结果，需要对计算结果进行分析。通常要做两件事：结果的真实性、合理性判断（两性问题）以及明确怎样使用这些结果。

三、创建成本模型的实践方法

下面我们以矿泉水瓶为例，按照 PPDAR 五步法来创建成本模型。

（一）P：分析产品

首先分析产品：对矿泉水瓶进行拆解，发现其包括四个零件：瓶身、瓶盖、标签以及矿泉水。因为这个产品属于制造业，因此其具有六大成本结构。进一步调查，搜集所有零部件的相关尺寸（测量）、重量（实物称量得到净重）和材料信息（查找 BOM 表、向供应商询问，如果得不到，还可以上网搜查）。这个过程是从已有的产品和资料入手，获得基本的输入，为流程分析做准备。

（二）P：识别流程（工艺/业务）

识别产品的供应链、工艺/业务流程：整个矿泉水的工艺流程包括零部件的生产流程——注塑、吹塑、印刷、喷码、热缩等,以及各零件"装配"在一起的组装流程。需要识别的内容包括:每个零部件的厂家、产地(对于矿泉水品牌商来说,四个零件都是外购的,自己只负责装配。有些品牌商甚至连装配也外包,自己只负责产品的开发和品牌的运营)。

这个过程的重点是关注产品的生产制造工艺以及每个生产步骤使用的资源。

对于瓶身来说,工艺流程图如图2-5所示,其两个主要的工艺流程为注塑和吹塑。同时,两个工艺之间还有相关的辅助作业活动,例如,PET塑胶颗粒的"除湿干燥"(因为PET具有一定的吸水性,在运输、存放过程中会吸收大量水分,会导致黏度下降,对饮料瓶的耐压有影响,易破裂),以及转送库存放置的活动。

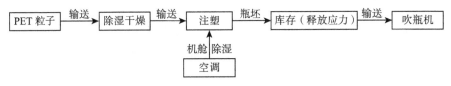

图2-5 生产瓶身的工艺流程

整个矿泉水的"装配"流程比较复杂,如图2-6所示。好在矿泉水的装配基本上实现了全自动化,只需要把四个零件投放到装配流水线的对应节点,其他事情都由流水线来控制。这样,整条流水线以直接材料、制造成本为主,直接人工成本很少。

(三) D:收集数据

收集数据是点燃成本模型第一个引擎的开始,下面我们来介绍如何收集相关的数据。

1. 材料信息

材料信息包括材料的标准价格以及材料的耗用量。我们在前面讲过,在制造业中,许多产品的材料成本占总成本的比例往往超过50%,因此在创建成本模型中,材料成本需要重点关注,这样才能守住这"半壁江山"。

(1)材料的标准价格。材料的标准价格通常采用与供应商约定的价格。

供需双方一般会约定材料的价格基准，再考虑供应市场波动导致的变动幅度。根据材料的不同，材料价格的约定一般采取以下几种方式。

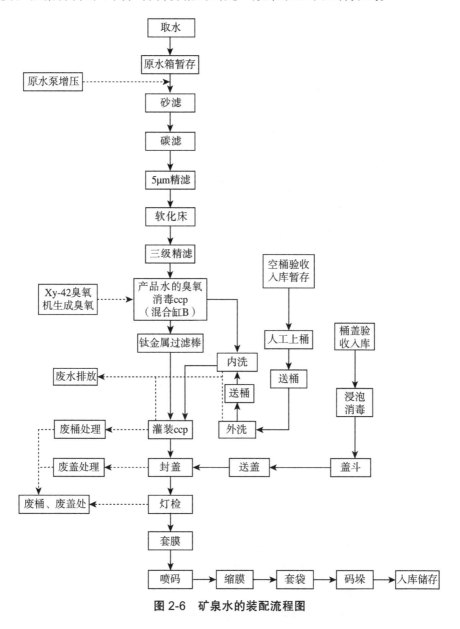

图 2-6　矿泉水的装配流程图

公开价格：大宗原材料在网站或各种交易平台有定期公布的交易价格，采供双方都很容易获取，标准价格以某网站的公开价格为基价，把变动幅度作为调价基准。

公开价格加固定费用： 在上述公开价格的基础上加一个固定的加工费作为材料的标准价格。

锁定价格： 一些材料无法采用公开价格时，双方协商约定一个标准价格，并且锁定一段时间（一般锁定一个较长时间，比如一年）。

企业如果没有与供应商约定标准价格，则可以直接使用市场价格作为成本计算的参考价格，同时，必须适时监控市场价格，当价格有重大差异时，及时做检讨，或与供应商重新调整标准价格。

矿泉水瓶的注塑工艺中使用的材料是 PET（由于重量轻、保存性佳，强调耐热、耐压等特性，成为饮用包装主流），市场调查的单价如图 2-7 所示（"生意社"网站公布的价格），考虑一定的波动性，采用 7.9 元/千克作为成本模型的计算价格。

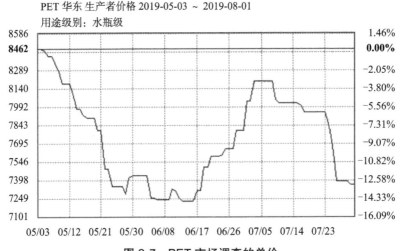

图 2-7　PET 市场调查的单价

（2）材料的耗用量。材料的耗用量也称为材料的标准用量（或消耗定额），是指单位产品耗用的原材料（包括净重及边角料损耗等）。矿泉水瓶坯注塑用的模具采用热流道针阀式点浇口系统，因此，其材料耗用量主要为产品净重，在本例中通过称重量，获得净重为 18 克。

在产品的设计阶段没有实物可以称量，通常预估产品的理论耗用量作为核算成本的依据。然后在批量生产中通过称量材料的实际耗用量加以调整。需要指出的是，在实际生产中，一些材料的耗用量会发生变化，比如，通过工艺的改善，边角料的损耗减小，这时材料的耗用量也要减少，因此，材料的耗用量必须进行定期的检查。同时，有些边角料由于可以变卖或回收利用，因此需要在耗用量当中减去这部分带来收益的损耗。

2. 人工信息

人工信息包括人工的工费率以及人工的使用数量。

（1）人工的工费率（每小时工作成本）。人工的工费率（或标准工资率）就是直接人工的小时工资。当采用计时工资时，人工的工费率计算如下：

$$人工的工费率 = 工资总额 \div 总工时$$

其中，工资总额不仅包括员工到手的工资（含加班费），还包括企业购买的保险、各种补贴等。它的结构和薪资单有点类似，如表2-1所示。

表2-1 人工工费率计算表

	时薪类别	工作小时数	基本时薪	计费单位
1）	每月基本工资（当地公布的最低工资）	—	2 130	元/月
2）	基础时薪（21.75d/m，8h/d）	174	12.24	元/小时
3）	平日加班时薪（×150%）	43.5	18.36	元/小时
4）	周日加班时薪（×200%）	39.17	24.48	元/小时
	费用类别	计算公式	费用	计费单位
A	基本工资	=当地公布的最低工资 or 高于最低工资的底薪	2 800	元/月
B	平日加班工资（×150%）	=基础时薪×1.5×加班小时	799	元/月
C	周日加班工资（×200%）	=基础时薪×2×加班小时	959	元/月
D	奖金（全勤、绩效、年终奖分摊）	公司补贴，显示在薪资单中的	380	元/月
E	补贴（住宿、三餐）	公司补贴，显示在薪资单中的	450	元/月
F	社保金	=每月单位缴纳社保金	370.29	元/月
G	其他（工人上岗培训）	请注明费用类别（直接人力的额外培训，需要注明培训内容和花费）	200	元/月
	生产工人月总成本	257（月总工时）	5 958	元/月
	工人平均小时成本	=月总成本/月总工时	23.21	元/小时

其中，基本工资为当地公布的最低工资或者企业给予高于最低工资的底薪，这个数据可以从多种渠道获得，比如，供应商公布的员工工资发放

记录（薪资单等），或国家公布的最低工资标准。这里要注意，加班费用也要按照法律法规的要求进行核算（比如，平时加班按基本时薪的 1.5 倍，周末按 2 倍，法定节假日按 3 倍）。公司付出的其他费用也要考虑，例如，资金、食宿补贴、公司缴纳的社保金，以及与员工技能直接相关的培训费用等。这样可以核算出员工每月的总成本，以及每月工作的总小时数，再用工资总额除以总工时就可以计算出工费率了。

人工工费率具有强烈的地域性的特点，不同地区差异还是比较大的。这也是为什么劳动密集型企业会迁移到人工成本低的地方。

同时，需要指出的是，生产过程中可能有不同能力级别的直接人工参加生产活动。例如，注塑生产前需要架模、调试，这时可能需要 2 个技术工人参与，而正式批量生产时，只需要普通员工做产品的取放之类的简单工作。因此，需要对不同能力级别的人工分别收集数据计算相应的人工工费率，在核算对应的生产活动时，选用不同级别的直接人工。如表 2-2 所示，将直接人工分为技师、熟练工、技术工、普工不同等级，分别计算每级人工的工费率。

表 2-2　不同类型的人工工费率

中国	华东区	技师	2015 年	89.09 元	小时
中国	华东区	熟练工	2015 年	46.92 元	小时
中国	华东区	技术工	2015 年	64.08 元	小时
中国	华东区	普工	2015 年	23.00 元	小时

在矿泉水瓶的注塑过程中，普通人工工费率（每小时工作成本）为 23 元/小时，而架模技术人工工费率为 36 元/小时。

（2）人工使用数量。在考虑了不同的人工等级后，还要考虑人工的投入数量，在这里，我们用全职人力工时（full-time equivalents, FTE，也称"相当全时工作量"）来衡量。

全职人力工时表示以一个人在一定时期内全部工作时间的计算单位为基础，把非全时工作人员的数量折算为全时工作人员的数量。按照这个定义可以发现，"全职人力工时"与"员工数量"不同，员工数量以人数来计算，一定是整数；而全职人力工时则用来表达一定工作时间所需的员工数量，不一定是整数，可以是小数。比如，某级别人工标准每周工作时间为 40 小时，其全职人力工时就是 1.0，如果从事一项工作只需要 20 小时，那么：

全职人力工时 = 实际工作小时数 ÷ 全时工作时间 = 20 ÷ 40 = 0.5

我们把矿泉水瓶的注塑分成以下两个阶段。

阶段一：注塑生产过程，因为采用的是点浇口和推板顶出，瓶坯直接落到传送带进行收集，对直接人工的需求很少，只是最后的包装和整理。因此，将直接人工在一个批量生产中的工作时间，与其全时工作时间做比较，可以得到用于这台机器的全职人力工时为 0.2，可以理解为只需要 0.2 个人工来负责这台机器，剩余的 0.8 个人工可以负责其他注塑机台的生产。在机械手和自动化应用普遍的产线，一个人工可以负责一整条产线的工作，比如，在注塑车间，一个人工可以同时看护 10 台注塑机的生产，则分到某台机器的全职人力工时仅为 0.1。

阶段二：注塑生产前的架模调试过程，通常需要 2 个技术人工全时工作，其全职人力工时为 2。

3. 机器设备信息

根据该瓶坯的结构与产量要求，瓶坯模具可能采用的是 S136 不锈钢，48 腔（有些也用 8、12、16 腔，甚至达到 72、100 腔以上），热流道、推板顶出和斜导柱拨动哈夫块分型的结构。从而可以推导出模具尺寸的大小、注塑射胶量以及锁模力，进而选用国产 450 吨注塑机。下面就需要收集数据计算 450 吨注塑机的机器工费率（每小时工作成本）了。

在实际操作中，机器工费率（每小时工作成本）的数据是最难收集的，因其包括设备的折旧、厂房折旧分摊（或设备分摊的厂房租金）、能源消耗以及维保费用等几个方面。这部分内容相对比较复杂，但又很重要，致力于熟悉掌握的朋友可要坐好仔细看！

（1）机器设备折旧。

所谓折旧，是指在固定资产的有效使用期内对固定资产的成本进行合理分配的过程。折旧的计算方法很多，如直线折旧法（年限平均法）、工作量法（按产量进行分摊）、双倍余额递减法（根据每期期初固定资产账面价值和双倍的直线法折旧率计算）、年数总和法（用固定资产的原值减去净残值后的净额乘以一个逐年递减的分数计算）等。下面介绍直线折旧法，对其他方法感兴趣的朋友可以自行查阅相关资料。其计算公式为：

$$年折旧值 = （设备购置成本 - 残值）÷ 折旧年限$$

1）设备购置成本：采购价格（含安装调试费用），如果开具了增值税专用发票，进项可以抵扣，那么就用不含税的价格，没有抵扣就用含税价格。

2）残值，是指能够回收的残余价值，也就是在固定资产使用期满报废时处置资产所能收取的价款。没有指明残值时，可以视同无残值。一般设备的残值是采购价格的 3% 或者 5%。

3）折旧年限推荐为 10 年。

进一步计算可以得到：

$$每小时折旧值 = 年折旧值 ÷ 每年工作小时数$$

有些折旧的计算方法也会考虑设备购置费用引发的资金成本（为取得资金使用权所支付的费用，比如，贷款购置设备需要偿付利息，这个利息就是资金成本。投资设备后所获利润必须能够补偿资金成本。国产 450 吨注塑机的购置成本为 80 万元，这 80 万元会有一个资金的融资成本（比如 10% 的融资成本率），用平均值来计算：

$$年资金成本 = （期初值 + 期末值）× 融资成本率 ÷ 2$$

$$（80+0）× 10\% ÷ 2 = 4（万元 / 年）$$

同时，年直线折旧为：

$$80 ÷ 10 = 8（万元 / 年）$$

因此，年总折旧额为：

$$4+8 = 12（万元 / 年）$$

 小贴士

《企业所得税法实施条例》第六十条，除国务院财政、税务主管部门另有规定外，固定资产计算折旧的最低年限如下：

（一）房屋、建筑物，为 20 年；

（二）飞机、火车、轮船、机器、机械和其他生产设备，为 10 年；

（三）与生产经营活动有关的器具、工具、家具等，为 5 年；

（四）飞机、火车、轮船以外的运输工具，为4年；

（五）电子设备，为3年。

（2）厂房折旧分摊。

企业运营生产场所也会发生折旧，由于设备会占用厂房，因此需要分摊产生的折旧费用（或设备分摊厂房租金），企业的厂房通常有以下两种形式。

自有厂房：与机器设备折旧类似，可以按20年进行折旧计算。

租赁厂房：按照租金核算，因此，

设备分摊厂房租金 = 租赁单价 × 机器分摊面积

租赁单价：一般各地区都有相对平均的价格，可以调研获取，这里我们取28元/平方米/月。

机器分摊面积：只考虑机器生产所使用面积分摊，未使用的空置厂房面积不能分摊到机器设备中去（厂房空置部分，供应商应该考虑有效利用起来，比如拓展其他业务）。国产450吨注塑机的机器分摊面积为50平方米，则年厂房租金 =28元/平方米/月 × 50平方米 × 12个月 =16 800元。

（3）能源消耗。

大多数设备都需要水、电、气等能源来运转。比如，对于电费的计算为：

电费 = 设备额定功率 × 用电系数 × 电费单价 × 工作时间

设备额定功率：设备标称的额定功率，一般参照设备的铭牌。在这里，国产450吨注塑机的额定功率为45 kW。

用电系数：设备实际用电功率 ÷ 额定功率。根据供方现场调研，一般小于1，不考虑电损（电损：参考行业管理一般损耗数据，扣除浪费，建议不用考虑）。在这里，简化考虑，国产450吨注塑机的用电系数为1。

电费单价：大工业用电由基本电价和电度电价两部分组成，一般工商业用电只计算电度电价。高峰、低谷、平时段的划分：高峰时段为8:30至11:30和18:00至23:00；低谷时段为23:00至7:00；其余时间为平时段。

高峰时段中10:30至11:30和19:00至21:00为尖峰时段。高峰时段电价按基础电价上浮60%，低谷时段电价按基础电价下浮60%，尖峰时段电价按基础电价上浮70%，平时段执行基础电价。

总电费=（高峰段电费+低谷段电费+平时段电费+尖峰时段电费+
基本电费）±功率因数调整电费

建议电费核算参照国家电网售价，取该地区平均价格（各省、各地区不一样），根据供应商的工作时间安排核算峰、谷电。因为价格差异比较大，尽量索取供应商多个月份的电费缴费发票核实。在这里，计算国产450吨注塑机时，采用0.85元/千瓦时，全年有效工作时数［考虑设备的设备综合效率（OEE）之后的值］简化为3744小时，则：

年总电费=45×0.85×3 744=143 208（元）

照明用电根据实际情况核算，计算公式为：照明功率×电费单价×工作时间。

其他能源价格的计算类似，用能源单价乘以小时用量。

（4）维保费用。

有些机器工费率的计算方法不把维保费用算在里面，而是合计在管理费里。从精细化管理的角度出发，维保费用是和机器设备高度相关的，应独立计算。因此，如果放在管理费里面，就像在菜里加盐，很难找出每台设备的维保费用，难以对设备进行精细化管理。经过走访调查，国产450吨注塑机的年维护成本（主要是厂内维保人员的工资以及设备生产商的维修派驻人员的人工费用）为2万元，年辅料成本（备品备件的更换）为1万元。

综合以上所有参数（设备的折旧、厂房折旧分摊、能源消耗以及维保费用），我们以中国采购商学院开发的"慧降本 Cost Master"计算软件为例（见图2-8），国产450吨注塑机的机器工费率（每小时工作成本）为83元/小时（根据注塑机的不同，机器工费率差异比较大，若选用进口品牌注塑机，工费率可达160元/小时，可以采用行业平均数据或供应商实际调查结果来计算）。

我们从以上过程可以看出，机器工费率（每小时工作成本）的数据确实是最难收集的，成本动因多而杂，计算考虑的内容也不统一，需要根据所在行业的情况进行调整；而且要考虑企业的各个环节、各方面因素，平时需要多积累，多到供应商现场收集数据，积累总结出各类机台的工费率，例如，塑胶行业机台工费率表、五金加工机台工费率表等。

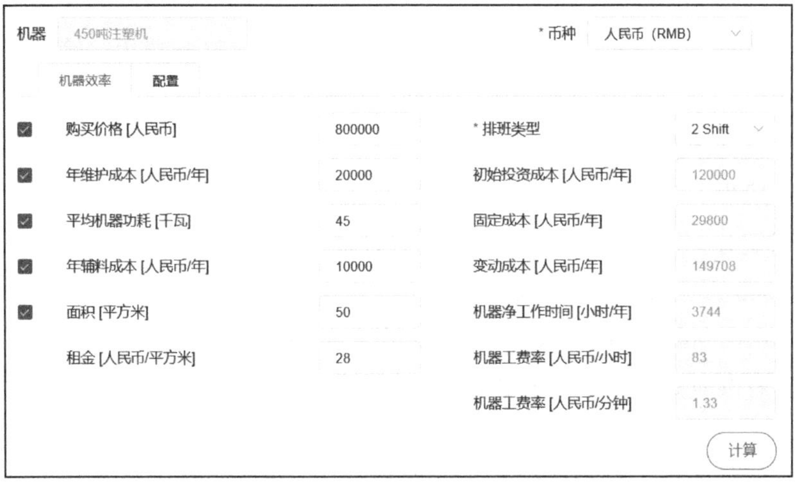

图 2-8 "慧降本 Cost Master" 计算软件——国产 450 吨注塑机的机器工费率

4. 工时信息

在生产过程中，生产时间是非常宝贵的信息，我们可以用工时用量来衡量。

工时用量（或生产周期时间）指在现有生产技术条件下，生产单位产品所耗用的必要工作时间，包括对产品直接加工工时，必要的间歇或停工工时，而可避免的废品耗用的工时不属于工时用量。

比如，矿泉水瓶的注塑生产过程，一次射胶注塑时间为 10 秒，可产出 48 个瓶坯，则每个瓶坯所耗用的工时为 0.2083 秒（或者说，一个小时的产量为 17 280 个）。注塑生产前的架模调试时间为 2 小时，这次架模是为这一批瓶坯所准备的，假设这个批次共生产了 2 天，即 829 440 个瓶坯，则分到每个瓶坯的时间为 0.008 68 秒，基本上可以忽略这个时间。这也说明了大规模生产的重要性，做个极端假设，如果这个批次仅生产一模，即 48 个瓶坯，则架模调试的 2 小时分到每个瓶坯的时间为 150 秒，显然时间增加了很多，成本上升了。

工时用量可以去生产线现场直接测算，也可以根据供应商的流水线排产及产能情况确定，同时要考虑供应商的学习曲线，即新产品刚量产时需要熟悉、磨合，所需的工时多，而到一定时间生产稳定后，所需的工时少。

上面谈到的材料、机器设备、人工以及工时信息，与六大成本结构的前三大项相关，与产品直接挂钩，可以在生产现场和供应商处进行数据的收集与核算。对于后三大项，销售及一般管理费（财务费用、管理费用和销售费用），不跟产品直接挂钩，如何进行数据的收集呢？

5. 管理费用信息

一般生产矿泉水瓶坯的厂家为中小规模的注塑厂（需要根据实际情况调查确定），考虑其公司所属的行业（注塑加工）、营业额（例如，年销售额为 8000 万元）、人员的数量（例如，共 60 人：生产线人员 45 人，管理人员 10 人，销售人员 5 人）等，推断其年管理费用的规模。如果有条件的话，查看供应商的财务报表更为可靠。

（1）管理人员的薪资，可以通过公司的组织架构图获得人员的级别、数量，用行业同等规模的平均工资来核算（如果能得到薪资表就更可靠）。例如，这家瓶坯注塑厂有 10 名管理人员，包括工程、财务、采购、办公室人员及保安等，按平均每人年收入 10 万计算，工资为 100 万元，另加 10% 的其他福利费用 10 万元，总计薪资成本为 110 万元。

（2）管理人员办公、差旅、招待、通信等相关费用，粗略按照销售收入的 0.5% 估算，则办公费用为 40 万元。此项数据为估算，准确性不高。

（3）水电费、办公区域大楼的折旧费等，粗略按照销售收入的 1% 估算（假设年销售额为 8000 万元），则办公费用为 80 万元。

（4）税金比较复杂，涉及税务筹划的内容。企业经营依法纳税项汇总如下。

流转税：增值税、消费税、营业税、关税、车辆购置税等。

所得税：企业所得税、外商投资企业和外国企业所得税、个人所得税等。

资源税：资源税、城镇土地使用税、土地增值税等。

财产税：房产税、城市房地产税等。

行为税：印花税、车船税、城市维护建设税等。

其他税：农林特产税、耕地占用税、契税等。

其中，对于增值税，企业缴费开具增值税专用发票可抵扣，在加工费核算中建议计算不含税价。

表 2-3 为某公司缴纳的相关税项，增值税在 2019 年调整为 13%。

表 2-3　某公司缴纳的相关税项表

行	申报日期	税种名称	纳税举例	说明
1	季度	企业所得税	法定税率：25%	1. 法定税率：25% 2. 根据各地的税务政策，取得一定资质享受税率减半或减免
2	月度	增值税	增值税率：13%、9%、6%、0	根据应税行为分为 13%、9%、6%、0 四档税率
3	季度	房产税	自有房产：房产价值 ×70%×1.2% 自有房产出租：租金收入 ×12%−已交房产税	1. 从价计征，将房产原值一次减去 10%～30% 后的余值 2. 乘以税率，就是应当缴纳的房产税 3. 从租计征，以房产租金收入为计税依据，应纳税额是房产租金收入乘以税率。一般来说，以租计征也需要一年缴纳一次税，而年税率为 12%
4	月度	个人所得税	具体人力据税法核算	
5	月度	印花税	1. 销售收入 ×1.8/10 000+ 注册资本 ×5/10 000 2. 销售收入 ×80%×3/10 000 3. (销售收入 + 进货额)/2 ×3/10 000	纳税人根据应纳税凭证的性质，分别按比例税率或者按件定额计算应纳税额 具体税率、税额的确定，依照相关条例所附《印花税税目税率表》执行
6	季度	土地使用税	1. 土地面积 ×4 元 / 平方米 / 年 2. 土地面积 ×5 元 / 平方米 / 年 3. 2.4 元 / 平方米 / 年	城镇土地使用税每平方米 / 年税额标准具体规定如下： 1. 大城市 1.5～30 元 2. 中等城市 1.2～24 元 3. 小城市 0.9～18 元 4. 县城、建制镇、工矿区 0.6～12 元
7	月度	水利建设专项资金	销售收入 ×1/1 000	
8	月度	营业税	租赁等服务收入 ×5%	
9	月度	城市维护建设税	1. (应交增值税 + 应交营业税) ×7% 2. 外商投资企业不用缴纳	
10	月度	教育费附加	1. (应交增值税 + 应交营业税) ×3% 2. 外商投资企业不用缴纳	
11	月度	地方教育费附加	(应交增值税 + 应交营业税) ×2%	

在成本计算过程中税金可以归纳为以下两项。

国税：主要是增值税。应缴纳开票总额的 13%，实际要扣除可抵扣的税额（主要材料费等进项发票可抵扣的金额）。

地税：城市维护建设税＋教育费附加等，基本以国税为基数，综合各项比例合计约为12%。

税金占总价格的比例主要受原材料占比影响，材料占比越高，税负比例越低。一般各地税务机关都有对企业或行业的基本税收要求。考虑到税务筹划、合理抵税的影响，供应商报价表中的缴税比例和其实际缴纳比例有一定差异，往往实际缴纳的低。

通过调查可知，该瓶坯注塑厂全年地方税费为70万元，企业所得税为20万元。则核算的总管理费用为320万元，占营业额的4%。

6. 销售费用信息

销售费用主要包括销售人员的工资、提成等，核算时可以用销售费用率乘以制造成本。瓶坯注塑厂销售业务员共有5人，业务员工资提成、差旅费、通信费和业务招待费等年度支出约为80万元。

运输费用方面，如自备车辆，可核算到单件产品，可以用（人工工资＋费用＋车辆折旧）÷产量；如外包，可以进行行业运输费用调研，获取供应商运费发票数据。运费开具增值税专用发票，可抵扣税项。

如有的瓶坯注塑厂自有5辆货车，加上雇用外部车辆载货，所有物流运输费用接近100万元。总的销售费用为180万元，占营业额的2.25%。

7. 财务费用信息

财务费用主要反映的是筹集资金等而发生的费用。比如，利息、金融机构手续费、汇兑净损失等。供应商的财务费用受到以下因素的影响。

（1）账期，供应商供货后到收回货款这段时间。这个时间的长短直接影响成本。瓶坯注塑厂处于弱势，在采购原料时，大多是现金交易，而在售后收款时，面对强势的品牌厂商，要承受较长的付款期，比如3个月，甚至6个月。这意味着，工厂要自筹资金经营3～6个月，给企业流动资金的周转带来影响。

（2）利率，一定时期内利息额与借贷资金额（本金）的比率。利率是决定资金成本高低的主要因素，需要注意利率的现状及变动趋势。

（3）承兑，指汇票付款人承诺在到期日支付汇票金额的一种票据行为，通常由银行承诺到期付款。采购付款的协议往往会含有一定比例的承兑。

承兑就像一张欠条，供应商实际上要等到票面日期到期才能拿到货款，相当于延长了账期。

账期变化对成本的影响可以采用下面的公式计算：

$$x\% = \frac{1}{(1+k\%)^{\frac{D}{365}}} - 1$$

式中　$x\%$——供应商应该下调的价格比例（现款应该比账期值下调的比例）；

　　　$k\%$——贷款利率，可参考融资利率、投资回报率等数据核算；

　　　D——付款账期缩短的天数。

表 2-4 给出了按照年利率 6.55% 核算价格应该下调的比例。

表 2-4　价格应该下降的比例

贷款利率（$k\%$）	付款账期缩短的天数（D）	成本降低（$x\%$）
6.55%	30	0.52%
6.55%	60	1.04%
6.55%	90	1.55%
6.55%	120	2.06%
6.55%	150	2.57%
6.55%	180	3.08%
6.55%	210	3.58%

瓶坯注塑厂全年向银行贷款 1500 万元，才保证公司的正常运转，全年累计支付利息和手续费用约 120 万元（利息率达到 8%），占营业额的 1.5%。

8. 利润率

利润在成本核算中指的是供应商的净利润。利润一般采用价格的百分比，称为利润率。这个百分比要考虑多方面要素。

（1）行业利润率，采购的产品所在行业的一般利润率，比如，瓶坯注塑业一般为 5%。

（2）行业竞争程度（企业供应商竞争的充分性），直接影响供应商报价诉求的利润率高低。

因此，供应商在报价时首先考虑的是产品成本，即生产成本（直接材料+直接人工+制造成本），其次考虑其产品的费用（SG&A）分摊，最终考虑竞争因素决定的利润率。

(四) A：设计算法

前文已讨论过，算法的设计是成本模型的另一个"引擎"，同时，设计算法和收集数据是一个循环的过程，即数据的收集要根据算法的需要来调整，而算法也会基于已有数据的详细程度来改善。我们按照六大成本结构来研讨算法。

1. 直接材料成本

直接材料成本包括产品实体材料成本（产品的净材料成本）、生产过程中损耗的材料产生的成本，以及由于不良品报废导致材料的浪费产生的成本，用公式表达如下：

材料成本 = 材料的标准价格（材料单价）× 材料的耗用量

各项材料成本相加可以得到材料总成本：

直接材料总成本 = 产品实体材料成本 + 材料损耗成本

利用在"收集数据"步骤中收集的数据，矿泉水瓶坯使用的材料单价为 7.9 元 / 千克，材料耗用量主要为产品净重 18 克，则：

每个瓶坯的材料成本 =7.9×0.018=0.142 2（元）

如果材料有损耗，或存在报废（不良品引起的），则需要考虑损耗成本。比如图 2-9，使用冷流道的一个塑料制品，一模 4 腔（即一个生产周期产出 4 个产品），显然，材料不仅包括最终的产品实体，还包括流道、浇口的材料（损耗）。因此，供应商在报价的时候，除了报实体材料的成本，还会考虑损耗的成本。在大部分情况下，这部分材料损耗只能当作边角余料处理，有的供应商根据产品技术要求，可以将其当作回收料打碎填充到原料当中继续使用，则不需要计算这部分材料的成本；如果不可以回收利用，就只能当废

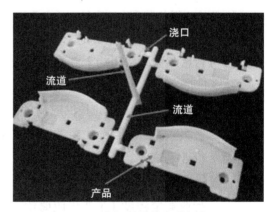

图 2-9 注塑制品的流道与浇口

料卖了，可能有一部分废料的收益，采购人员如果不太了解，也不找供应商去核实，那供应商就把这部分收益装进自己的口袋了。

因此，为了控制成本，需要想办法尽量降低材料单价及耗用量。例如，对于刚才那个注塑制品，如果产量足够大，材料的性能满足要求，是否可以由冷流道改成热流道（模具成本提高，需要综合评估），这样可以减少材料的损耗。当然也有其他方法，如改变产品的结构设计、选用其他材料，这需要综合研讨确认可行性。

2. 直接人工成本

直接人工成本由直接人工的工费率、直接人工用量和工时用量三项因素决定：

$$直接人工成本 = 人工工费率 \times 人工用量 \times 工时用量$$

根据前面收集到的数据，在矿泉水瓶的注塑过程中，普通人工工费率（每小时工作成本）为23元/小时（计算时要注意单位统一，除以3600秒，换算成0.006 388元/秒），全职人力工时为0.2，分配到每个产品上所耗用的工时为0.2083秒（一个小时的产量为17 280个）。架模技术人工工费率为36元/小时，全职人力工时为2。注塑生产前的架模调试时间为2小时，分到每个瓶坯的时间为0.008 68秒。则直接人工成本为：

$$23 \div 3\,600 \times 0.2 \times 0.208\,3 + 36 \div 3\,600 \times 2 \times 0.008\,68 = 0.000\,439\,8（元）$$

从上式可以看出，因为瓶坯的产量大、工时短，所以分到一个瓶坯上的人工成本基本上可以忽略。

为了控制直接人工成本，需要想办法尽量降低工费率，减少人工用量以及工时用量，比如，选用低成本的人工。为了减少工时，在矿泉水瓶的注塑过程中，通过改善冷却水路的设计或许可以优化冷却时间。对于架模调机，通常调机技工会在两个小时内完成，增大批量，可有效降低分摊到每个产品上的这部分人工成本。另外，如果这个产品不能使用机械手自动抓取，还需要直接人工取放产品。比如，这个制品一模的生产周期是30秒，在这30秒里，这个直接人工需要把产品从模具里取出，检查外观（初步判断，剔除不良品），削除水口，擦拭表面油污，然后包装放到流通箱里面。对于一个熟练的工人，可能不需要30秒，那剩余的时间又该怎么处理呢？所以很多企业增加了自动化的设备，取代人工；或者培养多能工，一个人可以同时操作好几台设备,这样可以充分利用人工的时间。

3. 制造成本

制造成本包括机器制造成本和间接人工成本。

(1)机器制造成本。机器制造成本和直接人工成本类似,由机器工费率和工时用量两项因素决定:

$$机器制造成本 = 机器工费率 \times 工时用量$$

根据前面收集的数据,矿泉水瓶注塑过程中使用国产 450 吨注塑机,其机器工费率(每小时工作成本)为 83 元/小时(计算时要注意单位统一,除以 3600 秒,换算成 0.023 元/秒),分配到每个产品上所耗用的工时为 0.208 3 秒(一个小时的产量为 17 280 个)。注塑生产前的架模调试时间为 2 小时,分到每个瓶坯的时间为 0.008 68 秒。则机器制造成本为:

$$83 \div 3\,600 \times 0.208\,3 + 83 \div 3\,600 \times 0.008\,68 = 0.005(元)$$

与直接人工成本类似,因为瓶坯的产量大、工时短,所以分到一个瓶坯上的机器制造成本基本上可以忽略。

为了控制机器制造成本,需要想办法尽量降低工费率及减少工时用量。例如,矿泉水瓶注塑过程中使用国产 450 吨注塑机,能否使用更小吨位的成型机(350 吨)?当然这涉及模具的结构及生产车间的注塑成型机的使用率问题。通常,更换为小吨位的机器意味着折旧、能耗、维修保养和辅料的消耗都会相应地减少,会使设备的工费率降低。

这里还需要注意的一个问题是,因为折旧在整个工费率中占的比重较大,所以折旧的算法、年限也需要细致核算。如果机器设备维修保养做得好,过了折旧年限(折旧完成)照样可以生产,折旧费用怎么处理?这时候需要主动去和供应商谈,确实过了折旧年限的,需要把这笔费用从机器工费率当中剔除掉。还有的公司用的是二手设备,但它在报价的时候是按新设备算折旧的,这也是不合理的。当然,对于折旧的年限,有相应的会计准则要求,很多公司也会灵活处理。有些公司为了使财务报表好看,会拉长折旧年限,这样也会使工费率下降。这些情形我们都需要去调查研究。

(2)间接人工成本。我们在第一章讲解直接人工时谈到,间接人工是不直接参与产品生产活动的那些人。简单地说,间接人工也在生产一线工作，但不直接"动手操刀"，比如产线品管人员、修理工、叉车司机、仓库保管员、统计核算员等。那间接人工成本怎样算呢？

比例核算法，以直接人工成本为基数，按一定比例计算间接人工成本，较为常用。根据行业和自动化水平的不同，可以选取不同的比例，比如，选取直接人工成本的40%为核算比率，即每100元的直接人工成本必须投放40元的间接人工成本参与生产活动。在矿泉水瓶的注塑过程中，前面计算的直接人工成本为0.000 439 8元，则乘以40%为间接人工成本，为0.000 175 9元，几乎可以忽略。

事实核算法，现场调查供应商的间接人工数量、相应的薪资福利总额，然后将间接人员投入到产品的活动量（类似于作业成本法）分配到每个产品中。

加总机器制造成本和间接人工成本，瓶坯总的制造成本为：

$$0.005 + 0.000\ 175\ 9 = 0.005\ 175\ 9（元）$$

4. 废品损失成本

废品是生产的最大浪费。不仅浪费了材料，还损失了凝结在其中已经发生的人工成本、制造成本。废品成本通常会在报价单中体现。但作为采购人员，在谈判的时候可以要求供应商不断改善，减少废品损失。计算公式如下：

废品损失成本＝（直接材料成本＋直接人工成本＋制造成本）× 废品率

矿泉水瓶注塑过程中的废品率（废品个数与总产量之比）为0.1%，即1000个制品当中有1个为不合格品，则废品损失成本为：

$$(0.142\ 2 + 0.000\ 439\ 8 + 0.005\ 175\ 9) \times 0.1\% = 0.000\ 147\ 8（元）$$

综合以上计算，可以得到瓶坯的生产成本：

生产成本＝直接材料成本＋直接人工成本＋机器制造成本＋废品损失成本

$$=0.142\ 2+0.000\ 439\ 8+0.005\ 264+0.000\ 147\ 8=0.148\ 1（元）$$

最后，我们来计算后三项费用。

5. 销售及一般管理费

第一章介绍六大成本结构的时候，我们谈到销售及一般管理费的两种分摊方法，一种是传统分摊法，另一种是更为精确的ABC法。

同时，在实际的工作当中我们也可以采用比例分配的方式简便地将销售及一般管理费分摊到单个瓶坯上去。例如，我们可以按瓶坯生产成本的比例来分配销售及一般管理费（或用销售及一般管理费占总成本的比例，也是一种很常见的分配方法）。这款 550ml（18 克重）矿泉水瓶坯销售及一般管理费的分配比例为 4%，即

$$0.148\ 1 \times 4\% = 0.005\ 9\ (元)$$

我们可以校验这个分配值的合理性，即统计所有类型瓶坯的产量与各自分配的销售及一般管理费，计算一年总的期间费用是否与 620 万元相近，来判断分摊是否合理（根据在"收集数据"步骤中收集的数据，矿泉水瓶坯生产厂家的三项费用之和为 320 + 180 + 120 = 620 万元）。

综合以上计算，可以得到瓶坯的应当成本为：

应当成本 = 生产成本 + 一般行政管理费用

$$0.148\ 1 + 0.005\ 9 = 0.154\ (元)$$

6. 利润

利润按总价格的百分比来计算：

$$利润 = \frac{应当成本 \times 利润率}{1 - 利润率}$$

$$= 0.154 \times 5\% \div (1-5\%) = 0.008\ 1\ (元)$$

则总价格为：

$$总价格 = 应当成本 + 利润 = 0.154 + 0.008\ 1 = 0.162\ 1\ (元)$$

得出价格分解的"瀑布图"，如图 2-10 所示。

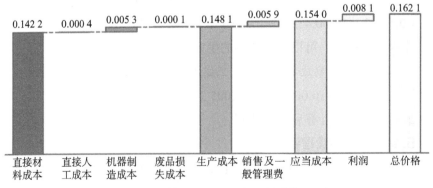

图 2-10　价格分解的"瀑布图"（单位：元）

（五）R：分析结果

最后，通过成本模型的计算导出结果，需要对计算结果进行分析。通常要做两件事，结果的两性（真实性、合理性）判断以及明确怎样使用这些结果。

成本模型的结果有时会带来争议，这主要是因为模型使用的数据很多（成本动因很多），算法的准确性也不一样。许多数据采用的是市场平均水平数据，或者源自成本分析人员的假设。数据的来源取决于能获得多少数据、准确性如何，对产品与当时供应市场的认知度、对成本动因的熟悉度等都会导致成本误差的出现。同时，供应商个体的特殊性，以及分析结果的目的性也会造成结果的差异。例如，大型供应商，可能原材料具有规模优势，但是内部流程复杂，管理费用又偏高，同时，该公司忙着上市，需要大量的业务来修饰财务报表，可能要求的利润率不高，这样就很难用一个统一的标准来评估。因此，要尽量做到"因情境，促合理"，根据具体情境来分析，保证公平合理性。

那结果怎么用呢？我们在前文中说过，很多结果是用来判断报价的真实性、合理性以及协助谈判降本的，所以要让使用者明白你的逻辑（有时需要让使用人员参加成本模型的培训），将分析结果与供应商的现在报价进行对比，发现不合理的地方，将这把利刃插到要害之处。同时，公司上下要统一思想，坚持使用这种方法，比如，将分析出来的成本数据作为供应商报价的目标（也是采购要完成的降本目标），强制推行，起到监督、制衡的作用。从目前业界使用的情况来说，现在成本模型分析的结果开始越来越多地应用于全流程的改善，例如，发现不合理的、高成本的设计结构和制造流程等，推动供应链整体成本的降低。

需要注意的是，成本模型的创建、完善是一个长期的过程，要做好打持久战的心理准备，不能急功近利。我们经常看见有些公司着急采购成本管控不利，急火火地创建成本模型，甚至连成本模型是什么都不清楚，在经历了三天的热度后，产出并没有想象的那么明显，有些急功近利的老板对这件事就不上心了，慢慢地就没有人再提了。因此，我们常说"千里之行，始于足下"，采购人员可以从编制一份统一的有详细价格分解（包含了关键的成本动因）的报价表单开始，并且在实际工作当中坚决推动使用。

日积月累，标准化格式的数据才会逐步积累起来。在这个过程中，可以逐步创建成本模型，不断地打磨、优化和完善。

四、成本模型的管理

成本模型的创建是一个系统化的工作，需要很多资源的投入与管理，下面我们着重讲解成本模型的管理，涉及 BCD 组织模型、数据库的创建与维护、系统的维护。

（一）BCD 组织模型

宫老师在《如何专业做采购》一书里对于价格的估算提到了三种方法：头脑风暴、比较评估以及细化分析。其实这三种方法是一种方法论，是项目管理的一种组织方式，不管用来估价，还是做成本分析，都是非常经典、实用的。

我们对这三种组织方式进行归纳总结，形成一个基础工具模型——BCD 组织模型（见图 2-11）。

成本分析的三种组织方式（结构化模型）：
- 头脑风暴 Brain Storming（workshop）
- 比较评估 Comparative Estimation
- 细化分析 Detailed Analysis

图 2-11　BCD 组织模型

1. 头脑风暴

头脑风暴［brain storming（workshop）］是我们经常使用的方式，俗称"拍脑袋"，指在分析成本的时候，把与采购相关的部门的人员叫到一起，比如把工程、制造、财务等部门的人叫到一起讨论。多几个脑袋总比采购人员自己一个脑袋强。这种方法适用于过去没有买过的东西或大家对产品的来龙去脉都不了解的情况。这个过程能创造出很多新奇的想法，万一某个想法就可以实施呢！这种方法还可以减少其他部门对采购人员的事后抱怨。当然，如果讨论人员里有专家，会提升讨论的效率，防止漫无边际地扯淡。

如果运用得当，这个方法会产生很多奇妙的作用，不信你试试看。

2. 比较评估

比较评估（comparative estimation），也是对标分析的一种思维，指对同一个价格指标在两个或多个期间进行对比分析，借以提示其金额的增减及幅度。实施过程中可以多找几组数据进行比较，例如，类似产品的价格、市场价格、历史价格等。使用这种方法需要进行一定的成本数据积累，跨国公司之所以牛，就是因为它们有一大堆成本数据，甚至是来自全球各地的成本数据，所以供应商想把采购当作"小白"，想卖个高价不太容易。

3. 细化分析

细化分析（detailed analysis），就是我们这本书解决问题的思路，指对产品（服务）做详细的拆解和成本分析。例如，如果公司要新建一个厂房，那么就要分解成一个个小项目详细测算，甚至要请专业的机构来做预算（叫标底），之后拿供应商的报价跟标底去比较。这需要很多数据，如规格书、物料清单、交货数量、频率、物料的价格、损耗率、行业利润等。虽然这种方法准确，但需要的时间很长，也费力。

头脑风暴估算不精准，但是快；比较评估准确度中等，但慢一些；细化分析当然准确，但是更慢，所需资源更多。三种方法各有所长，可根据具体情况选择使用。

（二）数据库的创建与维护

前文提到，数据的收集是成本模型的"双引擎"之一，那为什么要创建数据库呢？

有些数据（材料、机器设备、人工）经常使用且在一定时期内是相对稳定的，这时可以考虑将数据信息进行归纳、分类整理，统一数据格式，形成数据库并保存到其中，在需要参与计算的时候进行调用。这就好比一个大厨，菜单上有100多道菜，但他不知道下一位顾客会点哪一道菜。如果能预先收集整理好食材，分门别类地储存在冰库中，当需要烹饪某道菜的时候,大厨可以迅速地从冰库中取出所需的食材,及时做出美味佳肴,这样就可以提升客户满意度,而不是临时去菜地里摘菜、下河摸鱼或上山捉鸡。

那数据库是如何组织与维护的呢?我们以中国采购商学院开发的"慧降本 Cost Master"为例介绍数据库的组织与维护(见图2-12)。

图2-12 "慧降本 Cost Master"数据库

1. 常用的数据分类

常用的数据基本是按照六大成本结构的要求来收集的。

材料类数据库:通常存放各种原材料的价格、信息来源、收集的时间。

人工类数据库:通常存放各种不同级别的直接人工的工资率(应包括不同地区的数据)、信息来源、收集的时间。

机器设备类数据库:通常存放各种不同机器设备的工费率(由购置费用、折旧、能源耗费等计算得出)、信息来源、收集的时间。

地理区域性数据库:涉及不同区域的相关能源价格、租金、汇率、利率、通货膨胀率等,与物流相关的距离或费率,信息来源,收集的时间等。

公司费用类数据库:通常存放各种不同规模、行业的研发费率,管理费率等信息。

2. 常用数据库的组织样式

(1)材料类数据库。

在做材料成本分析的时候,我们主要是需要调用材料的价格。因此,将材料按不同的类别(例如,塑胶、五金、电子元器件、包装材料等)分成大类,每个大类再细分成小类,例如,金属可以划分为不锈钢类、有色金属类等，这样层次结构清晰，便于在调用时快速查询到要使用的材料。同时，在数据库中应该给材料的命名确定规则，方便不同人员查找使用。例如，某塑胶材料 ABS，根据这款材料的使用特性，可以命名为：ABS– 注塑级 – 生产厂家牌号 – 现在的供应商 – 信息来源的日期。材料类数据库可以如图 2-13 存储。

材料名称	计量单位	单价	货币	是否为原材料(是/否)	备注	主类别	一级子类别
ABS	公斤	16	RMB	是			
Al	公斤	12	RMB	是			
PC	公斤	2.50	USD	是			

图 2-13　材料类数据库的样式

（2）人工类数据库。

在做直接人工成本分析的时候，我们主要是需要调用直接人工的工资率。直接人工的工资率是指直接用于产品生产的人工（包括间接采购类中的直接服务人员，例如开发软件系统的直接编程人员）的单位小时工资。

人工的单位小时工资呈现出区域性、时间性的特点，古今中外都不同。在处理不同的工作任务的时候，所需要匹配的人工的技能、熟练程度也不一样，例如，在生产制造行业，既有换型时调试机器的技师级别的人工，也有在组装线进行大量重复简单操作的普通作业员。因此，对人工费率可以先计算出相应的小时工资，再根据区域、年份、人工的不同等级进行分类存储。

人工类数据库的样式可以如图 2-14 存储。

国家	区域	人工名称	参考年份	人工费率	货币	计量单位	备注	数据来源
中国	广东	技师	2019	42	RMB	小时		
中国	广东	普工	2019	20	RMB	小时		
中国	广东	熟练工	2019	25	RMB	小时		

图 2-14　人工类数据库的样式

（3）机器设备类数据库。

实际的企业生产运营除了有人力资源的投入之外，很多时候还需要使用相应的机器设备进行加工，这些机器设备的投入都将产生成本。我们引入机器设备工费率这个概念，表示单位小时机器设备运行的费用。这些费用通常包含机器的折旧、运转时所消耗的能源费用（水电费）、机器的维修保养费用，或机器占地面积的分摊费用等。因此，对机器工费率可以先计算出相应的小时工资，再按不同的机器进行分类存储。

机器设备类数据库的样式如图 2-15 所示。

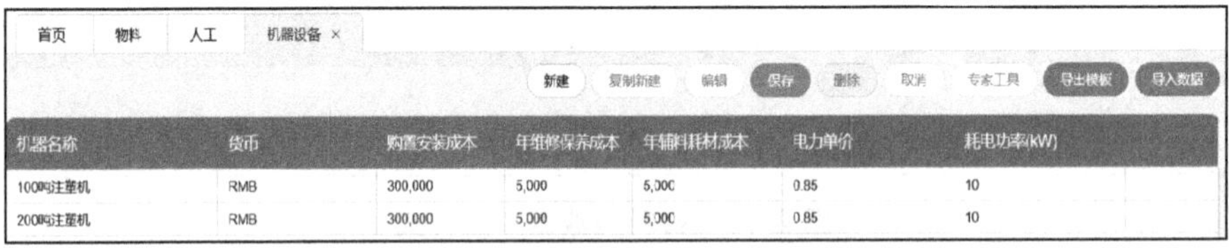

机器名称	货币	购置安装成本	年维修保养成本	年辅料耗材成本	电力单价	耗电功率(kW)
100吨注塑机	RMB	300,000	5,000	5,000	0.85	10
200吨注塑机	RMB	300,000	5,000	5,000	0.85	10

图 2-15　机器设备类数据库的样式

（4）地理区域性数据库。

如前所述，我们有很多相关的数据，例如，能源价格、租金、汇率、利率、通货膨胀率，与物流相关的距离或费率等和区域、国家有关，因此，需要一个数据库专门存放地理区域性数据。这类数据库没有一个统一的样式，既可以拆分成多个小数据库，又可以整合到一个大数据库，根据使用者的习惯来定。图 2-16 是一种存储样式。

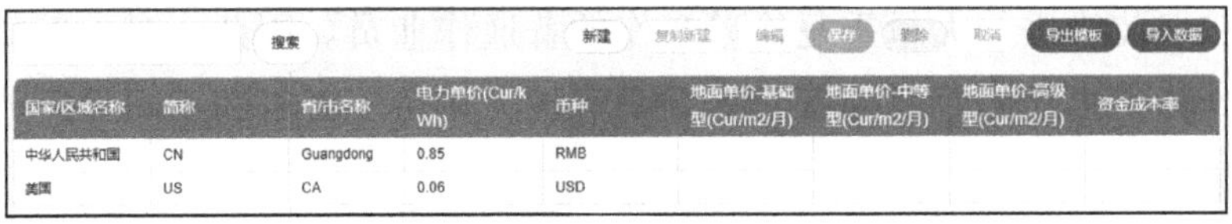

国家/区域名称	简称	省/市名称	电力单价(Cur/kWh)	币种	地面单价-基础型(Cur/m2/月)	地面单价-中等型(Cur/m2/月)	地面单价-高级型(Cur/m2/月)	资金成本率
中华人民共和国	CN	Guangdong	0.85	RMB				
美国	US	CA	0.06	USD				

图 2-16　地理区域性数据库的样式

（5）公司费用类数据库。

公司费用类数据包括各种不同规模、行业的研发费率和管理费率等信息。这些数据通常是用来评估三项费用（管理费用、销售费用和财务费用）的，这类数据库的组织样式比较松散，根据使用者的习惯来定。如图 2-17 所示的一种存储样式，按公司所处的行业、规模先计算出相应的费用比率，再存放在数据库中。

以上数据库的组织及存储是成本模型的基础输入，大家需要熟悉和掌握。

图 2-17 公司费用类数据库的样式

3. 数据的来源

获取到及时的、有价值的供应市场数据信息对于应当成本的准确性及可靠性具有决定性作用。从某种程度上来说，做成本分析就是做数据的获取、整理和计算。可以从哪些渠道获得相关数据呢？

（1）政府机构公布的预测、报告和统计调查。

（2）相关媒体以及网站上公布的分析报告。

（3）第三方机构公布的数据（例如，某些钢材网站可以追踪期货价格与趋势）。

（4）金融市场、商品交易所公布的数据。

（5）供应商的报价。

4. 数据库的管理责任

数据信息是随着时间、事件不断发生改变的，就像人体的血液一样，要经历新陈代谢往复循环。因此，数据的收集也要与时俱进，保证准确与可靠。通常需要制定收集管理制度，明确责任人，可以从以下几个方面着手。

（1）制定数据的收集、管理计划，按统一的格式保存和使用。

（2）责任到人，专人负责数据收集与分析。例如，有些咨询公司专门有人定期收集、整理与分析供应商的报价和市场调研等。

（3）专人审核数据。收集的数据必须经过详细的核实，力求数据的准确且对成本模型的运用有权威性。

（4）由专人将数据维护到系统中，保证数据不被篡改、丢失。

（三）成本模型的应用与管理

1. 需要使用什么样的系统

成本模型的创建与分析需要大量的资源投入，在信息化技术发展迅速的现代社会，引入专业的成本分析软件是一条捷径，它可以起到事半功倍的效果。通常，这些软件的集成度高，有标准制程的信息，并把算法嵌入到软件中，而且还提供一些实时的市场数据库作为参考。在采购界，成本分析软件的使用也越来越普遍。例如，使用中国采购商学院开发的"慧降本 Cost Master"进行统一的管理。数据录入、使用人员做权限分级管理，不同层级对系统的操作权限做好区分，保证系统数据安全运行。比如，一般的采购人员只开放查询应用，高级采购管理人员（或专门的成本分析人员）根据其工作需求，开放成本控制、成本分析等功能的权限。

那中小型公司没有足够的资源去投资，难道就没有机会了吗？也不是。成本模型系统并不是说一定要使用类似 ERP 这样的大系统，简单的可以用 EXCEL 表去实现，比如，报价模板。当然，前提是你必须设计一份清晰又好用（足够反映关键成本动因，又不至于太复杂）的报价模板，同时，供应商也愿意配合填写。你收到这样的报价后，可以货比三家，实地勘察，发现隐藏在数据背后的玄机。其实，报价模板也是一种成本分析的格式。因此，我们更强调的是采购人员要具有成本分析的思维及学会分析的方法，这样可以保证思路是对的，然后在实践中不断调整，最后训练成所负责品类的成本专家。表 2-5 为某公司使用的产品报价表。

2. 成本分析团队怎样定位

公司是否需要成立专门的成本分析团队？还是由采购人员自己做分析？

这要从组建成本分析团队的目的着手。成本分析团队比较专业、有实力，他们对产品、制造、流程都有所了解，知识面非常广泛，同时也有时间来做分析；而且还有一个重要的功能是，成本分析也充当第三方，或者直白一点说，也兼具监督采购价格是否合理的职能。老板对采购价格的关注焦点在于价格的透明性及合理性，如果采购人员自证清白，给人的感觉并不是百分之百可信，请"外来的和尚念念经"感觉就比较踏实了。因此，成本分析团队给出的意见，可以给老板一个参考，让他大致知道采购价格在一个什么样的位置。同时，这种压力也可以起到防止采购和谐降价的目的。从这个角度出发，成本分析团队的级别应该高一些，至少要与采购的一线人员平行，这样才能发挥第三方的作用。很多公司现在已经发展到使用成本分析的结果来设定每年的采购降价目标，以及设置新项目的预期成本。

表2-5 某公司使用的产品报价表

××报价单

报价日期	2015-5-3	有效期间		至		报价单位（加盖公章）			
	工程部	物料编码		66030003294		物料名称			镀锌0.4×412

材料费（含税）

序号	材料名称	材料描述	单位	材料单价（元/千克）	边角料单价（元/千克）	毛用量（千克）	净用量（千克）	金额（元）	原材料基准	调价基准	备注
1		镀锌板/0.4	1	6.3	1.2	0.587 60	0.425 00	3.506 8	412×4mm		自制件
2											
3											
4											
5											
材料费合计								3.506 8			

（续）

序号	工序名称	产能（个/小时）	加工周期（秒）	工人工资（元/小时）	人数	人工费（元）	设备名称	额定功率（kW）	用电系数	电费单价（不含税）	设备折旧摊（元/个）	设备工时费（元/小时）	设备费（元/个）	总加工费（元）
										加工费（不含税）				
1	落料	350	10.3	12	1	0.034 3	冲床、自动送料器	23	1.00	0.85	0.001	20.04	0.057 3	0.091 5
2	拉伸	260	13.8	12	1	0.046 2	200T 油压机	22	1.00	0.85	0.008	20.88	0.080 3	0.126 5
3	切边	300	12.0	12	1	0.040 0	80T 冲床	7.5	1.00	0.85	0.008	8.81	0.029 4	0.069 4
4	冲孔	300	12.0	12	1	0.040 0	80T 冲床	7.5	1.00	0.85	0.008	8.81	0.029 4	0.069 4
5	翻孔	300	12.0	12	1	0.040 0	80T 冲床	7.5	1.00	0.85	0.008	8.81	0.029 4	0.069 4
6	翻边	300	12.0	12	1	0.040 0	80T 冲床	7.5	1.00	0.85	0.008	8.81	0.029 4	0.069 4
7	清洗	1000	3.6	12	6	0.072 2	自动清洗线	166.6	1.00	0.85	0.009	150.39	0.150 4	0.222 4
8	检测	500	7.2	12	1	0.024 0	流水线	0	1.00	0.85	0.000	0.00	0.000 0	0.024 0
9	包装	600	6.0	12	2	0.040 0	流水线	0	1.00	0.85	0.000	0.00	0.000 0	0.040 0
加工费合计														0.781 9
材料费及加工费总额														4.288 6

其他费用

序号	费用名称	金额（元）	费用说明					备注
1	管理费 2%	0.085 8						
2	厂房折旧	0.040 0						
3	包装费	0.200 0						
4	运输费	0.250 0						
5	饮品损失 2%	0.085 8						
6	财务费用	0.077 2						
7	利润 5%	0.214 4						
8	税金 6%	0.314 5						
其他费用合计		1.267 7						
价格总计			总价格		材料费	加工费	其他费用	
			5.556 3		3.506 8	0.781 9	1.267 7	
各项占比			100.0%		63.11%	14.07%	22.82%	

例如，飞利浦公司专门建立了成本分析师（cost master）团队，招募有工程技术背景的人加入。成本分析师团队作为内部的成本咨询部门，通过分析产品的成本、协助开展 DFX 优化项目、与供应商谈判等工作来降低成本。其中成本数据的收集、系统管理和维护使用专门的软件。采购人员使用成本分析师分析的结果来执行降本及谈判活动，形成相互合作与制约的关系。在成立的三年内，该团队协助公司取得了 10 亿欧元的成本节约。

3. 哪些物料需要创建成本模型

如前所述，成本模型的创建需要做大量的工作，尤其是收集数据与设计算法。

对于这么多的采购物料，可以采用"抓大放小"的策略。对采购金额大的物料，特别是独家供应源、定制化零件或委外加工的物料，首先开始进行成本分析的工作。当成本分析使用到比较成熟的阶段时，可以扩展到常规或标准化的物料。因为对于这些物料，除了使用成本分析这个工具外，更多是可以利用供应市场的竞争（例如，招投标的方法）来达到降价的目的。此时，采购人员可以把精力放在了解行业发展趋势、监控市场价格的变化等更有价值的作业上。

五、成本模型其他要素简介

（一）成本费用的分类

成本费用在财务会计上有多种分类方法，如下（这确实是个很长的清单，你听说过哪些）：

（1）按概念形成可分为理论成本和应用成本。
（2）按应用情况可分为财务成本和管理成本。
（3）按产生依据可分为实际成本和估计成本。
（4）按发生情况可分为原始成本和重置成本。
（5）按形成时间可分为历史成本和未来成本。
（6）按计量单位可分为单位成本和总成本。

（7）按计算根据可分为个别成本和平均成本。

（8）按包括的范围可分为整体成本和部分成本。

（9）按生产过程中的顺序关系可分为车间成本和工厂成本。

（10）按生产经营范围可分为生产成本和销售成本。

（11）按与收益的关系可分为已耗成本和未耗成本。

（12）按与决策的关系可分为相关成本和非相关成本。

（13）按与现金支出的关系可分为付现成本和沉没成本。

（14）按与计划的关系可分为计划成本和预计成本。

（15）按与数量变化的关系可分为边际成本、增量成本和差别成本。

（16）按可否免除可分为可避免成本和不可避免成本。

（17）按可否推迟发生可分为可递延成本和预计成本。

（18）按发生可否加以控制可分为可控成本与不可控成本。

（19）按形态可分为变动成本和固定成本。

（20）按成本与特定产品的关系可分为直接成本和间接成本。

（21）按产品成本的构成情况可分为主要成本和加工成本。

（22）由于过去的决策已经发生了的，而不能由现在或将来的任何决策改变的成本称为沉没成本。

为了便于进行成本管理，还可运用其他一些成本分类概念，如机会成本、责任成本、定额成本、目标成本、标准成本等。

小师妹插嘴

没想到成本可以有这么多种划分，那对于采购人员来说，需要关注哪些成本类别呢？

学霸掉书袋

对于采购人员来说，基于实用性，需要掌握以下分法，其他的了解即可。

- 按成本的经济用途或职能来分：第一章所述的六大成本结构。
- 按成本与特定产品的关系来分：直接成本与间接成本。
- 按成本形态来分：变动成本与固定成本。

（二）直接成本与间接成本

按成本与特定产品的关系来分，直接成本，也称为可追溯成本（traceable cost），指那些可以被直接归类到某个产出单元上的成本；相反，间接成本，指那些不能被直接归类到某个产出单元上的成本。它是为几种产品所共同消耗的，需要适当的标准分配计入各种产品的成本。直接成本和间接成本的特点如表 2-6 所示。

表 2-6　直接成本与间接成本的特点

直接成本的特点	间接成本的特点
生产过程中与项目或业务直接相关	生产过程中与项目或业务不直接相关
与特定产品直接形成量化关系	与特定产品不直接形成量化关系
材料费直接用于生产产品并构成组成部分	材料费不直接用于生产产品并构成产品组成部分

例如，大家现在看的这本书，直接成本包括：直接材料——纸张、油墨和胶水；直接人工——用于支付生产这本书的直接人员的工资；制造成本——印刷过程中的机器折旧、水电费等，印刷车间的间接人工等；直接花费——如根据印刷量支付给作者的版税成本（作者稿酬）。间接成本可能包括：管理人员及销售人员的薪水支出（这些支出和出版社的所有工作都有关系，不仅是这一本书的出版）。

但能不能就这么机械地定义？

在实际操作中，我们经常会碰到某项费用不太好区分的情况。例如，一个装备制造企业，产品下线的时候要做试验，试验中需要使用耗材，这些耗材与产品直接相关，与特定产品也有量化关系，但是它并不直接构成产品的组成部分。从"不构成产品组成部分"的角度来说，耗材不是直接成本，但它与特定产品构成了量化关系。

再打个比方，酒厂的包装费，酒瓶是包装，但也有功能，我们可以说这是产品的组成部分，算作直接材料没问题。那瓶子外面的纸盒呢？有人说这也可以形成量化关系，那么也算直接成本；事实上纸盒已经不能严格算作产品的组成部分了。那再外面的一层大包装呢？这算直接成本还是间接成本？

当类似的情况出现，即直接成本和间接成本分不清楚的时候，怎么办？

这里我们给出一条指导原则：当直接成本和间接成本分不清楚的时候，应当尽量当作直接成本，即直接化核算。为什么呢？因为这样计算成本可以和产品数量关联起来，便于识别成本的来源（成本动因），更好地管理产品的成本。因为成本分类的目的是便于管理，甚至可以说，没有分类就没有管理。这里我们总结两句话：**间接成本直接化，固定成本变动化**。

（三）变动成本与固定成本

首先，我们要讨论一下成本习性（cost behaviour）的概念。

成本习性，指成本受业务活动量（例如，生产数量或者销售水平）波动影响的方式。简单说，就是产销量发生变化了（即波动了），成本有没有跟着变化。按成本习性来分，成本可分为固定成本和变动成本。

什么是固定成本？

固定成本是不随业务量（产销量）变化而变化的成本。例如，公司租用一台设备用于生产，每月要支付租金，一般而言，这笔租金是固定的，不跟产量挂钩。或者公司为管理人员发薪资（没有销售提成），那么不论该企业的销量是多少，公司都要在同样的时间段里支付同样的金额。

变动成本是随业务量（产销量）的变化而改变的成本。

我们用图 2-18 来说明变动成本和固定成本。

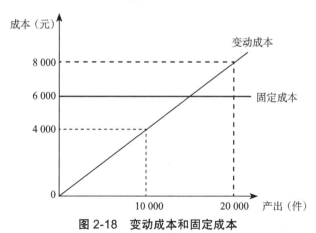

图 2-18 变动成本和固定成本

某公司利用原材料加工小饰品，该公司每月的固定成本为 6000 元。每个饰品的变动成本是 0.4 元，生产 10 000 件的成本是 4000 元。当产量达到

20 000 件时,变动成本将上升到 8000 元。

(四)阶梯成本(半变动成本,混合成本)

阶梯成本(又叫半变动成本,或混合成本)是在一个很窄的相关范围内的固定成本。人们一般认为阶梯成本是短期内的固定成本,但长期来看是变动成本。

例如,某公司仅拥有一个工厂。短期内,工厂间接费用是固定成本。如果工厂每天的最大产能是 100 单位产品,那么为了每天生产 200 单位产品,就需要新建额外的工厂。这么做能使产能加倍,同时工厂间接成本也会加倍(假设两个工厂有相同的产能和成本)。长期内,工厂间接成本将转化成变动成本(见图 2-19)。

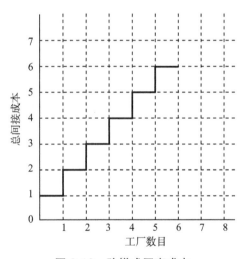

图 2-19 阶梯式固定成本

又比如,某些费用是由基本费加上按比例变化的费用组成的,电话费就是这样的。电话费有个基础费(月租费之类的),哪怕不打电话也要交,之后按通话时间计费。

(五)其他成本类型

本节开始时谈到,成本费用有很多分类方法。有些是大家经常听到的,这里也做一些简要介绍。

1. 专属成本与共同成本

专属成本（dedicated cost）又称特定成本，指那些能够明确归属于特定决策方案的固定成本或混合成本。没有产品或部门，就不会发生这些成本，所以专属成本是与特定的产品或部门相联系的成本。例如，专门生产某种产品的专用设备折旧费、保险费等。

专属成本往往是为了弥补生产能力不足的缺陷，增加有关设备而发生的，专属成本的确认和取得有关设备的方式有关。若采用购买方式，则购买设备的支出就是该方案的专属成本；若采用租赁方式，则设备的租金就是该方案的专属成本。另外，在具体应用时，凡是属于某一方案新增加的固定成本，都可确认为专属成本。如做采购材料决策时，到外地采购材料的差旅费支出，就可确认为该采购方案的专属成本。

共同成本是指为多种产品的生产或为多个部门的设置而发生的，应由这些产品或这些部门共同承担的成本。例如，在企业生产过程中，几种产品共同的设备折旧费、辅助车间成本等属于共同成本，由于它的发生与特定方案的选择无关，因此在决策中可以不予以考虑，也属于比较典型的无关成本。

在进行方案选择时，专属成本是与决策有关的成本，必须予以考虑；而共同成本则是与决策无关的成本，可以不予考虑。

2. 机会成本

机会成本，又称择一成本，指在决策时，从两个备选方案中选取一个，而放弃另一个方案所失去的潜在利益。例如，在鱼和熊掌中只能选择一样时，如果选择鱼，就会失去熊掌的收益。机会成本并非实际的支出，只是一种可能的预警。

宫老师上课时讲过一个例子，今天在上海讲课，那就不能去北京讲课。为什么愿意在上海讲课？因为上海讲课的收入高于北京讲课的收入。北京讲课只是一个机会，这个机会产生的收入就是在上海讲课的机会成本。所以，机会成本的准确叫法应该是"机会收入"，机会产生的收入。那为什么偏叫"成本"？因为我们做决策时总是喜欢用收入减去成本，这样表达比较容易理解，所以前面我就用上海讲课的收入减去了北京讲课的机会成本，看看是不是大于零，如果大于零，就选择在上海讲课。

3. 沉没成本

沉没成本（sunk cost）是指由于过去的决策已经发生了的，而不能由现在或将来的任何决策改变的成本。人们在决定是否去做一件事情的时候，不仅看这件事对自己有没有好处，而且也看过去是不是已经在这件事情上有过投入。我们把这些已经发生的不可收回的支出，如时间、金钱和精力等称为沉没成本。经济学和商业决策制定过程中会用到"沉没成本"的概念，代指已经付出且不可收回的成本。沉没成本常用来和变动成本做比较，变动成本可以被改变，而沉没成本不能被改变。

例如，追了三年的女朋友，前期投入了大量的感情、金钱与时间，而这时女朋友认为俩人不合适，提出分手，作为男友，是该分还是不该分呢？

从沉没成本的角度来评估现在的选择，既然不合适，就应该分手。因为三年的付出都是沉没成本，是一种历史成本，对现有决策而言是不可控的成本，在做投资决策时应排除干扰，再纠结于其中，只会伤害双方。

对企业来说，沉没成本是企业在以前的经营活动中已经支付现金，而在经营期间摊入成本费用的支出。因此，固定成本、无形资产、递延资产等均属于企业的沉没成本。

4. 质量成本

质量成本，指企业为了保证和提高产品或服务的质量而发生的一切费用，以及因未达到产品质量相关标准或未满足客户的相关需要而产生的一切损失。质量成本主要包括预防成本、鉴定成本、内部损失成本及外部损失成本等。

其中，预防成本是用于预防产生不合格品与故障等的费用；鉴定成本是评定产品是否满足规定的质量水平所需要的费用；内部损失成本是产品在出厂前因不满足规定的质量要求而支付的费用；外部损失成本指成品出厂后因不满足客户等规定的质量要求，导致索赔、修理、更换或信誉损失等而支付的费用。质量成本各组成部分与质量成本的关系如图 2-20 所示。

在图 2-20 中，曲线 C 为上述四项成本之和的质量总成本曲线，曲线 C_1 表示预防成本与鉴定成本之和，它随着合格品率的提高而增加，曲线 C_2 表示内部损失成本与外部损失成本之和，它随着合格品率的提高而减少。

质量成本曲线 C 左右两端的质量成本都很高，但中间有一个最低点，即 A 点，它是质量成本的最低值，该处的质量成本称为"最佳质量成本"。

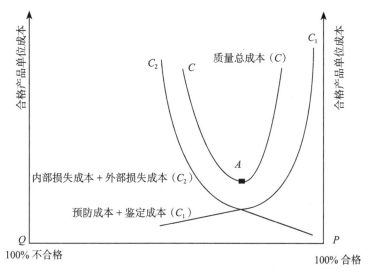

图 2-20　质量成本

质量成本是采购人员在评审供应商时需要掌握的一个概念，例如，我们在评估供应商时最不愿意看到的是这个供应商有外部损失成本，因为有外部损失成本意味着有可能有不合格品流入买方。在与供应商进行质量管理工作和探讨索赔时也会涉及质量成本问题，因此有必要在此罗列一下每项成本所包含的具体内容（见表 2-7）。

表 2-7　质量成本的四种表现

预防成本	鉴定成本
• 实施各类策划所需的费用，包括体系策划和产品实现策划	• 检验费用
内部损失成本	外部损失成本
• 废品损失	• 索赔费用
• 返工损失	• 退货损失
• 复检费用	• 保修费用
• 停工损失	• 降价损失
• 质量故障处理费	• 处理质量异议的工资、交通费
• 质量降级损失	• 信誉损失

5. 库存成本

与库存成本有关的成本有三种：取得成本、储存成本和缺货成本。

（1）**取得成本**。取得成本（TCa）分为订货成本和购置成本。

1）订货成本。订货成本根据是否与订货次数有关分成两部分：第一部分，订货的固定成本，诸如常设采购机构的基本开支，这一部分我们用 F_1 表示；第二部分，订货的变动成本，诸如差旅费、邮费等，这一部分与订货次数有关，我们假设每一次订货的变动成本为 K，存货年需求量为 D，每次订货量为 Q，把订货次数定义为 D 与 Q 的商，所以综上，有公式如下：

$$订货成本 = F_1 + D/Q \times K$$

2）购置成本，即存货本身的价值，由数量和单价决定，我们假设单价为 U，年需求量为 D，则以 DU 表示购置成本。所以，根据以上内容有如下公式：

$$TCa = F_1 + D/Q \times K + DU$$

其中，TCa 是取得成本，F_1 为固定成本，D 为存货年需求量，Q 为每次订货量，K 为每一次订货的变动成本，DU 为购置成本。

（2）**储存成本**。储存成本（TCc）是指为保持存货而发生的费用，包括存货占用资金所应计的利息、仓库费用、保险费用等。储存成本根据是否与存货数量有关，分成固定成本和变动成本。

1）固定成本，诸如仓库人员工资等，用 F_2 表示。

2）变动成本，诸如应计利息、保险费等，假定以 Kc 作为单位成本。

综上，储存成本计算公式如下：

$$TCc = F_2 + Kc \times Q/2$$

其中，TCc 是储存成本，F_2 是固定成本，Q 为存货量。

注：之所以取 $Q/2$，是基于一个统计学上的考虑。假定一个存货周期里面，最多的存货量为 Q，最少的存货量为 0，我们知道，时点指标是不能相加的，而时期指标是可以相加的，要想使时点指标得以相加，常见的做法是取平均数，使时点指标变成时期指标。所以，我们取 $(Q+0)/2$ 作为可以加减的时期数据代入公式进行计算。

（3）**缺货成本**。缺货成本（TCs）的定义为因为中断而造成的损失，诸如停工损失、紧急外购成本等。

（4）**总成本**。假定总成本为 TC，而且总成本由上面三个部分构成，于是有下面的公式：

$$TC=TCa+TCc+TCs$$
$$=F_1+（D/Q\times K+DU）+（F_2+Kc\times Q/2）+TCs$$

（5）**其他库存相关成本**。存货跌价损失：企业由于存货遭受毁坏、全部或部分陈旧过时或销售价格低于成本等原因，使存货成本不可收回而产生的损失。

6. 总拥有成本

总拥有成本（TCO）可以描述为产品的采购成本与其在整个生命服务周期中发生的其他成本之和。它通常包括购买、安装、财务佣金、维保、运营、售后服务、后续处理等相关成本。

在采购实践中，由于购买成本比较容易计算（通常体现在采购报价上），而其他成本相对不容易量化，所以采购人员往往关注当时的采购成本，并以此为依据做出采购决策。这往往会导致对未来资产购进后运营和维护成本的忽视，短视会带来长远的损失。有些供应商也会抓住这一点以低价敲开采购人员的大门，产品在后续的使用中常常出现各种问题，造成额外的成本支出。这好比在找对象的时候只关注对方的经济实力，而不把个人品质纳入考量，在度过了快乐的蜜月期以后，在长期的生活中，个人品质开始起主导作用，隐藏的矛盾开始爆发。

因此，忽视 TCO 的决策会带来总成本增加的风险。在采购管理的实践中，必须重视 TCO 模型的建设，针对采购的产品逐项进行分析，寻找成本控制的进攻点、突破口。

例如，2017 年，全球领先的市场调研公司益普索（Ipsos）发布了关于五年养车总成本（TCO）的研究数据。养车总成本是购车之外的基于车辆的所有总支出。TCO-5 为车辆行驶五年的总成本，包含维修保养费用、保险费用、燃油费用、二手车折旧费用等支出。

研究表明，养车总成本其实远比我们想象的高得多。本次 TCO-5 调研选取了国内市场上 7 款主流 B 级车，并以燃油费、维修保养费、保险费、年检费、二手车折旧费这五大主要花费为出发点进行横向对比（见表 2-8）。

表 2-8　主流 B 级车 TCO-5 对比表

品牌	车系	车型	排量	实际裸车价	五年使用成本	总成本
上汽大众	帕萨特领驭	2011 款自动尊享型	1.8T	182 100	192 526	374 626
广汽丰田	凯美瑞	2012 款凌动版	2.5L	200 500	177 292	377 792
东风日产	天籁	2012 款 XL 智享版	2.5L	203 300	191 234	394 534
广汽本田	雅阁	2012 款 LX	2.4L	190 400	170 257	360 657
一汽大众	迈腾	2012 款舒适型	1.8T	202 600	181 069	383 669
上汽通用别克	君越	2012 款 SIDI 舒适型	2.4L	219 200	214 565	433 765
长安福特	蒙迪欧	2012 款 GTDi240 旗舰运动版	2.0L	230 900	251 320	482 220

养车费用从低到高分别为雅阁、凯美瑞、迈腾、天籁、帕萨特领驭、君越和蒙迪欧。在对比的车型中，雅阁在各种花费中均占优，五年花费170 257 元。蒙迪欧养车最贵，比雅阁多支出 8.1 万元，位列最末，五年的花费比买辆新车的费用还高。

在购置汽车时，除了要考虑裸车价，还需要计算使用成本，可以使用 TCO 来做出购车决定。购买汽车和我们采购产品是一样的，特别是采购设备，一定要用 TCO 的思维去核算成本。

思考题

1. 制定一张适合自己公司使用的价格分解明细，并推广应用它。
2. 结合工作实践，思考如何应用 PPDAR 五步法建立标准成本模型？
3. 如何建设成本管控体系？

第二部分

O：挖掘降本机会
O：优化成本空间

导读：采购如何去挖掘降低成本的机会呢

年复一年降价，供应商的人力成本、土地等生产资料要素等成本却都在上涨，哪来的降价空间？这些问题像梦魇一样萦绕在采购人员身边。对此，我们结合实际工作经验，总结了采购人员可以快速上手的"八大方法"展示给大家参考。这八大方法侧重于"商务降本"的方法与活动，而需要跨部门协同合作的"技术降本"方法将在第四部分讲述。

**Opportunities
寻找机会
❷**

O：挖掘降本机会
O：优化成本空间

**挖掘降本机会的
八大方法**

Optimize

本部分是 COST DOWN 架构的第二部分，重点在于讲述找机会的方法。目标是使采购人员能够"挖掘降本机会，优化成本空间"。

本部分分成两章进行解析。

第三章，八大方法：深度挖掘找机会，侧重于从公司内部的数据入手进行分析，寻找降本的机会，主要论述需求管理、支出（数据）分析、价格（成本）分析、自制/外包分析四大方法。

第四章，八大方法：拧干毛巾降成本，侧重于从采购常用的整合方法入手，主要论述招标与谈判、集中采购与联合采购、全球采购、目标成本法四大方法。

Chapter 3
第三章

八大方法
深度挖掘找机会

学习目标

1. 掌握需求管理的方法。
2. 掌握支出（数据）分析的方法。
3. 掌握价格（成本）分析的方法。
4. 掌握自制/外包分析的方法。

本章我们将紧紧围绕寻找降本机会的前四大方法进行讲解，包括需求、支出、价格以及自制、外购、租赁等，侧重于从公司内部的数据入手进行分析。

下面我们来看一个摘自《棋盘博弈采购法》有关"需求削减"的案例，开始"八大方法"的学习。

一家全国零售企业削减保洁服务支出

该零售企业执行了一项大规模的成本削减计划，需要对其全国 12 个分销中心的保洁服务进行分析，主要关注的问题有以下几个：目前提供的服务是什么类型，处于什么水平？这些服务由内部完成还是外包给第三方？每个分销中心的工作模式是否一致？一致或存在差异的原因是什么？

采购项目小组通过审核保洁服务的需求，寻找削减需求的机会，最后提出三项建议举措，预计能够实现显著的成本改善。

（1）标准化所有分销中心的需求，贯彻缩减方案。

针对需要完成的保洁服务的种类和工作量制定合理的最低要求，将其落实为书面文件，并获得各分销中心经理的认可和批准。

根据不同分销中心的规模等级和员工数量，设定具体的需求变量。

（2）根据修改后的服务内容和需求重新进行采购，为保证服务水平，将全国各地的所有保洁服务外包给同一家服务供应商，并确保服务价格具有竞争力。

（3）采购总部为所有分销中心建立一套统一的评估标准，监测供应商的绩效表现。

采购项目小组建议的方案大幅削减了保洁服务的需求内容。项目小组经过多次调整、反复检验，最终确定的方案既能满足全国各地保洁的最低需求，又能满足各地分销中心的特定保洁需求。比如，当各地分销中心需要采购额外保洁服务时，必须上报总部审批，项目小组为此设计建立了一套标准流程。最终，该企业与某家保洁服务供应商确定了针对其全国分销网络的服务合同，实现了15%～20%的成本节约。在项目过程中，各分销中心对保洁服务的成本意识也得到了提升。

小师妹插嘴

这个案例很有意思，没想到保洁服务也能实现这么大的降本。看来，对采购需求进行分析是采购活动的第一步。

学霸掉书袋

是的，需求管理是采购活动中的一项重要工作，采购活动常常始于需求的识别和定义。然后通过系统化的方法来切实满足需求，从而实现企业的采购战略目标。

一、采购需求管理：控制没必要花的钱

你是不是在工作中经常遇到这样的情况：接手一个新项目，发现研发

人员已经指定了某零件的型号，可公司以前没有采购过该种零件，甚至也没有这样的供应商资源，但此时项目的进度已经定了（项目的开发时间通常受到市场部门制订的上市计划的约束，很难更改），因此采购人员不得不紧急寻找该型号的零件及供应商资源，而且有可能该型号只有某独家供应商才能供货，匆忙谈价格和交货期。这个来自项目的特殊零件的采购需求会让采购人员很被动，忙得焦头烂额。最糟糕的是，样品拿回来一测试发现不行，研发人员又重新选定了另外一个型号。

为什么会出现这些情况呢？

根源在于采购需求管理并没有做到位。比如，某个使用部门提出申购物品的要求，库存控制部门提出补货申请，或者研发项目组提出打样要求，在应对这些需求的时候，如果采购人员没有早期介入，进行充分的评估（例如，没有界定产品和服务的规格），则会发生上述一系列的问题。因此，采购活动常常始于需求的识别和定义。

（一）什么是采购需求管理

采购需求管理是以用户的需求为出发点，集中精力来评估和满足（管理）用户需求的采购活动。简单地说，就干两件事，**评估需求以及满足需求**。当然，从采购成本管控的角度来说，需求管理可以通过减少内部不必要、不合理的要求，实现成本的削减。因此，采购人员也要在早期参与到需求形成的阶段，保证需求的准确描述，保证采购各环节满足需求。

我们用"3W2H"五问法来管理这个过程，即采购需求管理要分析"买什么"（what），"买多少"（how many），"什么时候买"（when），"什么时候要"（when）和"怎样得到"（how）五个问题。

1. 买什么

"买什么"包含两层意思：一是定义需求，说明白到底要买什么，有没有可执行的规格；二是需求合理性，确定该不该买，符合公司的政策吗，有没有替代品。

现实情况是，采购人员接到的采购申请，"买什么"大多数时候描述得不够清楚。宫老师举过一个例子，要买瓶饮料，买什么饮料呢？说买瓶可乐，买什么品牌的可乐呢？说买可口可乐，买大瓶的还是小瓶的呢？易拉罐装的还是塑料瓶装的？需求描述得不清楚，会给采购人员带来很多困扰，还会带来操作成本的增加。那用什么来把需求说清楚呢？白纸黑字写下来是不错的思路。在工作中，使用规格清单是不错的选择。规格可以定义清楚需求的质量、功能、尺寸、工艺与方法等。规格一方面反映了采购需求，另一方面也是评审采购物品的依据。当然，规格的编制是一件技术性非常强而又费时的工作，有时需要跨团队的协作来编制，其质量的好坏直接影响采购的结果。

我们常说，成本是设计出来的，好的设计方案能起到事半功倍的效果。但现实情况是"研发手一抖，采购忙吐血"。有的使用部门在"买什么"这个问题上拿不定主意，保险的做法就是定义过于高标准的要求（过度设计），结果造成成本居高不下。这时就要应对"该不该买"的问题，"质量过剩"就是不该买的一种情形。因此，公司应该有明确的流程和规定，通过多方评审、审批来减少"不该买"的产品。

2. 买多少

一般的理解是需要多少买多少。但事实上，你想买多少供应商未必卖多少，这里面有"最小订货量"（minimum order quantity，MOQ）⊖的问题和"经济订货批量"（economic order quantity，EOQ）⊖的问题。同时，买多少还要关注库存，库存是造成成本增加的原因之一。库存的策略是安全库存、最小化库存、零库存还是缓冲库存？

因此，企业也应制定相关的政策和管控流程，使买入的量不多不少，刚刚好。

3. 什么时候买

除了考虑交货周期，满足实际生产需要之外，什么时候买，时机的选择也很重要。供应市场的行情总是在波动，我们总是期待在最低点去买。但什么时候是最低点？这就要求采购人员对市场行情有所判断，知道供应市场中这种物料行情的走势、价格运行的基本规律；掌握一些判断的方法，基于这些方法和经济指标做出判断。对物料价格行情的预测能力是采购人员的重要能力之一，特别是对于大宗物料更是如此。

⊖ 最小订货量，指卖方能接受的最低订货数量。
⊖ 经济订货批量，实现订货成本和储存成本之和最小化的订货数量。

4. 什么时候要

理想的情况是在需要的时候到货，如果到早了就变成了库存，到晚了就断货了，影响生产。但准时是很不容易的事情，前期要做很多准备。现在全球都在模仿丰田的准时制生产（JIT），这涉及对供应商交货周期的管理、供应商质量的控制，还有预测技术等，这些也都是采购人员需要具备的能力。

5. 怎样得到

采用什么方式得到，是谈判还是招标？招标是公开招标，还是邀请招标？这是采购模式和方法的问题，也会影响成本。

（二）需求管理的方法

为管理好采购需求，挖掘降本的机会，可以使用以下方法。

需求分级管理：对需求进行层级划分，以便进行分级管理，主要目的是不搞一刀切，而是差异化地满足需求。

合规性管理：分析需求的合规性，削减不必要的支出。

1. 需求分级管理

需求分级管理是精细化管理的一种实践。分级源于对需求的分析，确定要满足的等级（或要求的高低程度），差异化地满足需求。简单地说，就是具体事件具体对待，"一把钥匙开一把锁"。既以高标准匹配更优质的资源满足高端需求，又采用低成本的解决方案满足低端需求。这样总体上可以集中资源的投入，而不是通用一种标准，从而达到降低成本的目的。比如，可以使用卡拉杰克采购定位矩阵来帮助进行需求分级管理。

卡拉杰克采购定位矩阵。卡拉杰克采购定位矩阵（见图3-1）是站在采购方的角度，从供应的复杂度和财务影响两个维度，去分析所购物品的属性。简单地说，就是看采购金额以及供应风险。采购的物品可以分成四大类，即战略型物品（采购风险大、采购量也大）、瓶颈型物品（风险比较大、但是金额不大）、杠杆型物品（采购金额很大、风险不大）以及常规型物品（采购金额不大、风险也不大）。这样的分法，可以将关键的物料或关键的几个供应商（它们供应重要的、高价值的、高使用量的物品，这些只能从有限的供应市场中获取）与无关紧要的众多供应商（它们供应日常的、低价值的物品,这些物品可以容易地从任何地方获取)区分开、区别对待,使采购人员大部分的精力和能量集中于关键的物品及需求方,更好地满足它们的需求。而对于常规型的物品,采购人员可以保持较少的资源投入,抑或可以授权物品的需求方根据签订的采购协议,自行下单给供应商进行采购。例如,使用网上订购、采购卡等,以提高日常的工作效率。

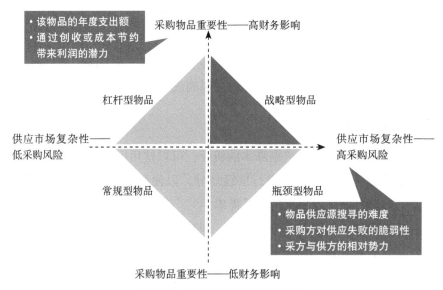

图3-1 卡拉杰克采购定位矩阵

2.合规性管理

所谓的合规性管理,就是让所有业务行为都符合公司的规定,对于不符合规定的需求,予以削减。

当然,要合规先要有"规"可合,有规矩才成方圆。因此,要先制定内部的政策、流程,定下规矩,不能含糊。例如,为了使每个员工都遵守差旅政策,首先要制定详细的差旅政策。有些公司的差旅政策制定得相当细致,对于不同的国家、城市有不同的出差报销标准(机票的仓位、酒店的等级也非常清晰),采购人员已经谈好了合作的航空公司和各个城市的协议酒店,每年都会更新一份清单给出差的员工选择。没有获得高层的审批,员工不得自选清单外的酒店。同时随着高铁的普及,对于距离在1000千米左右的出差,规定优先选择高铁。出差的报销流程全部实现网络化作业,每一条报销科目都有据可查。

其次，合格供应商的名单及物料清单要内部共享，相关协议条款内容也可以让相关使用人员了解，促使他们更多地从已认证的供应商处采购，以获得规模量价优势，而不是从某领导的关系户或路边的野花厂商进行随机购买。在很多公司，首选供应商以及与其签订的合同内容，除了采购，其他人员一无所知。这并不利于跨部门协同降本。

需求削减是在合规性的基础上做的另一项优化。所谓需求削减，是在满足基本需求的基础上，砍掉多余的"七情六欲"。例如，很多外国公司采用在家办公（home base）的工作方式，对于公司来说，需要的就是一台电脑和网络，办公室的租金和管理费都省了。这也是通过技术的发展削减需求来实现的。

二、支出分析：搞清钱都花哪儿了

资深采购都知道，支出分析是成功进行战略采购的重要步骤。在某些家庭，老婆掌握着家庭财产的支出权，会对每月的花销进行分析、调配。例如，若上个月老公的应酬支出大，甚至超过了预算，那么这个月老婆就会收紧"银根"，给老公的零花钱必然减少，以节省开支。

（一）什么是支出分析

支出分析，是对已往的采购支出数据进行分析，挖掘降本机会，为实现支出的可视性与可控性创造了基础。简单地说，支出分析就是干两件事：**翻旧账**——透过支出分析，清晰地了解过往支出的情况；**定方向**——进而优化、制定更明智的采购决策。因此，支出分析要回答的核心问题是：谁从哪家供应商买了什么？

1. 翻旧账

采购人员需要了解以下几方面的数据。

（1）以往的所有品类的支出状况。（什么品类支出最多？过去几年的支出趋势如何？）

（2）各供应商的支出状况。（每个品类的供应商数量是多少？在哪些供应商的支出比重大？这些供应商的品质与采购品类是否匹配？该金额能否使我们对供应商有谈判力？哪些地区的采购比例大？这些地区的供应布局是否需要调整？）

（3）哪些地方存在浪费、价格差异和采购重叠？

（4）公司的支出与同行相比处于什么样的水平？

2. 定方向

有了支出分析作为基础，则企业战略采购可以明确方向，比如，哪些品类可以实行集中采购？哪些供应商应升级为战略伙伴，哪些要剔除出供应商名单？

当然，现代企业都已开始运用IT技术实施企业管理，ERP已经广泛应用到企业管理中，各项支出数据都有详细的记录，这为支出管理提供了很好的数据平台。在这个平台上可以开发采购支出管理的"仪表盘"，定期导出支出数据进行分析，挖掘降低成本的机会（有些公司根据降本的需要，开发各种支出报表，并提供可能的解决思路），如图3-2所示。

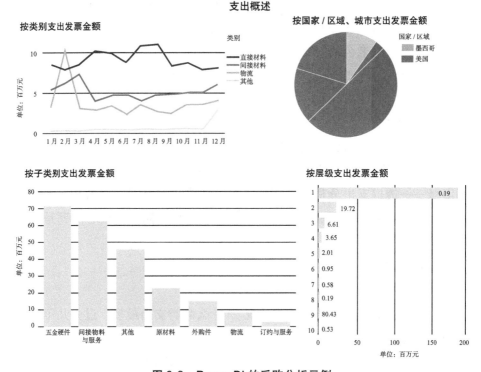

图3-2 Power BI的采购分析示例

资料来源：MicrosoftDocs/powerbi-docs.zh-cn,《Power BI的采购分析示例：参观》。

（二）支出分析的方法

要实现真正意义上的支出分析，通常需要进行以下几方面的操作。

1. 明确采购品类

有些读者会觉得很奇怪，采购的品类还不清楚吗？在 ERP 系统上查询一下，就知道买了什么？事实并不总是如此美好。

不同规模的企业对采购品类管理的能力要求是不同的。对于小公司或采购品类长期稳定的公司，采购品类确实比较容易获得，甚至有些老采购人员凭多年的经验，"掐指一算"就知道去年买了什么。但是对于大公司，尤其是集团化、通过兼并重组发展起来的公司，或者之前没有系统，现在刚上系统的公司，要想在这样不牢固的地基上进行全公司范围内的支出分析，难度是可想而知的。比如，某集团公司采购同一型号的马达，有些分厂系统里该马达的名称为"TX010 步进马达"，类别为"电子件"，而另一分公司用的名称是"直线步进电机"，类别为"组件"，甚至在某些时间段里，把这个马达归为"杂项"（尽量避免使用"杂项""其他"这种类别）。这种混乱的分类（没有一个统一的物料编码）导致一物两卖，供应商抓住信息没有共享的特点，分别卖出了不同的价格。按供应商名称搜索数据时，同一供应商，有的子公司称其为"蓝天科技有限公司"，有的称其为"广东蓝天公司"，还有的称其为"Lantian 公司"，五花八门（也没有一个统一的供应商编码）。这样混乱的数据库，如何发掘供应商整合的谈判优势呢？

因此，要明确采购品类，制定一个统一的购买物品品类、供应商的编码，确定同一品类的采购人员负责所有地点、分公司对该品类的需求，避免随意地增减品类与供应商的信息。

通过对数据进行整顿，数据质量有了大幅提高，这时可以启动"降本挖掘机"了。

2. 制订优化方案

基于优化后的系统数据，从不同角度对数据进行分析，提炼出品类支出的金额、供应商金额等各种类别的支出数据，然后找出内部数据库中大量类别之间的相关性或规律性，进而发现和寻找优化的机会，从而制订行动方案，可以从下面的方向进行比较。

（1）在供应商与品类之间比较协议、折扣率、付款条件等。

（2）在供应商与地点之间比较交货条件、时间等。

（3）在产品线和供应商之间比较不良率。

（4）在不同供应商之间比较产品寿命等。

例如，图 3-3 为某公司上个财政年度支出金额在前几位的品类。

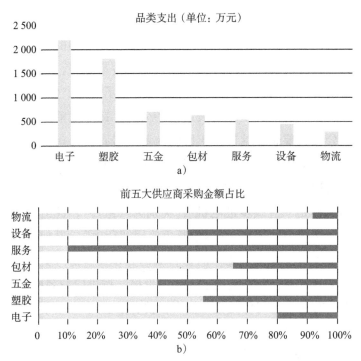

图 3-3　品类支出及前五大供应商采购金额占比

图 3-3a 是按照品类金额进行排列的，显而易见的是，我们应该抓住支出比较大的品类，重点分析，可能的优化方案在于：是否对供应商进行整合（缩减供应商基础）？或采购品类集中在某些瓶颈型供应商手上，是否制订替代方案（扩大供应商基础）？可以用招投标方式降价吗等。

进一步分析，提取各采购品类前五大供应商的比例数据方式，如图 3-3b 所示。我们可以看出，物流类的供应商集中度最高，而服务类的供应商集中度最低。这说明服务类供应商太分散了，或许可以通过供应商的整合缩编来利用规模优势。电子类的集中度也很高，这在一定程度上说明其供应商基础相对是合理的，或许可以通过提高竞争程度来获取最低的价格。然后，针对同一品类进行差异比较，比如，通过对不同供应商供应同一配件的价格、采购数量、合格率等进行对比分析，评估优秀供应商有没有拿到合理的订单，并发现成本低的供应商；对同一供应商类似配件的价格进行对比分析，寻找降本机会。

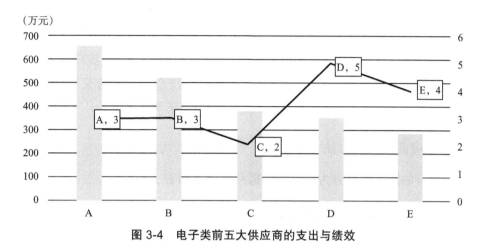

图 3-4 电子类前五大供应商的支出与绩效

此外，还可以继续考察各供应商的整体支出与绩效水平，发现某些不正常的采购支出，如图 3-4 所示，电子类的供应商 C，其采购金额位居第 3 位，但其绩效考评为 2（待改善），显然采购金额与其绩效水平不相称；而供应商 D 的绩效为 5（卓越），供应商 E 为 4（良好），采购金额却分置第 4、5 位，可以考虑是否有支出调配的可能性，减少供应商 C 的份额，增加供应商 D、E 的份额（这个过程通过谈判可以获得降价的机会）。

综上所述，通过分析支出可以初步挖掘采购活动中可以降成本的机会，在此基础上，可以再进行供应市场分析、品类定位（卡拉杰克采购定位矩阵等）、成本节约与重要度分析以确定节约活动开展的优先顺序等。

三、价格分析：为什么是这个价格

我们在第一章讨论了成本和价格是什么，它们有什么区别，第二章围绕"成本模型"做了详细的讲解，这一节我们特意将"价格分析"单独拿出来研讨，因为采购人员几乎每次拿到手的都是报价单，而不是"成本单"（虽然要求对报价进行分解），"价格分析"的影响因素也有所不同。

对于许多产品（服务）来说，其成本是价格的组成部分，供应商通常依据成本来制定价格，在成本的基础上加上一些费用和利润就成了卖给客户的价格。但是现实情况更为复杂，很多产品的价格更多是由外部市场的供求关系来决定的，这意味着价格可以远远高于成本加上合理的利润，也有可能在某些情况下会低于成本加利润。比如，奢侈品就是参照市场的需求来定价的，用成本来衡量就没有意义了。楼市的行情，经济环境好的时候，房价可以暴涨，远超成本价；而当遇到经济危机，房价又可能腰斩。所以有必要分析影响价格的因素，以求挖掘可以下调的空间。

（一）供应商的报价方法

报价的影响因素分为内部和外部两大类，如表 3-1 所示。

表 3-1 报价的影响因素

内部因素	外部因素
• 生产及销售成本：销售收入一定要大于成本，才能确保获得利润 • 供应商在某一特定时期需要业务的程度：为了收回固定成本和研发成本，获得现金流，给股东回报和信心 • 风险管理：在制定价格的时候，为不可预见的成本或费用留出一定的空间 • 某个特定客户对供应商的吸引力：如果吸引力很大，那么为了留住客户就需要降低价格；但如果根本无所谓，那么价格就可以定得高一点 • 财务定位和产品组合：不同的情况会决定供应商是否会为了保住业务，愿意偶尔承担损失 • 产品处于生命周期的哪个阶段：例如，新产品的定价就需要高一些，以便收回研究及开发成本 • 定价目标：股东对利润率的期望值及管理目标 • 组织的战略目标：定位为资金价值的优质提供者，力争扩大市场份额，通过具有竞争力的定价等	**微观环境** • 竞争者的产品和价格：既要确保具有竞争力，又要避免陷入无谓的价格战 • 市场结构（竞争状况）：如果基本上没有竞争，那么供应商就可以自由决定如何收取费用，如果竞争情况复杂，那就只能根据市场情况来定价 • 市场上竞争的性质，可能与价格直接相关，也可能与价格根本没有关系 • 市场情况：需求及供应水平会反映出市场对价格的承受能力，需求大于供应，价格就会上升；反之，如果供应大于需求，价格就会下降 • 客户对价值的不同理解：不同的客户对资金价值有不同的理解，比如有些客户愿意为质量支付额外的费用，等等 • 市场需求的价格弹性：价格变化对市场需求上升或下降的影响程度 • 某个特定客户（指那些有较大市场需求量的、好的客户）准备支付多少 **宏观环境** • 国家政策法规：政府对价格的管控和保护 • 其他外部环境因素：影响原材料成本的环境因素，比如天气、供应中断、原材料短缺造成价格的波动 • 影响需求和供应的环境因素：比如经济衰退导致消费减少

资料来源：摘自英国皇家采购与供应学会 CIPS 认证体系内容的总结。

基于上面的价格影响因素，我们来探讨几种常见的供应商报价策略。

1. 基于成本的报价

供应商是如何基于成本报价的？

（1）**成本加成定价法**。成本加成定价法（或直接加价法）最为常见，尤其是我们购买的零部件，供应商主要根据成本定价，计算公式是：

$$价格 = 单位成本 \times (1+ 加价比率)$$

如，单位成本为 80 元，加价 20%，则：

$$价格 = 80 \times (1+20\%) = 96（元）$$

如果供应商采用成本加成定价法，我们就要对产品做成本分析，比对供应商的成本分解表，看是否合理，还要分析加价比例和利润是否合理。

（2）**投资回报率法（目标利润率法）**。有的供应商会根据投资收益率（rate of return，ROR）来报价。计算公式是：

$$价格 = 单位成本 + 投资 \times (1+ROR) / 销售量$$

如需要投资 150 000 元，期望 ROR 为 15%，预计销售 5000 单位，单位成本是 80 元/单位，则：

$$价格 = 80+150\,000 \times (1+15\%)/5\,000 = 114.5（元）$$

（3）**变动成本定价法**。先举个例子，假设一家服装店的房屋租金是每月 10 000 元（这是固定成本）。衣服进货价格是 100 元。那么作为老板，就要给衣服定价了，定多少钱合适呢？有人说定得越高越好，可不可以定价 10 100 元呢？

当然可以。如果定价 10 100 元，就意味着卖掉一件衣服（此时，成本 =10 000+100=10 100 元），本钱就全收回来了。有人说，肯定卖不了这么贵！那就降价吧，降到 1100 元，这就要卖 10 件才能回本；可能 1100 元也太贵，那就卖 110 元吧，卖 1000 件回本；如果现在经济环境糟透了，110 元都没人买，那就卖 101 元吧，卖 10 000 件回本（见表 3-2）。

表 3-2 不同销售量的销售收入与成本对比

销售量（件）	销售单价	销售收入	成本
卖 1 件	10 100 元	10 100×1=10 100（元）	10 000+100×1=10 100（元）
卖 10 件	1 100 元	1 100×10=11 000（元）	10 000+100×10=11 000（元）
卖 1 000 件	110 元	110×1 000=110 000（元）	10 000+100×1 000=110 000（元）
卖 10 000 件	101 元	101×10 000=1 010 000（元）	10 000+100×10 000=1 010 000（元）

有人说，这么低的价格没法卖！如果不卖，就要亏 10 000 元。卖掉一件，就少亏 1 元。

在上面的分析里，价格从 10 100 元降到 101 元，那降价的底线是多少呢？是 100 元。这时无论如何也不能降了，否则 100 元买进来，100 元卖出去，你就成了搬运工了。

所以对外出售的条件用数学公式来表述就是：

$$P-UVC>0$$

式中　P——销售单价；

UVC——单位变动成本。

"$P-UVC$"就是"边际贡献"，也有叫作"边际毛利"的。$P-UVC>0$，意味着有毛利。所以，企业在某种特殊情况下，只要价格高于变动成本、有毛利，就可以卖，卖了就可以摊销固定成本，就可以减少亏损，这就是以变动成本来定价的方法。

在什么情况下供应商会做出上述决定？一般在供应商产品销路不畅、有剩余产能的时候，或者供应商为了促销，占领市场份额的时候。还有一种情况，就是我们买的是供应商生产过程中产生的副产品，供应商的主打产品已经把管理费都摊销掉了。比如，制造企业里的边角料，就可以卖得很便宜，因为这些是不摊销固定成本的。

举个例子，汽车行业有个供应商 X，公司 I 找供应商 X 买某个零件需要 50 元；而另一个公司 J 买同样的零件，就只需要 30 元。为什么呢？因为公司 I 去买的时候，已经帮供应商 X 分摊掉很多固定费用了，等到公司 J 去买的时候，供应商还有些剩余产能，不用也是闲着。这时候只要公司 J 的买价 30 元大于供应商的变动成本，供应商 X 就可以接受。公司 J 对自己的采购策略很骄傲，美其名曰"充分利用社会剩余产能"。公司 J 的老板总结自己的成功经验，也说自己是"投机取巧"，投的是市场经济给他提供的机遇，取的是社会剩余资源之巧。

再如，一个刚开张的饭店，暂时不是为了赚钱，这时候就可以打很大的折扣，折扣后的价格只要大于饭菜的变动成本，就可以帮着分摊房租，等饭店聚了一定人气后，再恢复正常的价格。很多企业在开始营业的时候都是这个策略。

小贴士

与"变动成本定价法"相关的一个概念是"盈亏平衡点"。通常，**销售额 = 销售单价 × 销售数量 = 成本 + 利润 = （固定成本 + 变动成本）+ 利润**，而**变动成本 = 单位变动成本 × 销售数量**。

当产品的销售利润为 0 时，即不赚也不赔，达到了盈亏平衡，此时，上式用符号表示为：

$$P \times Q = FC + VC + 0 = FC + UVC \times Q$$

式中　　P——销售单价（unit price）；

Q——销售数量（quantity）；

FC——固定成本（fixed cost）；

VC——变动成本（variable cost）；

UVC——单位变动成本（unit variable cost）。

所以，利润为 0 的时候（盈亏平衡时）销售数量 Q 为：

$$Q = FC / (P - UVC)$$

称为盈亏平衡点，又称保本点。盈亏平衡点对价格谈判有一些重要的意义：

一方面，供应商为了达到盈亏平衡点（获得更多的业务），可能会严控销售价格，以价换量、薄利多销，这对采购人员来说是一个谈判的机会。

另一方面，如果采购量超过了盈亏平衡点，供应商的售价超过变动成本的部分都是利润，这样的话，在变动成本和供应商的报价之间有一个比较大的范围，可以作为谈判目标。

2. 基于价值的报价

买得越多越便宜，这是一般的认识，超市促销打折就是基于这一原则。但还有一类产品，恰恰相反，卖得越贵，购买者越喜欢，需求会随着价格的上升而上升，这类产品叫作凡勃伦商品。是购买者变傻了吗？

显然不是，是因为这类产品能让购买者自我感觉良好。因为在使用这类产品的时候，能够显露出其阶层、实力、财富、名望和品位。越贵越买不是傻，而是"壕"。经济学家认为，商品包含两种价值：功能价值和炫耀性价值，或自我感觉价值。后者恰恰由市场认可的价格决定。

这种定价方法就是典型的价值定价法。我们看看哪些因素会影响买方对价值的看法。

（1）**替代物感受**。如果这个产品很容易被替代，那么它就不值钱。所以，供应商常采用的手段是强调自己的高端，或与高端进行对比，以影响采购方的认知。例如，采购人员把和宫老师的合影挂在墙上，顿时显得很牛。

（2）**独特性价值**。定价的时候要看产品的独特性，买方就是看中了这个独特性，才愿意为其掏腰包。例如，限量版的服饰对于顾客来说不容易撞衫，他穿的是世界上独一无二的手工打造版。

（3）**转换成本**。如果换供应商很困难，转换成本很高，那供应商的定价就会高一些。

（4）**比较的困难程度**。如果没有可以比较的参照物，那么买方也就愿意多付钱，说得文雅点，就是对价格不敏感了。

（5）**优质优价**。虽然价格很高，但如果让买方感觉确实质量好，那么其对价格的敏感度就会降低。

（6）**费用开支的大小**。如果这笔费用对于买方是笔大开支，则其对价格很敏感。

（7）**公平性**。它指供应商的报价是否让买方感觉"公平"。一般来说，买方总有一个感觉（心理价位），一旦超出这个感觉，就觉得贵了。

（8）**最终收益**。如果供应商能够让买方感觉到这次购买会影响它的市场，甚至可以因此获得更多收益，那买方一定愿意付高价。

以上是美国供应管理协会在 CPM 采购经理人认证体系中强调的几点。我们在具体采购时，可以据此对供应商的价值做判断，供应商会利用价值定价法影响采购方的认知，但采购方自己不要因此迷失了认知。

3. 基于竞争的报价

毫无疑问，供应商报价时要看竞争对手，看有没有竞争对手，竞争对手是怎么报价的。总的原则是，既要确保具有竞争力，又要尽可能地使利润最大化。

根据西方经济学，供应市场按照竞争状况（即市场结构）可以划分为以下四种（见图 3-5）。

图 3-5 四种竞争状况（市场结构）

（1）完全竞争。完全竞争是指市场上有很多供应商，也有很多买方。比如期货市场，这种市场靠什么定价呢？有人说靠供求关系。这也对，但绝不仅仅是靠供求关系的预期。很多时候，要看"上天的旨意"，这听起来挺玄乎，实际上是说，重大的事件或政府的政策导向（均来自高层）会影响人的预期，从而影响价格。

（2）垄断竞争。垄断竞争是指许多厂商生产并出售相近但不同质商品的市场现象。

为什么说是垄断呢？因为产品不完全一样。为什么又说是竞争呢？因为相互之间有替代性。采购人员买的大多数产品都属于这一类。供应商采用的措施是强调"我和别人不一样"，地产商经常打广告说，"××庄园，全球仅此 28 席，绝版之作"，怎么个绝版法，每栋房子在地球上的经纬度都不一样，所以叫绝版。有的采购不明白这一点，挑战供应商说，"你哪里不一样了"，供应商当然能说出很多不一样来。采购人员一看说，"好像确实不一样"，这就掉入供应商设计的陷阱了。这个陷阱就叫"不一样"，不一样就不能比价了。这时采购人员的策略应该是说，"是不一样，其实也一样"。虽然产品不同，但可以替代。供应商永远会找自己跟别人的不同点，采购人员则要反其道而行之，找相同点。

（3）寡头垄断。市场上有少量的几个供应商，就形成寡头垄断。作为采购，就要引进新的供应商，打破寡头垄断态势。有人说我引不进来啊。宫老师说过，能不能引进来是一回事，让供应商觉得你能引进来是另外一回事，关键是让供应商紧张，有危机感。

（4）垄断。如果市场里只有一两家供应商，那么就形成了垄断市场。垄断市场怎么定价？有人说，供应商说多少钱就是多少钱呗。但我们想想看，地铁、公交、电力、自来水，这些都是垄断的，如果定价太高，老百姓就会有意见。因此，即使是垄断企业，它也会考虑消费者的接受程度或市场反馈。

（二）价格分析的方法

结合采购管理实践把常用的 6 种价格分析方法归纳如下。

1. 与历史数据进行比较

历史数据对比分析法的核心就是参考过去的实际采购价格，评价当前报价的合理性。除了初创公司、新兴产品，大多数企业都会有采购的历史数据，在与历史价格的对比分析中，很容易发现价格的差异，再通过调查分析，对供应商报价的真实性、合理性做出基本评估。在做价格分析的过程中，要系统考虑影响价格的因素。避免片面单纯地做价格比较。比如，要考虑历史价格的确定因素——当时的采购数量、付款条件、交期及合作关系等，与现在的价格影响因素存在哪些差异。

同时，可以把历史数据的同比和环比做比较，根据价格变动周期，可以对历史数据的变化趋势进行分析，一般以折线图或点状图的形式制作趋势变动表。借助这张趋势变动表，企业能够对采购价格的变化产生整体认知。

2. 与竞争性方案进行比较

对于标准统一、技术规范、市场完全竞争的产品，采购方可以邀请三家以上供应商进行报价比较，所谓"货比三家"。货比三家是采购人员必备的工具。实际操作中有询比价、招标、竞价的采购模式，都要求供应商数量不少于三家。通过多家供应商的竞争性价格分析，可以确定性价比最优的供应商。

货比三家看似简单，但有些问题点也需要额外注意。

（1）报价必须有明确的规格、统一的标准，影响价格的因素要详细阐述，如交货地、付款条件等。

（2）参与货比三家的供应商必须是合格供应商，或者是有一定资质的供应商。

（3）供应商的报价次数需要通过制度流程进行规范，如招标、竞价都需要按照企业的具体流程，甚至按照国家法律法规的要求如《招标投标法》等进行。

（4）货比三家就是将互相竞争的采购方案进行比较，不仅看价格，也看影响价格的各项因素。同等条件比价格，选最优方案保证采购的合理性。

3. 与价格目录进行比较

采购实践中经常会碰到标准配件的采购，这些标准配件有统一的价格目录，而实际谈判中只和供应商谈价格目录的折扣。如图书的定价是一定的，根据折扣确定价格；电子元器件品种繁多，连销售也记不清楚价格，干脆就按照企业的标准价格目录进行折扣确认。

与价格目录进行比较的价格分析方法，在实际运用中也要考虑与其他一些方法综合运用，如同样的产品在不同的企业价格目录里面会有差异，就不仅仅要谈折扣了，也要进行货比三家，同时考虑各种价格影响因素。

4. 与公布的价格进行比较

定价权在供应商手中，强势的供应商会定期公布价格，企业在采购过程中会按照一定的规则进行价格的增减，最终确定成交价格。如宝钢定期公布钢材价格。

5. 与市场价格进行比较

这里所说的市场是指充分竞争、完全竞争的市场，类似期货市场很多大宗物料是有市场行情的，就可以用来比较。做餐饮连锁的，买菜时也可以与市场价格相比较；很多城市的政府都会公布菜价，政府公布的菜价采购人员不能控制，卖菜的也不能控制。这个菜价是基于全市好多卖菜点的数据，根据一定的计算方式得出的。采购人员就可以将这个数据作为基准进行价格比较分析。

所以市场价格是充分竞争市场里自由形成的，不是针对特定订单买卖方谈判得到的。

6. 进行内部估算

女孩买衣服，用的什么方法？与历史数据比较？女孩的衣服不会重复买。

与竞争性方案比较？你会发现一条马路上，每家服装店卖的衣服都不一样，让你无法比较。

与公布的价格比较？大家也都知道，衣服的公布价格是虚的……

最后怎么就决定买了呢？其实是参考了心理价位。在公司里，不能光参考采购人员一个人的心理，得是大家群体智慧的结晶。因此，可以采用BCD组织模型的方法，得到一个价格基准。

（三）报价的"两性"问题

第一部分讲成本分析的结果时谈到，成本没有正确与否，只有合不合理。

作为采购人员，要有能力分析供应商报价的**真实性**与**合理性**，这称为供应商报价的"两性"问题。

怎么核算真实性？要做成本细分，把成本项目拆分开，一项项去核算，做到知己知彼，百战不殆。我们首先来看一下供应商的报价流程。

首先由生产技术人员核定出直接材料、直接人工和制造成本，这样就算出了变动成本。为什么让技术人员去做？因为直接材料、直接人工和制造成本在每个环节都可以找到量与价。材料的单价由采购部提供数据，核定使用量就可以了。直接人工的价格（工费率）人力资源部门有，工资也是相对固定的，重点也是量。制造成本的价格（工费率）财务也核定好了，也是量的问题。量的问题技术人员最清楚了，结合其他部门提供的单价，技术人员就可以完成这个工作（见图3-6）。

技术人员完成这个工作以后将数据交给财务人员。财务人员再去分摊三大费用（财务费用、管理费用和销售费用），完成以后再把这个数据交给销售人员。销售人员再加上利润，就是报价。销售人员加多少利润？可以参考前面讲的供应商报价的影响因素。

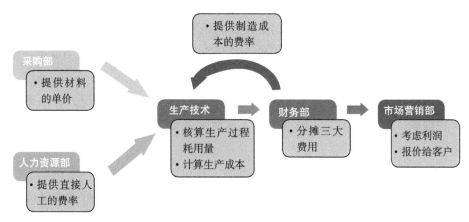

图 3-6　供应商的报价流程

供应商是这样报价，我们就要反过来去核实它的报价是否合理。

但真实的未必是合理的，我们可以从三个维度去分析供应商报价的合理性，即**横向比、纵向比和结构比**。

横向比就是货比三家。把另外两个供应商的报价拿来进行比较，比较后，价格通常不一样，因为与另外两家供应商的工艺能力不一样、管理水平不一样、生产消耗量不一样、进货渠道不一样，所以生产过程的耗用量也不一样，价格也不一样。

有没有可能一样呢？有可能，就是"共谋"（或叫作"串标"）了。即使不一样，通常情况下差距也不会很大，因为供应市场长期竞争，优胜劣汰，形成了一个相对合理的市场价格。大部分供应商都是根据这个市场价格上下浮动。那如果差距真的很大呢？第一种情况，图纸看错了；第二种情况，供应商不会报价；第三种情况，恶意报价，盲目报价。

有时候我们的采购人员手上没有其他供应商，或者供应商之间成本结构不一样，这时候就要纵向比了，就是自己跟自己比。跟上一年这个时候的采购价格比，叫同比；跟上个季度这个时候的价格比，叫环比。

还有结构比，或者叫百分比，是看六大成本项占总成本的比例。用这些百分比，参考行业的一般数据，又可以去做横向比、纵向比。

我们谈"两性"问题，当然也是为了判断供应商是否恶意报价。

恶意报价指供应商报价时为了某种目的，严重脱离实际情况而做出的报价，这种报价影响了正常的判断和正常的竞争秩序，所以是恶意报价。为了预防恶意竞争，我们采购时必须要能识别供应商的报价是否是恶意的。

如何判断供应商是否恶意报价？这里有两个标准：一是看应当成本（标准成本）；二是看变动成本。

如果报价低于应当成本（标准成本），那就是低于正常情况，有恶意报价的嫌疑，但"罪名"还没有坐实，这时候还要参考另一个标准，即变动成本。

一个供应商刚开张，为了打开市场，有可能采用变动成本定价法，报价就会比应当成本低，这种情况不属于恶意报价。但如果报价比变动成本还要低，买进来100元，卖给你80元，亏本卖，那就是彻底的恶意报价了。也有供应商会说，"我们这是策略性的报价""这个订单不赚钱，其他订单我再赚钱呀"。但无论公司的采购人员还是管理层，都应该反对这种做法。为什么有现成的便宜不占？接受恶意报价有一系列的风险。

（1）**恶意报价不能持久**，作为采购人员，这次买这个东西很便宜，下次再买就可能很贵，公司就会有疑问：为什么相同的东西价格差别这么大？肯定会质疑采购人员。

（2）管理层为什么也要反对？因为**这会造成公司的成本不真实**。这次买的时候价格很低，下次又变得很高，公司就无法知道这个产品真实的成本是多少，对产品核价也有影响。

当然，在特殊情况下，比如当企业面临很大的生存压力时，也管不了那么多了，先买来再说吧，下次还买不买这家的都不一定了。

四、自制或外购、租赁分析：做有价值的事

公司围绕既可自制又可外购的产品，经常会面临"产品是自制还是外购"这种抉择。通常，产品自制或外购并不影响销售价格，所以做判断时，更多地要考虑两个方案的成本，哪个方案的成本低选择哪个方案。

在做出自制与外购决策时，需要重点考虑以下因素：一类是经济利益因素，这是自制与外购决策的主要影响因素；另一类是经营因素，如表3-3

所示。

表 3-3 自制与外购决策考虑因素

决策因素	自制	外购
成本	• 自制增量成本（边际成本）低于外购成本 • 利用闲置设备	• 外购成本低于自制成本
质量	• 可以保证	• 有一定风险
供应的可靠性	• 可靠	• 有一定风险，制定适当的采购政策、详细的采购计划，以提高可靠性
专利		• 法律上限制生产的专利产品，只能外购 • 购买专利要进行技术经济分析
技能与材料	• 保持生产技术能力	• 需要专门化技能、稀缺材料 • 产能不足
灵活性	• 降低生产系统的灵活性（当需求增加时，就会提高产能的要求；当产品发生重要变化时，就需要调整生产工艺）	• 不用自行投资，灵活
生产的专业化程度	• 低	• 高
其他	• 经营机密的控制	• 供需双方互惠和好感保持，政府的规定等环保风险的转移

资料来源：MBA lib 智库百科，"自制或外购决策"。

（一）自制或外购计算模型

如上文所述，成本因素是自制或外购的重要考虑因素，企业应先明确自制、外购相关的成本评估因素，再进行分析计算，如表 3-4 所示。

表 3-4 自制与外购相关的成本评估因素

自制	外购
产品生产的六大成本（材料、人工、制造、销售、管理、财务）	产品的采购成本（供应商生产的六大成本＋利润＋运费）
	采购管理成本
	接收和检查费用
	库存成本

通常可采用相关成本分析法和成本平衡点分析法进行分析。

相关成本指做决策分析时必须加以考虑的成本，比如，边际成本、机会成本等。而对应的与决策没有关系的成本就是无关成本，比如，沉没成本、共同成本等。

1. 自制不需要增加固定成本：相关成本分析法

（1）**自制能力无法转移**。在企业具备自制能力且产线不能用于其他产品生产的情况下（例如，针对某产品投资的专线），原有的固定成本（产线投资成本）属于沉没成本，不会因零部件的自制或外购而发生变动，只需要将自制方案的变动成本与外购成本进行比较。

如果自制的变动成本高于外购成本，应外购；如果自制的变动成本低于外购成本，应自制。

例如，某企业每年需要用 X 零件 100 件，该零件既可以自制（有多余的产能且无法转移给其他产品的生产），又可以外购。若外购，每件的单价为 30 元；若自制，其单位成本如表 3-5 所示。

表 3-5　自制能力无法转移时的成本对比

	自制成本（元）	外购单价（元）
直接材料	20	不知
直接人工	6	不知
变动制造费用	3	不知
单位变动成本	29	不知
固定制造费用	5	不知
单位成本合计	34	30

那该零件是自制还是外购？

可以采用相关成本分析法。由于企业拥有多余的生产能力，固定成本属于无关成本，不需要考虑，因此只考虑自制的单位变动成本，为 29 元（直接材料 20 元，直接人工 6 元，变动制造费用 3 元），外购单价为 30 元。则自制成本的变动成本低于外购成本，企业应选择自制方案。

（2）**自制能力可以转移**。在自制能力可以转移的情况下，即产线可以用于其他产品生产的情况下，**自制方案的相关成本除了包括变动成本，还包括与自制能力转移有关的机会成本**。这种情况下无法通过直接比较单位变动成本与外购单价做出决策，必须采用相关成本分析法。

例如，仍用以上资料，某企业每年需要用 X 零件 100 件，假定自制 X 零件的产能可以转移，每年预计可以贡献收益 1000 元。那该零件是自制还是外购？

可以采用相关成本分析法。由于企业拥有多余的生产能力，固定成本属于无关成本，不需要考虑。按上例计算值，自制单位变动成本为29元，而自制X零件的机会成本即为产能转移带来的收益1000元。相关成本计算如表3-6所示。

表3-6 自制能力可以转移时的成本对比

	自制成本（元）	外购单价（元）
直接材料	20	不知
直接人工	6	不知
变动制造费用	3	不知
单位变动成本	29	不知
总变动成本（产量100件）	29×100=2 900	不知
固定制造费用	5	不知
单位成本合计	34	30
机会成本	1 000	不知
相关成本合计（产量100件）	2 900+1 000=3 900	30×100=3 000

显然，自制的相关成本高于外购成本，企业应选择外购方案。

2. 自制但需要增加固定成本：成本平衡点分析法

当考虑自制零部件时，如果企业没有多余的产能或产能不足时，就需要增加投资（固定成本）以购置必要的机器设备。在这种情况下，**自制的成本就不仅包括变动成本，还包括增加的固定成本。**

由于单位固定成本（固定成本÷产量）是与产量成反比例变动的，因此对于不同的需要量，决策分析的结论就可能不同。这类问题的决策分析，根据零部件的需要量是否确定，可以分别采用相关成本分析法和成本平衡点分析法。

（1）**若零部件的需要量确定，可以采用相关成本分析法（决策与前例相似）。**

（2）**若零部件的需要量不确定，则采用成本平衡点分析法（假设自制与外购总成本相同）。**

例如，某企业需要Y零件，外购单价为60元；若自制，单位变动成本为24元，每年还需要增加固定成本4500元。那该零件自制还是外购？

由于本例零部件的需要量不确定，因此采用成本平衡点分析法进行分析。

假设 Q 为成本平衡点产量，自制方案的总成本为 TC_1，固定成本为 FC_1，单位变动成本为 UVC_1；外购方案的总成本为 TC_2，固定成本为 FC_2，单位变动成本为 UVC_2。成本计算如表 3-7 所示。

表 3-7 自制但需要增加固定成本时的成本对比

	自制成本（元）	外购单价（元）
固定成本	FC_1=4 500	FC_2=0
单位变动成本	UVC_1=24	UVC_2=60
成本平衡点产量	Q	Q
总成本	$TC_1=FC_1+UVC_1 \times Q=4\,500+24 \times Q$	$TC_2=60 \times Q$
成本平衡点分析法	假设自制与外购总成本相同（$TC_1=TC_2$），即 $4\,500+24 \times Q=60 \times Q$ 计算可得 Q=125 件	

表 3-7 中的计算表明：

（1）当产品需要量为 125 件时，外购总成本 TC_2 与自制总成本 TC_1 相等。

（2）当产品需要量小于 125 件时，外购总成本低于自制总成本，应选择外购方案。

（3）当产品需要量超过 125 件时，自制总成本低于外购总成本，应选择自制方案。

（二）租赁或购买分析

许多公司在对一项资产进行投资决策时，经常会面临"资产是购买还是租赁"这种抉择。如果采用租赁，是经营租赁还是融资租赁？

谈决策之前，我们先简要地看看这两种租赁方式。

1. 经营租赁与融资租赁

经营租赁，又称服务性租赁或临时租赁，这是我们最常见的租赁方式，是指出租方向承租方提供设备及使用权，承租方定期支付租金；租赁期满，承租方归还资产给出租方，资产所有权没有转移，仍然属于出租方。

融资租赁，是指出租方根据承租方的请求，出资从第三方（供货商）购买资产。同时，出租方与承租方订立租赁合同，将资产出租给承租方，承租方分期向出租方支付租金。通常租赁期满后，承租方会确定行使优先购买权,购买该资产。因此,融资租赁实质上就是分期付款购置资产的一种变通方式。

2. 经营租赁与融资租赁的区别

经营租赁与融资租赁的区别如表 3-8 所示。

表 3-8　经营租赁与融资租赁的区别

区分	经营租赁	融资租赁
作用	一般是企业为了满足一时之需,暂时租赁资产,但并不想自己购买、拥有该资产。特别适合技术升级换代快的资产	一般是企业为了抓住稍纵即逝的市场机会,快速且只用少量的租金就可以获得资产的使用
租赁的时间	租赁时间一般比较短,因为只是企业为了满足一时需求而租赁的	时间较长,基本接近设备资产的使用有效期
实质	仅仅转移了该项资产的使用权,没有转移与资产所有权有关的全部风险和报酬给承租方	将与资产所有权有关的全部风险和报酬都转移给了承租方
设备维修、保养的责任方	一般由出租方负责	由承租方负责
租赁期满后设备的处置方法	出租方收回资产	承租方以相当于资产残值的价格购买,而成为企业的资产

3. 租赁与购买的决策分析

企业在做决策时,需要考虑各种因素,例如,不同方式的成本怎样(对企业的财务有何影响)?资金是否足够购买该资产?采用什么租赁方式?租赁时的租金是多少?

其中,最重要的是比较租赁成本与购买成本。

这里我们选用一个来自《煤炭经济研究》(2007 年第 3 期),由作者温晓龙、崔巍、温晓燕、宋存义、Tim Folsom 带来的"工矿企业设备租赁与购买的经济分析与决策选择"案例,展示分析过程。

华盛煤矿准备选用 Lanos70 综合气体分析仪,价格为 40 万元。在正常使用和保养的情况下可以使用 5 年(5 年后残值为 0);该设备每年可以实现收入 50 万元,设备维护、人工、技术支持、耗材、能源费用等形成的经营成本为 30 万元,所得税税率为 33%,现有 4 种投资方式:经营租赁、贷款购买、自有资金购买以及融资租赁,预计基准收益率为 15%。

4 种方案的净现金流量计算方法如表 3-9 所示。

表3-9　四种方案的净现金流量计算方法

	净现金流量
经营租赁	净现金流入＝销售收入－经营成本－租赁费用－销售税金及附加－(销售收入－销售税金及附加－经营成本－租赁费用)×所得税税率
贷款购买	净现金流入＝贷款＋销售收入－经营成本－设备购置费－销售税金及附加－利息－(销售收入－销售税金及附加－经营成本－折旧费用－利息)×所得税税率－还本
自有资金购买	净现金流入＝销售收入－经营成本－设备购置费－销售税金及附加－(销售收入－销售税金及附加－经营成本－折旧费用)×所得税税率
融资租赁	净现金流入＝销售收入－经营成本－租赁费用－销售税金及附加－(销售收入－销售税金及附加－经营成本－折旧费用－租赁费中的手续费和利息)×所得税税率

（1）经营租赁，此时年租金为10万元。

第1～5年的净现金流入为：

$$\text{净现金流入} = 50-30-10-(50-30-10) \times 33\% = 6.7 \text{（万元）}$$

根据复利系数表和净现值计算式，可得此方案的净现值为：

$$NPV(15\%) = 6.7 \times (P/A, 15\%, 5) = 22.5 \text{（万元）}$$

（2）贷款购买，年贷款利率为10%，贷款年限为5年，利息当年付清，本金最后还清。

0年：净现金流入＝40-40=0万元。

第1～4年：净现金流入＝50-30-4-(50-30-4-8)×33%=13.36万元。

第5年：净现金流入＝50-30-4-(50-30-4-8)×33%-40=-26.64万元，其中折旧费=40/5=8万元。

根据复利系数表和净现值计算式，可得此方案的净现值为：$NPV(15\%)$ =13.36×$(P/A, 15\%, 5)$-40×$(P/F, 15\%, 5)$=24.9万元。

（3）自有资金购买。

0年：净现金流入＝-40万元。

第1～5年：净现金流入＝50-30-(50-30-8)×33%=16.04万元，其中折旧费=40/5=8万元。

根据复利系数表和净现值计算式，可得此方案的净现值为：$NPV(15\%)$ =16.04×$(P/A, 15\%, 5)$-40=13.8万元。

（4）融资租赁，先一次性支付50%的设备款，然后在5年里每年支付6万元，其中利息为2万元。

0年：净现金流入=−20万元。

第1～5年：净现金流入=50−30−6−（50−30−8−2）×33%=10.7万元，其中折旧费=40/5=8万元。

根据复利系数表和净现值计算式，可得此方案的净现值为：$NPV(15\%)=10.7×(P/A，15\%，5)−20=15.9$ 万元。

可见按照经济效益比较净现值，贷款购买为最优方案，经营租赁方案次之，再次是融资租赁，而自有资金购买是最不经济的方案。

思考题

1. 如何应用本章所介绍的方法进行需求管理？
2. 结合实践，论述支出分析对成本控制有哪些作用。
3. 根据本章的内容，简述供应商报价的策略有哪些。
4. 自制和购买的决策因素各有什么？

Chapter 4
第四章

八大方法
拧干毛巾降成本

 学习目标

1. 掌握招标与谈判的概念及常用方法。
2. 掌握集中采购与联合采购的概念及常用方法。
3. 掌握全球采购的概念及常用方法。
4. 掌握目标成本法的概念及常用方法。

本章我们将紧紧围绕寻找降本机会的后四大方法,包括招标与谈判、集采与联采、全球采购以及目标成本法的应用,侧重于从采购常用的整合方法入手进行分析。

下面我们来看一个案例——中航物流开展集中采购的例子,来探索寻找降本机会的方法,开启本章的讨论。

中国航空工业以规模化效益助力航空工业降本增效

航空科研生产单位传统上采用分散采购模式,即由各单位根据自身的生产经营需要各自组织采购。这一方式虽然灵活度较好,但由于航空产品订货批量较小,实际上并未使其享有灵活度可能带来的诸如缩短交期或享有更好的服务等好处。并且,由于这种方式议价能力较弱、难以统一标准,反而丧失了对供应商本就不强的话语权，造成了整体采购成本的增加，甚至存在管理漏洞和品质风险。

正是在这一背景下，为了有效实现降本增效，提高整体效益和管理水平，中国航空工业按照国资委的要求大力推进集中采购，并于2013年年底正式下发了集中采购管理办法和物资采购实施细则等一系列规章制度。与此同时，中航物流正式成为中国航空工业指定的航空集采工作专业平台。"整合航空系统内的需求实现集中采购"是对航空材料采购工作提出的更高要求。

近些年来，中航物流凭借自身多年经营积累的渠道资源，紧紧围绕"采购专业化"和"服务区域化"两条业务主线，整合资源，搭建平台，逐步、分批推进航空材料的集中采购：对航空油料、铝合金、锻件、钛合金、特钢、漆类、胶类、丝材、棒材等航空工业科研生产的主要用料，都采取集中订货，从而增强了整体议价能力，有效解决了小额订货带来的问题，降低了各厂的无效库存。

目前中航物流已搭建起了纵横交错的航空供应链集成服务网络和信息平台，通过航空客户、集采平台和供应商三方的信息共享与有效协同，大幅提升了相关产品的集采度，其中航空油料、系统外锻件100%实现集采，国产航空铝材集采度达95%以上，高温合金集采度也高达70%。

以中国航空工业首批推进航空集采的试点品种之一——钛材为例，作为航空工业重要的结构材料，钛材在推行集采前，采购集中度一直不是很高，而其本身小批量、多品种的特点，又使大比例超交现象普遍存在，同时交期无法保证、采购成本也居高不下。推行钛材集采后，小额集中订货有效解决了钛材超交问题，目前钛材大比例超交现象已从集采前的50%以上缩减到了3%以下；而钛材集采信息化系统的运行，实现了与供应商生产进度信息的互联互通，使产品按期交付有了保证。目前钛材薄板的交期从之前的6个月缩短到了4个月，棒材、厚板等产品的交期也都有不同程度的缩减。与此同时，供应商的平均回款周期也从12个月缩短到了9个月。

在航空油料的集中采购方面，中航物流根据每年的用户用量，统一调配各用油单位的航油资源，做到统一油料储备、统一库存管理，并协调运输,从而扭转了一个油库负责一个厂的低效局面;电梯、空调的集中采购,更让小批量订货享受大宗订货的优惠价格成为可能……集中采购改变了以往航空科研生产单位分散采购的低效模式,推动了业务系统的重组与关键资源能力的整合,从而充分提高了采购效率、降低了采购成本。

借助集中采购的有利契机,中航物流也在着力为中国航空工业培育一流的战略供应商集群。中航物流通过深入供应商,了解它们的生产和管理过程,提出合理改善建议,帮助供应商改进技术,提升竞争力;同时通过订单调整,调动供应商的潜力,鼓励它们通过整改实现生产成本降低。计划和需求的集中,又可以让供应商更合理、高效地安排生产,创造规模效益,降低整个供应链的生产成本,实现效益最大化,形成多方共赢的有利格局。

资料来源:刘英瑾.中航工业以规模化效益助力航空工业降本增效[N].中国航空报,2017-03-29.

从上面的例子可以看到,集中规模优势等采购商务工具的应用,可以极大地挖掘降本机会。

 小师妹插嘴

中国航空工业集中规模优势,降低整个供应链的生产成本,实现效益最大化,确实做得不错。那对于采购人员来说,除了集采以外,还有哪些可以整合应用的方法呢?

学霸掉书袋

从采购整合角度,我们探讨招标与谈判、集采与联采、全球采购以及目标成本法的应用。

一、招标与谈判:商务降本两大招

(一) 什么是招投标

招投标是招标投标的简称,相信大家都不会陌生。

招标和投标实质上就是一种商品交易（买卖）行为，充分利用市场竞争机制，以较低的价格（或最优的条件）获得最好的产品和服务。

在这个过程当中，招标人（买方）事先发出招标通告（invitation to tender），描述具体的采购要求（品种、数量和有关的交易条件，规定的交付时间、地点），吸引众多投标人按照同等条件进行竞争。投标人（卖方）则根据招标通告所规定的条件参加投标（submission of tender）。然后招标人组织各方面专家进行综合评审，从中择优选定中标人。

（二）招投标的重要性及优缺点

招标采购花的时间比较长，要做很多准备，因此不是所有的采购都需要招标。

第一种是国家法律法规规定必须采用招标的。比如，大型基础设施、公用事业等关系社会公共利益与公众安全的项目；全部或者部分使用国有资金投资或者国家融资的项目；使用国际组织或者外国政府贷款、援助资金的项目。

第二种是比较重大的项目。比如，采购批量比较大，需要寻找长期合作的供应商。但要考虑市场竞争的充分性，有较多的供应商可以参与到招投标过程中。

招标这种采购方式已经广泛应用于采购过程中。许多公司都制定了非常规范的招标管理制度、实施流程。公司通过实施招标一般可以很好地找到降本的机会。其优势在于能够最大限度地选择投标供应商，竞争性更强、择优率更高。同时，由于流程较多，一般耗时较长，成本也较高。因此，对于采购标的较小、专业性较强的项目，由于有资格承接的潜在投标人较少，或者需要在较短时间内完成采购任务等，最好采用邀请招标或谈判的方式达到成本最优。表 4-1 是从 CIPS 教材上摘录的招标与谈判的使用对比。

表 4-1　招标与谈判的使用对比

使用竞争性招标的五项标准	使用谈判的四种情形
采购价值高，值得花费大成本招投标	不能准确估计成本
规格必须清楚，并且潜在供应商必须对履行合同所涉及的成本有清晰的了解	价格在合同授予中不是唯一的或最重要的标准

(续)

使用竞争性招标的五项标准	使用谈判的四种情形
市场上必须有足够数量的潜在供应商	随着合同的推进有可能变更规格
潜在供应商必须在技术上合格，并渴望获得业务	专用工艺装备或设置成本占主要因素
必须有足够的时间实施此过程	

（三）招投标的一些实施方法

《招标投标法》对招投标的相关活动有约束性的规定，同时招投标的应用也非常广泛，其实施流程有众多的文献可以参考，这里不一一赘述。我们这里探讨一些实施方法。

1. 供应市场调研

不管是做成本分析，还是招投标，信息的收集都是非常重要的。因此，实施招投标采购的部门必须对供应市场有深入的了解，收集供应市场情报，汇总市场信息，为招投标提供决策依据。

（1）收集现有供应商的成本相关信息包括但不限于采购数量、价格走势、供应能力、质量绩效等。收集供应商的信誉、财务状况、客户情况、销售政策等。

（2）收集新供应商的相关信息，掌握最新市场动向。

最好可以建立供应商信息库，将收集的市场情报有效管理起来，评估好，以便于采购及相关部门在招标甚至其他一些环节可以灵活应用。

2. 信息征询/询价函

在实际工作中，使用信息征询（RFI）和询价函（RFQ）是采购部门寻找降本机会最常用的手段。

信息征询函应该尽可能简洁，尽可能获得高供应商回复率。

（1）一是要介绍征询信息的企业背景，引起供应商注意。

（2）二是征询供应商的关键信息，如业绩、员工数量、服务的客户等。

（3）三是针对采购类别，通过有限的问题来判断供应商是否能提供满足要求的产品。

采购部门根据供应商的信息征询函，筛选出有意向的供应商，发送询价函以及相关技术资料。价格征询函也要从方便供应商填写的角度出发，避免占用供应商过多资源。询价函包括清晰的询价表单以及报价所基于的条件，包括但不限于交付条件、付款条件、费用分摊方式、批量等。在收到供应商的报价单后，与现有的供应商进行对比，也可以在新供应商之间对比，发现成本改进机会。

强调一下，一定要对参与报价的供应商给予反馈，确保供应商在未来的询价中还会配合工作。

3. 竞价/逆向拍卖

竞价采购，又称"竞争性报价采购"或"逆向拍卖（reverse auction）"，是采购方式和招标技术与现代互联网信息技术的有机结合。逆向拍卖有别于传统的正向拍卖的一个卖方和多个买方的形式，而是一个买方和许多潜在卖方的拍卖形式。逆向拍卖的一些流行模式有英国式逆向拍卖和荷兰式逆向拍卖。

（1）**英国式逆向拍卖**：开始时采购方开出最高意向采购价，众多竞标者（供应方）均参与，然后采购出价慢慢走低，直到剩下最后一个竞标者愿意接受最低的出价，而成为最终的赢家。

（2）**荷兰式逆向拍卖**：与英国式相反，采购出价低开高走，因初始采购价很低，通常很少有竞标者（供应方）接受，然后出价逐渐上升，直到有一个竞标者接受该价格，成为最终的赢家，竞标结束。

竞价是招标采购在竞争充分的情况下相对比较残酷的方式，众多应用电子竞价的企业都有比较大的成本降幅。但竞价不是万能的，需要考虑以下要素。

供应商的竞争性。市场充分竞争的品类才能进行竞价，参与的供应商必须大于三家，当然，考虑到整个竞价的实施时间，太多的供应商会比较难以组织。

竞价时间。通常，一场有意义的竞价不少于半个小时，但超过两个小时就有点浪费时间了。一般采用电子竞价的招标，都会有提前设计好的系统时间。比如，竞价时间分为：试竞价5分钟，正式竞价15分钟。每个供应商有5次出价机会，每次60秒。当然，每个项目根据需要也会做出相应调整。

要有明确的采购要求。竞价招标的品类或产品需求必须明确，确保供应商的理解没有歧义，否则会影响供应商的评估。

4. 解释性竞标

传统的招标一般有两个变量：是否提交报价；以什么样的价格报价。但世界并不是非黑即白的，总有一些其他的因素影响出价。例如，如果供应商能获得 B 的业务，那么供应商可将 A 的价格下调 10%。这种提出假设条件的竞标称为解释性竞标。其作为一种策略，允许供应商提交带有"如果……那么……"的报价，通过改变策略或指定个别供应商，采购部门可以获得更多的灵活性和降本机会。

通常供应商想获得更大的份额，还是会做出让步。当然，如果报价中只包含少量的类似条件，评估起来还可以接受，否则这个评估过程就相当漫长了！

（四）谈判

在日常的采购过程中，随时都有谈判出现，而且谈判也是一种有效降本的方法。

谈判是一个多方共同寻找能接受的合作方案的过程和行为，一般以达成一个各方都可以接受的合同安排为标志。在商业背景下，初始具有不同观点和立场的双方或者多方，应用各种说服方法及建设性的妥协，最终达成协议。有关谈判的详细内容在《如何专业做采购》以及 M4 模块（如何进行一场双赢的谈判）中均有详细的讲解，且市面上有诸多文章详述。这里仅简要地介绍一个流程化的谈判管理方式，如图 4-1 所示。

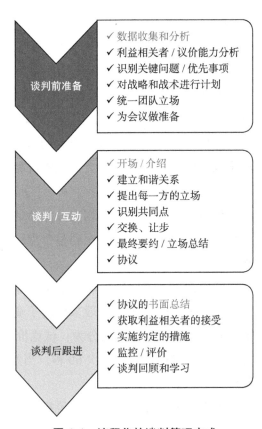

图 4-1 流程化的谈判管理方式

整个谈判工作分为：谈判前准备、谈判/互动以及谈判后跟进。

下面我们来看一个谈判案例，来自"中国好采购案例大赛"优秀奖获得者王仁波，限于篇幅，节选了关键内容。

【案例】年度降本谈判，挖掘双赢空间

1. 背景介绍

本公司是一家外资跨国白色家电公司，成立近50年，目前处于这个领域世界第三、欧洲第一的地位，年销售额100多亿欧元，而且每年都保持至少10%左右的增长，销售区域遍及全球各大洲，通过不断的收购兼并动作，目前持有不下十个世界品牌或地方知名品牌。

2. 梳理物料及供应商情况

将供应商分为A、B、C三类，对负责的供应商的整体情况进行分析，如表4-2所示。

通过这个简单的分析可以看出：供应商总计24家，其中五家的采购金额累计占比达到80%。所以，谈判的主攻方向应该从这五家入手，因为采购金额大，意味着降本的绝对值也大。

表4-2 供应商A、B、C分析

供应商类别	采购金额占比	供应商个数
A	80%	5
B	15%	8
C	5%	11

第一步：简单地将负责的所有供应商根据采购金额做一个排名。

第二步：使用卡拉杰克模型对物料进行分析，看看它们属于哪个类别，然后采取不同的采购战略应对。

第三步：初步分析这五家降价的可能性、降价的空间以及难易度。战略产品供应商（以下简称供应商A）往年的平均年降幅约为1.2%，供应商A被选定为目前唯一的战略合作伙伴可是精挑细选出来的，这种部件涉及安全性能。同时，考察供应商A的竞争对手的情况，了解到能做这种产品的供应商周边地区有一些，其中有一家已经是供应商A的一个大客户的第二供应商了。采购人员设法和它们取得了联系，通过现场走访及报价，发现它们的价格低约10%！因此，认为供应商A还是有降价空间的。最后，选定供应商A作为主攻突破口。

3. 谈判前的准备

谈判前的准备，我简单归结为"打基础"和"定策略"。

"打基础"。是指需要做好成本分析，这样才做到心中有数，总不至于像在菜市场买菜随便叫价吧。但是供应商 A 并不愿意提供报价明细。开弓没有回头箭，采购人员依赖自己有研发的背景，领料回来钻研，有困难的地方找研发同事和生产部同事帮忙，最后产品被拆解，并一一称量，然后对照图纸设计了一份报价模板，把所有收集到的数据填进去，包括名称、原材料信息，其他的如单价、重量、制造成本、管理成本等都标明，并空出来留给供应商 A 填写，最后整理核对，在和采购经理确认后，就发出去了。

"定策略"。大概花了一周时间，供应商 A 的报价明细发来了。明细拿到后就好办多了，就如同推开门看到了一个崭新的世界。

- 分析成本明细，很快发现有很多"漏洞"，如原材料基础价格比市场上要高、产品净重有出入、直接生产机台费用较高、直接人工费有待商议以及管理费等都是可谈判的。
- 和负责这类产品的全球品类经理（GCM）一起讨论，并研究供应商的合理报价，最终设定这次谈判的目标降幅为 8%～12%。
- 设想这一定是一场异常激烈的拉锯战，做好打硬仗的思想准备，同时分配了不同的谈判角色：采购总监和 GCM 是拿大棒的（黑脸/坏人），采购人员是拿胡萝卜的（白脸/好人）。

4. 谈判的实施

第一回合：敲山震虎。发出一份正式邮件信函给供应商 A 的销售经理和 CEO，并电话通知，确认年度谈判的时间。

双方先是回顾一下合作的过往情况，并展望了未来的合作计划，然后对这一年来在质量上和交货过程中出现的问题提出改善要求。进入正题，告诉他们终端市场竞争非常激烈，需要与他们共同进退争夺市场，否则采购方失去了市场，他们也就失去了生意。顺势提及年度降价目标，经过仔细核实及多方面分析，目前产品的价格实在太高，至少应该下降 16%！（开价要高，这也是一种策略，要让对方有"震惊"的感觉。）供应商 A 的 CEO 脸上立马表现出不悦，并连续说了三个"不可能"。经过几番拉锯战，四个多小时过去了，并没有谈出什么结果，第一回合就结束了。

第二回合：精心备战。第二天，供应商 A 的 CEO 打来电话商议年度降价的事情，说是和董事长沟通过了，对采购人员提的要求非常重视，最后经仔细核算，愿意产品单价降低 0.5 元，这已经是最大诚意了。其实这 0.5 元就是降 1 个百分点，离谈判目标相差太远，所以采购人员并没有接受，约他们下次来我们公司谈。

采购人员整理了第一次会议的纪要发给他们，里面包含双方的分歧点，需要对方回复。在后来的四个多星期里，双方通过邮件来回讨论。我们发现供应商内部已经开始认真对待了，调动了会计、研发、生产等相关人员去核对基础数据，已经弥合了不少分歧点，但距离我们的目标还有很大差距，于是我们决定再次邀请供应商 A 的 CEO 来公司谈。

第三回合：终极对决。回到采购的主场，采购总监主持会谈，他态度坚决地说："今年的目标一定是降 16%，我们不允许供应商有如此高的利润空间……"说完后，他借口参加别的会议，礼貌地暂时离开了……

经过第一回合的铺垫，这次大家心平气和地就细节问题逐项核对，反复讨论，因为这其实相当于制定规则，一旦规则定好了，从今以后的报价就都按照这次定义的执行。当有数据不一致时，双方据理力争，在有些剑拔弩张的时候，采购经理总是能适时地劝阻，适当做一些让步。最后，好不容易把原材料基础价格、产品重量（净重、毛重）、废料回收、直接制造费、直接人工费等都定义清楚，这样总共能降 6%，至此再怎么说供应商 A 也不降了。

此时，在僵局的时候，采购方休会商谈、调整策略。鉴于供应商 A 的行业老大地位，也是战略供应商，而且该安全部件要求很高，所以很难在两年内找到合适的潜在供应商，因此，不妨就给它独家供应商的份额，然后合同期延长，作为交换，降价的目标是明年最低降 8%，后面两年连续降 2%。

回到谈判桌，采购总监仍然态度强硬地说："今年的目标必须达成，不过可以换一种方式，新的方案是明年最低降 10%，后面两年连续降 3%，这样加起来仍然是降 16%。如果你们接受，我司承诺会在这三年内保证你们 100% 的份额，但是如果你们不同意的话，明年我司就会启动第二供应商开发项目,目标是后年能引进新的供应商。"供应商 A 的 CEO 有点意外,他要与董事长进行商讨。半个小时以后,CEO 回来了,先是说了很多客观的困难,一方面为了提高质量,工厂正在做很多技术和设备改造,另一方面,还有招工难及人工费一直上涨等,所以资金比较紧张,但为了能和我们更好地合作并展示最大的诚意,同意明年降 8%,但后面第二年降 1%,第三年降 2%。采购经理接着说:"既然都已经谈到这个份上了,大家都不希望不欢而散,请贵司后面两年再分别多降 0.5%,也不是很多,如果同意,马上签一份简单的备忘录。"CEO 又去与董事长进行沟通,10 分钟后说表示同意。采购总监说这个不是他想要的最佳结果,但事已至此,也只能勉强接受,毕竟未来双方紧密合作才是第一位的。

这场艰难的年度价格谈判,历经近两个月,终于落下了帷幕。

5. 实施效果的总体评价、经验教训、借鉴意义

本公司通过背景分析、需求分析以及供应商分析找到了谈判对象,然后又通过耐心细致的准备一步步发现可以谈判的降价空间,进而制定并实施了合理的谈判策略,从而取得了双方都能接受的谈判结果。

综合来看,本案例再次验证了磨刀不误砍柴工,谈判前的数据收集与分析、策略制定是成功的基石,团队配合是谈判实施的关键。

二、集中与联合采购:利用规模优势

【案例】IBM 集中采购的变革

大家可能不相信,全球 IT 业巨擘 IBM 公司过去也是采用"土办法"进行采购:员工填单子、领导审批、投入采购收集箱、采购部定期取单子。

如何减少运营成本?可能降低哪部分成本?通过 IBM 公司全球各机构的统计调查和研究分析,在采购、人力资源、广告宣传等各项运营开支中,采购成本凸显出来。

调研发现当时 IBM 公司不同地区的分公司、不同业务部门的采购大都各自为政,实施采购的主体分散,重复采购现象普遍。以生产资料为例,键盘、鼠标、显示器甚至包装材料大同小异,但采购流程自成体系,权限、环节各不相同，合同形式也五花八门。

主要问题有以下几个：

- 对外缺少统一的公司形象。
- 由于地区的局限，采购人员不一定能找到最优的供应商。
- 失去了大批量购买的价格优势。
- 重复采购现象普遍。

采购成本过高表现为：采购产品没有统一的规范，缺乏采购标准规格的确认，零星购买失去了批量价格优惠；采购流程混乱，管理成本过高。

当时提供选择的改进方案有：集中采购和电子采购。

经过比较，IBM 公司决定综合运用集中采购和电子采购，以降低采购成本。即首先进行组织机构的变革，设立集中采购管理部门；再由集中采购管理部门进行采购流程的变革。继而按规范的采购流程设计电子采购管理系统，并组织实施，以最终实现采购流程的科学化、管理手段的现代化，提高采购工作的效率，降低采购的综合成本。

1. 组织结构的变革

IBM 公司成立了"全球采购部"，其内部结构按照国家和地区划分，开设了全球首席采购官（chief procurement officer，CPO）职位。组织结构的确立意味着权力的确认。"全球采购部"集中了全球范围的生产和非生产性的采购权力，掌管全球的采购流程的制定，统一订单的出口，并负责统一订单版本。"全球采购部"的专家经过仔细研究，把 IBM 公司的全部采购物资按照不同的性质分类，生产性（直接物品）的分为 17 个大类，非生产性（间接物品）的分为 12 个大类。每一类成立一个专家小组，由工程师担任采购员，他们精通该类产品的情况，了解每类物资的最新产品、价格波动、相应供应商的资信和服务。

在具体运作中，"全球采购部"统一全球的需求，形成大订单，寻找最优的供应商，谈判、压价并形成统一的合同条款。以后的采购只需要按照合同"照章办事"就可以了，这种集中采购的本质就是"由专家做专业的事"。

2. 采购流程的重新审定

貌似简单的采购流程，前期的准备工作却异常复杂。IBM 公司的采购变革不在于订单的介质从纸张变为电子，从人工传输变为网络传输，而在于采购流程的梳理。工程师讨论过后，律师也要"碰头"如何统一合同；如何统一全球流程；从法律角度审查，怎样设计流程更可靠而且合法，怎样制定合同才能最大限度地保护 IBM 公司的利益，又对供应商公平；还要对不同国家的法律和税收制度留有足够的空间，适应本地化的工作。之后，全球的财务总监还要商计采购的审批权限如何分割，财务流程与采购流程如何衔接。

当"中央采购"系统在 IBM 公司内部平稳运转后，效果立竿见影。

（1）采购成本明显降低。以 2000 年第 3 季度为例，IBM 公司通过网络采购了价值 277 亿美元的物资和服务，降低成本 2.66 亿美元。大概有近 2 万家 IBM 公司的供应商通过网络满足 IBM 公司的电子采购。简化业务流程方案实施后，在 5 年的时间里，节约的资金累计超过了 90 亿美元，其中 40 多亿美元得益于采购流程方案的重新设计。

（2）采购效率大大提高。基于电子采购，IBM 公司降低了采购的复杂程度，采购订单的处理时间已经降低到 1 天，合同的平均长度减少到 6 页，内部员工的满意度提升了 45%，独立采购也减少到 2%。电子采购在 IBM 公司内部产生了效率的飞跃。

（3）供应商的满意度提高。与此同时，供应商最大的感受之一是更容易与 IBM 公司做生意了。统一的流程、标准的单据意味着更公平的竞争。集中化的采购方式更便于发展战略性的、作为合作伙伴的商业关系，这一点对生产性采购尤为重要。从电子采购系统推广的角度而言，供应商更欢迎用简便快捷的网络方式与 IBM 公司进行商业往来，与 IBM 公司一起分享电子商务的优越性，从而达到一起降低成本、一起增强竞争力的双赢战略效果。

（4）采购部门人员结构优化。现在 IBM 公司全球的采购都集中在该中央系统之中，而该部门只有 300 人。IBM 公司采购部人员的总体成本降低了，员工出现了分流：负责供应商管理、合同谈判的高级采购员工逐渐增多，而执行采购人员逐渐电子化、集中化。

（一）什么是集中采购

集中采购通常指同一企业内部的采购活动集中在一起完成，即更大的采购批量形成规模效应来降低成本，获得较好的条款和服务水平。它与分散采购是相对立的，优缺点如表4-3所示。

表4-3 集中采购的优缺点

优点	缺点
• 批量大，优惠价，降低采购成本 • 减少采购人员，便于人才培养与训练 • 降低整个企业的储备，避免分散的库存，加速资金周转 • 集中下料，降低损耗，材料利用率高 • 技术力量强，专业性强，有利于择优选购，保证质量 • 批量运输，减少进料费用	• 增加管理环节，不适于紧急情况下的采购 • 非共同性物料集中采购，并无折扣而言 • 采购与使用单位分离，不利于规格确认等

所谓的规模效应，是指企业将原先分散的物料采购集中起来，从而形成规模优势，在购买中通过折扣让利的方式实现降成本的方法。大家一般都有这样的经验，在买东西的时候，随着数量的加大、固定成本的摊薄，采购价格会不断降低。例如，如果固定成本占30%，采购量增加一倍，可以使固定成本降低一半，即产品价格可以降低15%。

（二）集中采购的方法

集中采购的推行可以从两个方向着手：**集中需求和供应商整合**。

1. 集中需求

集中需求是一个传统的采购方法，包括采购职能的集中和需求集中。

（1）采购职能的集中。公司购买任何产品或者服务都应通过采购部门，按照采购流程来完成，而不是需求单位自行购买。这样会使采购活动更加专业和透明，减少需求单位找有关系的供应商自行购买，暗箱操作。

（2）需求集中。整合全公司不同事业部、不同地点的需求。这样会扩大个体单位的小批量，甚至是零星采购需求。当然，所选择的供应商要有能力在不同地点提供物品，才能发挥更大的成本优势。

例如，一家跨国公司北美和亚洲的两个工厂向同一个供应商采购同样的电子元器件，价格相差很大。调查发现，由于历史的原因，两家工厂各自下单，直接向供应商采购，但供应商都是从同一工厂供货，虽然有物流的因素，但影响不大。进一步调查发现，供应商将北美和亚洲的工厂按不同的客户管理，所以它的销售人员知道这其中的价差，只是别人不会主动告诉你。后来通过集中采购，这家跨国公司终于使两个工厂的采购价格基本一致。

整合所有产品线的类似零部件的采购需求。例如，对于电子电器厂商来说，不同产品上的电源线一般是比较通用的部件（当然，电源线根据使用的不同场合，在不同的电器产品上有长有短，有粗有细，有三线也有两线，这涉及一个标准化和平台化的问题），可以集中所有电器产品上的电源线进行集中采购。

2. 供应商整合

在说供应商整合之前，我们有必要来讨论一下对于供应基础优化的两种观点：供应商的数量是多一些好呢，还是少一些好呢？

当然，有多个能够满足买方需求的潜在供应商可以防止供应中断，应对需求的突增，以及可以灵活处理与供应商的关系，方便切换绩效不佳的供应商。但采购专注于少量的可靠的供应伙伴可以发挥集中采购的优势，控制采购成本，以及形成更加紧密、长期的关系，获得持续改进和共同投资所带来的收益。

采购调查的数据（数据摘自《2014年中国企业供应商管理调查报告》，李帅）显示，现实的情况是很多公司的供应商数量不是少了而是太多了，调查显示，1%的企业拥有10家以内的供应商，3%的企业拥有10～19家供应商，16%的企业拥有1000家以上供应商（见图4-2）。从总体上来看，这些被调查的企业中拥有100～299家供应商的所占的比重最大，达到37%。因此，企业有必要进行供应商的整合。

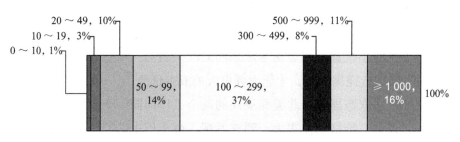

图 4-2　供应商的数量分布

简单来说，供应商整合就是将多家类似供应商的采购量集中到少数几家供应商。首先从那些标准化、同质化又是充分竞争的产品开始，尽可能减少供应商。这样采购可以将有限的资源向优秀的供应商集中,以获得更好的质量、价格、交货以及服务保证。

例如,丰田汽车每年的采购金额超过 1000 亿美元,在全球的直接(一级)供应商却只有 340 余家。海尔集团在实现全球化的进程中,将原来的 10 000 多家供应商减少至不到 3000 家。这些都是集中采购的典型事例。

供应商整合的另一种做法是发展集成供应商。这是指同一个供应商可以满足不同产品的采购需求。此时,供应商不再只是供应零部件,而是强大到可以供应组件或者成套产品。这好比供应商升级到一条龙、全程服务。这样,在集成供应商处的采购金额更大了,增加了采购方的议价实力,有利于获得更低的采购价格。

(三) 什么是联合采购

20 世纪 90 年代以来,中国钢铁工业快速发展,已成为全球钢铁的生产和消费中心,2006 年全球粗钢产量约为 12.4 亿吨,中国产量为 4.18 亿吨,占全球产量的比例超过 1/3。

铁矿石是钢铁生产的主要原料,而中国铁矿石的保障能力不容乐观,对海外铁矿石的依赖导致进口铁矿石价格的连续性上涨,这源于采购谈判中的弱势地位。在往年的谈判中,日本和欧洲是一个团体、一个声音,而中国的声音有数百个。日本进口 1 亿吨铁矿石,各钢铁企业不是自己独立去国际市场上购矿,而是由伊腾忠丸红等中介代办,矿石价格由钢铁企业出面谈,定妥矿价后,商务由各商社办理。我们却是大小钢铁企业、大小中介机构纷纷出国,独自购矿,互相不通信息,从而被几大垄断的矿产主各个击破,造成了巨大损失。近 5 年来铁矿石谈判均以涨价告终,2008 年更是接受了巴西矿涨价 65%,澳矿涨价 79.88% 的历史最高涨幅,使我国钢铁企业承受高额的成本。中国钢铁企业不得不为此多支付近百亿元,而进口混乱是导致中国铁矿石谈判失利的主要原因。因此,通过国际贸易方式采购矿石,采用联合采购而非分散采购至关重要。

目前国内的大型钢铁企业已经建立了战略合作机制,在中国钢铁协会的协调管理下,已经形成了联合工作组,使中国钢铁企业有平等的机会参与国际铁矿石价格的谈判。目前,参与联合谈判的大型钢铁企业有 16 家,占国内进口铁矿石总量的 55% 左右。

借鉴日本的做法，根据中国的实际情况，建议联合采购采取如下措施：由相关政府部门和行业协会组织，钢铁企业积极参与，有组织地进行联合采购和联合运输。联合采购不仅可以节省海运费、降低成本，还可以避免由于国内进口商的竞相采购导致的资源紧张、远洋运费高涨等不利局面。

联合采购是指各个实体之间进行合作，在供应市场上共同运作采购活动。组建这样的联合采购体的企业，在统一的合同条款下，可以通过共用一个独立的采购领导小组来实施采购，也可以自行按需进行采购。

联合采购的方法提供了合并相似产品的批量采购机会，从而获得市场透明度、价格条款和服务的最优。就像前几年比较流行的网上团购活动，把分散的需求集中起来进行采购。集小订单成大订单，获取大的采购规模优势，增强集体的议价能力，力争在采购地位上做"江湖老大"。这样除了可以获得更好的价格，还利于集中合作伙伴的采购经验、专业能力，以便满足不同的需求，增加企业防范风险的能力。联合采购的优缺点如表 4-4 所示。

表 4-4 联合采购的优缺点

优点	缺点
• 降低采购成本：企业之间互联，形成规模采购优势，提高了货物标的价值，增强了企业的议价能力 • 规模采购行为 • 减少企业投资 • 提高采购效率 • 统筹供需，建立产销秩序 • 促进同业合作，达成经济外交	• 采购作业手续复杂，主办单位必须煞费周章 • 可能泄露企业的产品设计和采购需求量等重要信息，使企业失去竞争优势 • 采购时机与条件未必能配合个别需求 • 造成联合垄断

（四）联合采购的合作形式

基于各家公司的经营目标和企业自身的状况，联合采购可以采用不同的合作形式，例如，采购战略联盟以及机会型联合采购。

1. 采购战略联盟

采购战略联盟，字面一看就是企业采取的一种长期联合与合作的采购方式，从而形成战略联盟。就像江湖上的武林联盟一样，为了应对新势力的挑战，对付共同的敌人，会形成联盟，并推举某一门派德高望重的武林高手作为盟主，统一计划、号令天下以期达成联盟目标。因此，这种联盟不仅带来采购量的整合，而且还提供盟友之间的资源共享，如基础设施、供应市场分析等，以此来实现更为复杂的采购战略。这种联盟的成功需要注意以下事项。

（1）成功在很大程度上依赖于成员的经营理念是否相同、企业文化（价值观）是否相似。不然很容易变成乌合之众，一旦出现利益上的争议，就会导致崩盘。

（2）联盟的规模也要适当。虽然联盟越大，集中在一起的采购量越具有规模优势，但所谓众口难调，通常仅由几个成员组成的小规模联盟更加有效率，易于实施统一的策略。

（3）联盟的利益分配要均衡，对外沟通要保持一致，通常只能有一个声音代表联盟。因此，联盟管理的规则与制度（如采购原则和决策流程等）必须清晰、有效。

（4）联盟的目标与参与企业的规模也有关，例如，位置相近的小型企业可以将各自的供应商资源整合到一起，从一家供应商处采购；中等规模的企业可以设立一个供应商开发小组，统一开发管理供应商，共同分担成本；而大型企业可以集合原材料采购量，通过专业的第三方在国际市场统一采购，取得最有利的协议条款。比如，前面的例子提到的日本钢铁企业的铁矿石进口由伊腾忠丸红等商社中介统一代办。

2. 机会型联合采购

所谓天下大势，分久必合，合久必分。既然有长期合作的战略联盟，也会有短期的机会型的联合采购。机会型联合采购，更多说的是企业为从供应市场中获得更多利益而进行的松散合作。此类合作的期限十分有限（如合作随相关项目的结束而终止）。比如，相互联合的各成员之间存在竞争的关系，形成长期的战略联盟还是有不小的难度；可能会泄露企业产品发展和采购需求量等敏感信息，会使企业失去竞争优势；会有联合垄断的嫌疑。采用短期的机会型的联合采购就避免了这种长期合作的缺点，事前是朋友，事后是对手。参与的公司既达到降本的目的，又不需要深入合作、共享信息以及特殊的信任。

在我以前的采购经历中，有一家做彩盒印刷的供应商曾经出现过交不上货的事情。后来实地调查发现，该供应商的印刷机出现了故障，而且没办法及时修复，导致错过交期。通常，对于国内中小型印刷企业，特别是采用进口印刷机的企业，更换零部件和原厂上门维修会非常昂贵、耗时。一旦机器出现故障，生产就会中断，很难及时得到维修（需要从国外原厂空运零件，由于这些公司的需求量很小，它们很难以合理的价格买到足以满足各类维修需求的零部件，协调的时间也很长）。但是如果各家印刷厂都自备零件，费用也很高，关键是不确定什么时候会出故障，是否能用得上。在这种情况之下，同一区域的印刷企业可以组成联合采购小组，共同出资购买两批备件，放在某家印刷厂的仓库。如果某成员企业需要紧急使用这些零件，自行去备件仓库提取即可。这种联盟的形式以较小的代价解决了成员突发的应急需求。

三、目标成本法：反向成本控制

我们先来看一下丰田汽车公司是如何使用目标成本法（target costing）的。

【案例】丰田的目标成本法

目标成本法是丰田汽车公司员工经过几十年努力探索出的成功杰作，是运用科学管理原理和工业工程技术开创的具有日本文化内涵的成本管理模式。根据丰田汽车公司的定义，目标成本法是指从新产品的基本构想、设计至生产开始阶段，为降低成本及实现利润而实行的各种管理活动。

目标成本法的核心工作是制定目标成本，并且通过各种方法不断地改进产品与工序设计，以最终使产品的设计成本小于或等于其目标成本。这一工作需要由包括营销、开发与设计、采购、工程、财务与会计，甚至供应商与顾客在内的设计小组或工作团队来进行。

丰田汽车公司目标成本法的主要实施程序有三个阶段。

1. 以市场为导向设定目标成本

丰田汽车公司的全新改款汽车通常每4年实施一次，在新型车上市前三年，一般就正式开始进行目标成本规划。每一车型的开发以产品经理为中心，对产品计划构想加以推敲，编制新型车的开发提案。开发提案经由高级主管所组成的产品规划委员会核准承认后，即进入制定目标成本阶段。公司参考长期的利润率目标来决定目标利润率，再将目标销售价格减去目标利润即得到目标成本。然后将目标成本进一步细分给负责设计的各个设计部，例如，按车子的构造、机能分为：引擎部、驱动设计部、底盘设计部、车体设计部、电子技术部、内装设计部。但并不是规定各设计部一律降低多少百分比，而是由产品经理根据以往的实绩、经验及合理根据等，与各设计部进行数次协调讨论后才予以决定。设计部为便于掌握目标达成活动及达成情况，还将成本目标更进一步地细分到每个零件。

2. 在设计阶段实现目标成本

通过将目标成本与公司目前的参考成本（即在现有技术等水准下，不积极从事降低成本活动会产生的成本）相比较，可以确定成本差距。由于汽车的零部件大小总计约有两万件，但在开发新车时并非两万件全部都会变更，通常需要变更且重新估计成本的约有5000件，因此公司目前的参考成本可以用现有车型的成本加减其变更部分的成本差额算出。目标成本与参考成本的差额为成本差距（成本规划目标），它是需要通过设计活动降低的成本目标值。

接着进入开发设计阶段，为实现成本规划目标，以产品经理为中心主导，结合设计、生产技术、采购、业务、管理、会计等部门的人员，展开两年多具体的成本规划活动，共同努力合作以达成目标。

最后，各设计部就可以开始从事产品价值分析和价值工程。根据产品规划书，设计出产品原型。结合原型，把成本降低的目标分解到各个产品构件上。分析各构件是否能满足产品规划书要求的性能，在满足性能的基础上，运用价值工程降低成本。如果成本的降低能达到目标成本要求，就可转入基本设计阶段，否则还需要运用价值工程重新加以调整，以达到要求。进入基本设计阶段后，运用同样的方法挤压成本，然后转入详细设计，最后进入工序设计。在工序设计阶段，成本降低额达到后，挤压暂告一段落，可以转向试生产。试生产阶段是对前期成本规划与管理工作的分析与评价，致力于解决可能存在的潜在问题。

一旦在试生产阶段发现产品成本超过目标成本，就得重新返回设计阶段，运用价值工程来进行再次改进。只有在达到目标成本的前提下，才能进入最后的生产。

3. 在生产阶段运用持续改善以达到设定的目标成本

在进入正式量产阶段的前3个月（因为若有异常，较可能于最初3个月发生），检查目标成本的实际达成状况，进行成本规划实绩的评估，确认责任归属，以评价目标成本规划活动的成果。至此，新车型的目标成本规划活动正式告一段落。

3个月后，成本管理即转向成本维持和持续改善、保证正常生产条件、维持既定水平目标。成本体系的持续改善是指不断改进现行的成本管理体系，使之能够对成本对象耗费企业资源的状况更适当地加以计量和核算，以提高成本数据的决策相关性，适应变化的新环境。

但值得注意的是，成本规划中的目标成本尚有其他功能，即可作为制定制造阶段标准成本（丰田汽车公司称此为基准成本）的基础，且可延续至下一代新车型，成为估计下一代新车型成本的起点。

丰田汽车公司确实通过目标成本法极大地提升了市场竞争力。不仅是在汽车行业，在其他行业目标成本法的应用也极其普遍。

资料来源：刘雅静.从丰田汽车公司看目标成本法的应用 [J].中国乡镇企业会计，2009（7）.

（一）什么是目标成本法

目标成本法是一种以市场为导向，先估计出在未来某一时点市场上的目标售价，然后减去企业的目标利润，从而得到目标成本的方法。目标成本法将成本管控的思路进行了倒置，以往成本管理是从生产制造过程开始的，现在转移到先从产品设计与规划开始，从设计源头抓起（回归到"成本是设计出来的"这个源头），将"产品销售价格＝产品成本＋计划利润"转变为"目标成本＝竞争性市场价格－目标利润"，具有大幅度降低成本的功效。

目标成本法也是以项目的方式开展的，团队成员包括营销、开发与设计、采购、工程、财务与会计，甚至供应商与客户。保证在全流程、全员实施成本节省的活动。

目标成本法主要是借助产品设计等来降低成本,通过价值工程分析确保产品的价格性能比足以吸引人。因此,企业成本管理是否采用目标成本法,也要考虑企业自身的实际情况。

(二)目标成本的预测方法

目标成本法的核心工作是预测目标成本,应该在广泛调查、收集、整理、分析企业历年成本资料的基础上,进行定性和定量的科学预测。要充分考虑影响成本变动的因素和趋势,经过对比和论证,最后确定目标成本额、部门产品的成本目标和成本降低目标。

目标成本的预测方法很多,企业要根据自己的生产经营特点,按照预测期限的长短、准确程度的要求以及费用的多少综合加以选择。

1. 本量利预测分析法

这种方法是根据产品的销售数量、销售成本和销售利润三者的内在联系,倒推出产品的销售成本。其步骤如下。

(1)预测产品的销售数量和销售价格。企业应先根据市场同类产品的市场供求关系及市场发展趋势等情况,预测出产品的销售数量和销售价格。

(2)预测产品的目标利润。产品目标利润的确定可以根据本企业上期实际的销售利润情况,分析可能变动的因素,确定预测期产品的目标利润。

(3)倒推出产品的目标成本:

目标总成本 = 预计销售收入 − 应交税金 − 目标利润
= (预计销售量 × 预计销售价格) × (1− 税率) − 目标利润

例如,某企业销售某类空调,根据以前年度的资料并结合市场因素变动情况,预测出该类空调预测期的销售量为2.5万台,销售价格为每台2500元,销售税率为10%,同行业该类空调的销售利润率为20%,则:

目标利润 =2.5×2 500×20%=1 250(万元)

目标成本 = (2.5×2 500) × (1−10%) −1 250=4 375(万元)

2. 变动趋势预测分析法

这种方法是根据历史资料,运用一些一般的预测方法揭示出未来一定时期成本变动的大致趋势和水平,然后在此基础上综合考虑分析未来时期主客观情况引起的有关因素变动对成本变动的影响,并对揭示出的趋势和水平进行修正与补充，从而预测出初步的目标成本参考值。

预测方法主要有趋势预测法和回归预测法（本书后面的章节会有讲解）。前者根据按时间顺序排列的历史数据，建立相对应的数学模型，推算出成本变动的趋势值。具体方法有简单平均法、加权平均法、移动平均法、指数平滑法等。后者以事物发展的因果关系为依据，抓住影响成本变动的主要因素及它们之间的相互关系，建立线性方程的数学模型，计算出成本变动的趋势。

（三）目标成本的分解和落实

目标成本的分解是指设立的目标成本通过可行性分析后，将其自上而下按照企业的组织结构逐级分解，落实到有关的责任中心（责任部门、责任人）。分解方法有以下几个。

（1）按管理层次分解，将目标成本按总厂、分厂、车间、班组、个人进行分解。

（2）按管理职能分解，将成本按职能部门进行分解。

（3）按产品形成过程分解，按产品设计、物资采购、生产制造、产品销售过程分解成本，形成每一过程的目标成本。

（4）按成本的经济内容分解，把产品成本分解为固定成本和变动成本。

目标成本分解以后，就要对各部门和个人的成本指标加以责任化，写入关键绩效指标（KPI），从而启动责任、行为、利益三者联动的机制，来促进各部门努力完成成本指标，最终达成企业成本总目标的实现。

在落实目标成本责任时，要注意以下几点。

（1）运用目标成本法的成败，在很大程度上取决于企业的最高领导是否真正了解目标成本法的内容，是否有采用此种方法的强烈愿望。因此，必须由最高领导挂帅，亲自推动。

（2）划清责任界限。责任成本按可控性原则来划分，不可控成本在必要时按一定标准进行分摊。

（3）明确责任大小与责任利益。根据实际目标，明确相关部门和个人对目标应负责任的大小及应承担的利益风险。使每个部门和个人都对自己责任轻重和应得利益的多少心中有数。

（4）理清责任关系。监督、检查、考核和履行责任做到明确化、程序化、制度化，一般说来，下级要对上级负责。

实施目标成本法的实质就是根据制定先进、可行的成本指标来对企业内部各部门进行控制。在具体操作的过程中可以采用以下方法。

按月考核，累计计算。为防止考核时间跨度过大引起员工放松，导致成本管理工作前期放松后期紧张的不均衡局面，应按月进行考核。成本指标一旦确定下来，一般在一定时期内不再轻易变动。把累计的完成情况作为是否分配奖金的主要依据既便于操作又比较合理。而且还要根据每个部门所处不同的地位给予不同水平的成本奖励。

（四）采购应用目标成本法

目标成本法在采购的应用，主要体现在采购价格的制定上。在给采购物品定价时，不是一味地、没有目标地谈价和压价，而是用目标成本法的原理核算出采购什么价位的产品、配件，然后指导谈判或供应商改善活动，最终实现企业获利甚至双赢的结果。因此，采购使用目标成本法可以按照如下操作过程。

（1）以市场为导向计算并设定支付给供应商的目标价格。

（2）就目标价格与供应商信息共享。

（3）分析采购物品的应当成本，通过谈判的方式降低采购价格。

（4）向供应商提供产品生命周期的预估值。这样就可以估计在这一特定时间段内供的需求量，可用来协商批量优惠、复核价格以及安排培训。

（5）推动供应商成本改善活动，明确如何达成含有合理利润的目标价格。

（6）通过合同等形式，将成本改善的成果固化，并明确成本下降双方利益共享的时间阶段。

例如，某电视机未来售价可能是5000元，预计利润为1000元。因此在电视机的制造过程中，确定了4000元的成本。如果再预计人工等其他费用要耗去1000元，剩下的零部件的采购价格必须在3000元之内。因此采购价格的目标就是不得超过3000元。针对采购的零部件做成本分析，计算应当成本（包括运费）为2700元，利润为300元，并无太多的谈判空间。

于是与供应商一起展开改善活动，降低供应商的成本，使成本降到2500元，共同分享节省的空间，同时目标价格降到3000元以内。

四、全球采购：参与全球资源分配

（一）什么是全球采购

全球采购是指利用全球的资源，在全世界范围内寻找最合适的供应商提供物美价廉的产品。全球采购不是什么新鲜事物，在消费品市场，我们经常听到全球化的发展理念。相应地，把采购的视野放到全球，就是全球采购。

在近几十年里，全球采购出现了显著增长，原因在于：

（1）运输技术的进步"缩小"了物流的距离（以及减少了相关的风险）。

（2）信息和通信技术的发展让沟通、关系开发、交货追踪以及绩效监控不再受距离的制约。

（3）贸易壁垒不断降低（如各种贸易区和贸易协议），方便了直接投资和货物与劳动力的流动。

（4）供应源搜寻效率提升：能够从世界各地寻找成本最低的供应商。

（5）国别或地区性供应因素：某些商品（特别是原材料和农产品）只在特定国家销售，或出于专业化原因在特定国家供应效率更高（例如印度的呼叫中心和IT服务）。

（6）技术标准的统一化让我们能够买到标准化的零部件、相互兼容的系统等。

（二）全球采购的方法

全球采购主要是通过国际合作，利用国家之间的劳动力成本差异来实现成本降低，增强综合竞争力。比如，从低成本国家采购和最优供应地采购的方法。

1. 低成本国家采购

低成本国家（low cost country，LCC）采购的关键原则是，通过识别和挖掘国家之间或地区之间的成本差异（或"套利"），实现降低成本的目的。这种方式是显而易见的，来自高成本国家的买方从生产和供应成本较低的特定国家或地区进行采购。

这些采购活动包括识别、评估和使用来自低成本国家的供应商。当然，要想达到真正的降本目的，还需要注意以下事项。

（1）所提供的采购量是否有足够的吸引力。

（2）能否找到物美价廉、有与外商合作的经验的优质供应商。

（3）企业文化、管理理念是否能够比较好地融合。

在过去40年里，伴随着全球采购的浪潮，中国逐渐发展成世界工厂，建立了从原材料到产成品，覆盖完整价值链的产业基础。平均而言，中国的制造成本要比西欧国家低40%，因此很多跨国企业选择在中国进行采购的原因也是中国的成本低。实际上，随着"中国制造2025战略"的提出，中国也在转型，走向高附加值的高科技产品的供应者，而且随着中国的发展，各方面的成本也在逐渐提高。

2. 最优供应地采购

最优供应地采购指综合评估价值创造过程中各方面的因素，例如，成本、品质、服务、合作方式、售后以及风险的分析与评估，选择最优的供应地进行采购。简单来说，在低成本国家采购，我们的着眼点在采购价格便宜。但是成本低并不代表着服务、品质好，因此，我们要全面考量哪个国家或地区最适合提供哪种产品或服务。根据一系列的标准进行挑选之后，可以锁定最优采购地。

例如，早些年，在外资企业工作的人都有体会，如果公司的IT设备有故障，打热线电话进行求助的时候，发现沟通比较困难。因为公司使用的IT服务供应商大多来自印度地区，有比较浓重的口音，沟通起来很困难。

一般而言，从地理距离上来讲，有三种类型的最优供应地方案。

在岸（onshore，也称为境内外包），是指在本国采购产品或者服务，因而外包工作在国内完成，那么成本结构基本不变。对欧洲人而言，在岸指的是西欧国家，而对北美人而言，在岸是指加拿大和美国。

近岸（near shore）是选择在地域上临近、文化类似，而且成本低廉的地区采购。美国的许多公司会把一些工作外包给加拿大和墨西哥。地理上的相邻意味着运输和通信比较容易且便宜,至少有些习俗上的共性,甚至人们会说相同的语言。对西欧人而言,近岸指的是东欧与土耳其。

离岸(offshore)指外包商与其供应商来自不同国家,选择在地域较远的地区采购产品或服务,外包工作跨国完成。同样,软件领域里的国际软件外包,就形成了软件离岸外包的概念。比如,"IT 离岸"这一概念的应用首先始于大规模将编程和软件活动外包给低成本的印度软件公司,以应对潜在的 21 世纪 "千年虫" 威胁。

为了能够更好地理解全球采购在企业发展中所发挥的重要作用,下面通过沃尔玛全球采购的例子,让采购人员加深对全球采购知识的理解,并能够在实际工作中灵活运用。

【案例】沃尔玛全球采购

沃尔玛是全世界零售业销售收入位居第一的巨头企业,2004 年,沃尔玛全球销售额达到 2852 亿美元。到 2005 年,沃尔玛已经连续四次登上《财富》世界 500 强的冠军宝座,而全球采购正是沃尔玛成功的必要条件之一。

在 2002 年 2 月 1 日之前,沃尔玛并没有直接从海外直接采购商品,所有海外商品都由代理商代为采购。沃尔玛要求刚刚加盟的沃尔玛全球副总裁兼全球采购办公室总裁崔仁辅利用半年时间准备好并支撑起 2000 亿美元营业额的全球采购业务,他的全球采购网络首先由大中华及北亚区、东南亚及印度次大陆区、美洲区以及欧洲、中东及非洲区四个区域所组成。其次在每个区域内按照不同国家设立国别分公司,其下再设立卫星分公司。国别分公司是具体采购操作的中坚单位,拥有工厂认证、质量检验、商品采集、运输以及人事、行政管理等关系到采购业务的全面功能。卫星分公司则根据商品采集量的多少来决定拥有其中哪一项或几项功能。

沃尔玛把全球采购总部从香港搬至广东,并以深圳为基地,再向世界延伸 20 个采购据点。采购网络负责为沃尔玛的连锁店采购在质量、包装、价格等方面均具有竞争力的优质产品,并全面负责沃尔玛超过 2000 亿美元的全球采购任务。需要注意的是,这个全球采购中心里不发生实际的购买行为,它所做的主要工作是在全球范围内为沃尔玛搜寻新的产品与合适的供应商，然后把搜寻到的商品和供应商集合起来，召集分布在全球各个区域的买家过来挑选采买，达成交易。

沃尔玛商品采购的价格决策和品项政策密不可分，它以全面压价的方式从供应商那里争取利润以实现天天低价；沃尔玛还跟供应商建立起直接的伙伴关系以排斥中间商，直接向制造商订货，消除中间商的佣金以在保证商品质量的同时实现利润最大化。

资料来源：Stephen Chen. 沃尔玛的全球采购秘密 [J]. 石油石化物资采购，2009(21).

思考题

1. 为什么要进行招标和谈判？
2. 集中采购的常用方法有哪些？
3. 结合工作实践和本章内容，思考目标成本法如何应用。
4. 思考全球采购对于成本控制的意义。

第三部分

S：提升降本技能
W：唤醒管控潜能

导读：要做好成本控制，需要掌握哪些技能

老话说得好，"打铁还要自身硬"，要想成为采购成本专家，需要对产品、制造、供应链状况有所了解；对财政金融、经济、统计学的知识可以灵活应用，同时具备项目管理技能，能主导开展成本优化的项目等。只有这些采购技能扎实了，才更有可能施展拳脚，达成良好的成本管控目标。

为此，我们梳理了十大采购技能，称之为"十项全能"，包括供应链基础、产品设计优化、工艺流程改进、库存成本控制、质量成本控制、物流成本控制、项目管理、财政金融、经济学、统计与数据分析。采购确实是一门技术活，对于每个采购从业人员而言，仅有书面知识是远远不够的，技能的提升需要大家在工作中不断总结和学习。

Skills 采购技能 ③

S：提升降本技能
W：唤醒管控潜能

十项全能，采购必备的实战技能

Wake up

此部分是 COST DOWN 架构的第三部分，重点在于讲述采购人员需要掌握的技能。目标是使采购人员能够"提升降本技能，唤醒管控潜能"。

本部分分成两章进行解析。

第五章，十项全能：全局优化成本，侧重于讲解与供应链基础相关的七项技能，主要论述供应链基础、产品设计优化、工艺流程改进、库存成本控制、质量成本控制、物流成本控制以及项目管理这七项全局优化能力。

第六章，十项全能：技术化技能，主要论述财政金融、经济学、统计与数据分析这三项技术化能力，并与采购成本分析活动相关的知识点相链接。

第五章

十项全能
全局优化成本

学习目标

1. 掌握供应链基础知识（三个流、两条线、一个突破口）。
2. 掌握产品设计优化的工具。
3. 掌握工艺流程改进的方法。
4. 掌握降低库存成本的方法。
5. 掌握质量和成本管理的方法。
6. 掌握物流成本控制的方法。
7. 能够将项目管理的知识概念应用到成本控制当中。

本章我们将紧紧围"十项全能"的前七项技能进行讲解，包括供应链基础、产品设计优化、工艺流程改进、库存成本控制、质量成本控制、物流成本控制以及项目管理这项综合技能。

下面我们来看一个案例，开始"十项全能"的学习。

ZARA 极速供应链的成功经验

ZARA 是一个西班牙的服装品牌，创始于1975年，隶属于 Inditex 集团，为全球排名第三、西班牙排名第一的服装商，在世界各地56个国家设立超过 2000 家服装连锁店。它以快速反应著称于流行服饰界。它既是服装品牌，也是专营 ZARA 品牌服装的连锁零售品牌。

ZARA 的供应链系统

ZARA 之所以如此成功，其主要原因在于努力在最短的时间内去满足顾客的需求。从供应链管理的角度来理解，就是必须从整个供应链出发，思考如何节约时间又不让顾客失望，并能实现合理的利润。顾客追求时尚的服装，这就使服装企业必须能够快速地将时尚元素转化为现实产品并立刻投入市场。从始至终必须依靠强大的供应链系统来支撑。

（1）产品组织与设计。ZARA 设计师的主要任务是重新组合当下流行的元素，将其转化为自己的新产品，而不是去创造新的流行元素，其服装设计模式基于模仿。ZARA 创造新产品的途径主要为：设计师观看世界各地的时装周，从中汲取灵感；各地时尚买手购买当季高档品牌的流行产品，并将样品迅速发回总部供设计师参考；各门店将销售分析报告及顾客意见及时反馈总部。这样 ZARA 的设计师便可以重新组合流行元素或对别人的产品进行改版设计，进而转化为自己的新产品系列。

（2）采购与生产。在 ZARA 的设计师形成方案后，采购和生产的计划人员便可立即制定原材料采购和生产计划。ZARA 根据产品特点等要求确定各产品是否需要自己的工厂来生产。由于仓库中始终备有辅料库存，因此制作样衣的用时很短。

（3）产品配送。服装达到销售要求后会立刻通过地下传送带传送至配送中心。ZARA 使用激光条形码读取工具对服装进行分检，并运用飞机、轮船、卡车三种方式向各地进行配送，以确保每一张订单的产品能够及时、准确地到达目的地。

ZARA 供应链的优势

（1）前置时间短。前置时间是指从设计产品到将产品配送至销售点的时间。ZARA 将设计师与采购人员同时放入市场当中一起获取流行元素、把握流行趋势，这样既省去了设计部分大量的修改时间，又节约了市场部门以及采购部门再次获取信息的时间成本。

（2）后向一体化。ZARA 在西班牙拥有 22 个工厂，控制着绝大部分的原材料供应，这样就会减少浪费，得到合理利润。ZARA 的生产线都是小批量的流水线，拥有着标准化的生产流程，这也是ZARA在生产过程中的"加速器"。

（3）零库存越库配送。ZARA的产品不能在配送中心停留，而是根据专卖店的订单从配送中心直接送至专卖店进行销售，实现了零库存越库配送，这样ZARA便可以省去仓储的成本，及大部分的调货、装卸、搬运费用。

（4）前向一体化。ZARA拥有自己的专卖店，实现了产销一体，能及时获知销售情况及顾客反馈的信息。通过缩短补货期，ZARA将畅销产品源源不断地递送到客户手中。通过有效的客户消费情况反馈，ZARA能够实时了解时尚动态并且站在行业的领先地位。

如何建立快捷高效供应链

（1）建立柔性生产系统。企业应能够根据顾客需求的变化，从生产一种产品及时转换到生产另一种产品，主要指利用计算机辅助使一条生产线可以生产多种产品，这样可以降低成本并增强企业抵御风险的能力。

（2）采用延迟差异化策略。在制造业中，绝大多数生产制造商无法获取准确的需求信息，只能依据计划来生产部分产品，所以需要尽可能地将有需求差异的部分产品推迟生产，以利用时间差来获得更多有关差异部分的信息，减少冗余。

（3）建立上下游商家之间的伙伴关系。在无法采取前向一体化和后向一体化策略时，建立良好的上下游商家之间的伙伴关系，才能及时对顾客的需求做出准确的反应，才有可能使供应链的利益最大化。

结论

ZARA的极速供应链的成功发展为我们带来了很多有关供应链发展的启示，千方百计地使企业尽可能全面地控制供应链的运作。其核心是在供应链节点企业友好合作的基础上，尽可能地缩短供应链，这就需要充分应用电子商务平台。传统的供应链管理需要投入大量资金，只有一些规模大、资金充足的企业才有能力将其应用到自己的供应链建设之中；电子商务的出现使供应链可以共享全球化网络，使多数企业以较低的成本加入到全球化供应链。国内厂商可参考ZARA的相关经验提升自己的供应链竞争力，解决库存多、周转速度慢等亟待解决的问题，根据自身的实际情况进行借鉴和学习，通过对企业所在供应链的发展和控制，找到适合自身的发展之道。

资料来源：高健芸，周雪璇．ZARA极速供应链的成功经验[J]．商情，2016(27)．

一、供应链管理：创造价值、减少浪费

（一）供应链管理：三个流、两条线、一个突破口

供应链管理就是对供应链实施计划、控制等管理活动，指在满足一定的客户服务水平的条件下，为使整个供应链系统的成本最小，而对各个过程进行有效管理。从单个企业的角度来看，企业通过改善上、下游供应链关系，整合和优化供应链中的信息流、物流、资金流，以获得竞争优势。供应链管理包括计划、采购、制造、配送、退货五大基本内容。

宫老师把供应链管理管什么，总结为管理"三个流、两条线、一个突破口"，非常简洁准确地总结了采购人员在管理供应链协同中如何开展工作。

三个流：不言而喻，就是指信息流、物流和资金流。要让三个流顺畅、高效，需要从两条线着手。

两条线：指采购和供应链要解决的两个问题——供需之间怎样精准对接，组织之间如何高效协同。

一个突破口：采购提前期或前置期（lead time）。采购提前期越长，供应链的问题就越多，反之供应链就越容易协同。

以上三条准确诠释了供应链管理需要解决的问题，指明了解决问题的突破口：千方百计缩短采购提前期，两个核心词——精准对接、高效协同，保证三流顺畅。

（二）供应链管理的目的

（1）提升客户的最大满意度（提高交货的可靠性和灵活性）。

（2）降低供应链成本（降低库存，减少生产及分销的费用）。

简单来说，供应链管理的目的就是实现供应链整体价值最大化（供应链产生的价值应为，最终产品对顾客的价值与满足顾客需求所付出的成本

之间的差额）。用公式表示为：

$$供应链盈余 = 顾客价值 - 供应链成本$$

供应链盈余是供应链所有环节共享的总利润，供应链盈余越多越成功。供应链的成功应该由供应链总体盈余而不是单个环节的利润来衡量。

（三）影响供应链成本的因素

我们用供应链盈余来定义供应链是否成功。下一步来分析供应链中影响成本的因素，以期找到降低成本、提升价值的方法。影响供应链成本的因素众多，例如，"三流"的流程改变、供应链中各种活动效率的提高或降低、资源消耗的变化等。通常认为有以下四大主因。

1. 缺乏透明性

供应链中环节多，每个节点企业都会发生成本，但各自的会计法则和统计方法有差异，导致各企业的成本没有可比性，难以监督和把握。没有可靠的成本数据，就难以开展改进流程和降低成本的活动。

2. 多变性

导致供应链成本多变的根本原因主要有两种：流程中固有的缺陷以及不当的管理行为。有缺陷的流程可以通过全方位的流程分析加以改善，然后用 IT 解决方案固化。而不当的管理行为导致的成本变化通常比较难办，需要在精神层面下手，对管理理念加以改变。

3. 产品设计

我们说过，成本是设计出来的。不合理的产品设计会大大增加供应链的复杂程度——最终增加成本。例如，生产的难度和装配的难度大大增加，产品质量难以管控等。这个问题没有一蹴而就的解决方案，更多的是企业要修炼内功，建设优良的设计团队。

4. 信息共享

很多采购人员会和供应商说"我们是战略伙伴"。是不是真的战略伙伴呢？看看有没有共享信息就知道了。只有愿意互相分享信息的关系，才是真的战略伙伴关系。因此，采购方和供应商可以联合进行产品开发，共享预测和实际销售数据来降低整个供应链的成本。

二、产品设计优化：从源头控制成本

前文提过，产品设计处于供应链的前端，会影响供应链后续的一系列活动。如果设计能够得到优化，在整个供应链会起到事半功倍的效果。产品设计优化的方法很多，要求有相当的专业性，这里我们介绍采购人员容易入手的方法，包括面向采购的设计、面向生产的设计以及质量分级设计。

（一）面向采购的设计

像乔布斯一样，研发部门有一种偏执和倾向，会为了创造近乎完美的产品而不懈努力。对产品的极致要求无可厚非，就像我们在"需求管理"（第三章）所说的，但是设计工作完成了，而采购人员是否能在供应市场买到？而且只有买得便宜、买得便利，才能保持产品的竞争力，否则从采购环节开始就陷入了困局。因此，企业有必要在设计阶段就考虑采购的实际状况，为采购到物美价廉的产品提供便利，即使用面向采购的设计。

在企业中，每个部门都有自己的KPI，只会聚焦于完成自己责任范围内的事情。比如，研发部门聚焦在设计出完美的产品，生产部门则主要关心精益的流程，而采购的目的则是以最低的价格向尽可能少的几个供应商进行采购。就各部门自身而言，它们的目标都是完全有效的，但是当各部门的目标整合在一起时，就会产生矛盾——产品要完美，又要容易生产，成本还要低等。因此，企业有必要从供应链全局来考量，进行跨专业的合作。

例如，先确定设计方案是否可以由标准件来解决，这样就容易在供应市场获得物美价廉的产品。如果不行，则解决方案通常会比较复杂，市场上没有现成的产品可以采购。可以考虑让生产、采购、品质参与设计方案的讨论，有时甚至让供应商在早期参与技术的开发，提供可行的解决方案，这样不至于找不到供应商。为了防止被独家供应商锁定，随后需要进行替代技术方案的开发，或新供应商的开发，这样采购人员就有更大的自由度去掌控卖方市场。

因此，面向采购的设计（design for purchasing，DFP）就是要充分考虑设计方案能否在供应市场找到合适的来源。采购人员也要提前参与到研发的设计中,提前了解所采购配件的供应市场情况,给研发提供相关产品的信息,用采购的专业能力影响研发的设计。企业也可以邀请优质的供应商提前参与到研发中,既可以保证研发设计的产品便于采购,又能有效控制成本。这些是采购早期参与/供应商早期参与的范畴,后面的章节会详细介绍。

(二)面向生产的设计

采购的早期参与首先是影响研发的设计便于采购,接下来一个重要环节就是生产了,同样采购及供应管理的从业者也要懂得生产工艺,不仅是零部件的生产工艺,也包括产品的组装工艺。

面向生产的设计(design for manufacturing,DFM)是一种以简化生产流程和降低生产成本为目标的系统方法,通常包含以下步骤。

(1)产品制造成本分析:详细调查原材料与加工成本(前三大成本结构)。

(2)绘制成本动因树状图:分析成本来源。

(3)制定行动建议:降低成本动因的影响,获得低成本设计方案。

(4)实施新的低成本设计方案:采用能获得最高成本节省的方案。

以上方法和我们用"PPDAR"五步法创建成本模型的思路是一致的,尤其是第五步"分析结果",根据成本分析的结果进行改善,在这里就是找出影响比较大的成本动因,对设计进行优化。

面向生产的设计与面向采购的设计一样,需要跨部门参与合作,而且采购人员也要提前介入设计过程。

(三)质量分级设计

我们在前面章节已经介绍过质量成本的概念,质量对成本的影响不可忽视。

质量是设计出来的,任何产品都是为了满足用户的使用需要而设计制造的,而用户的需要就是用质量指标来衡量的。不论简单产品还是复杂产品,都是用产品质量特性或特征去描述。因此,在产品设计开始时,就要区分用户使用的需要,基于需要进行等级划分,相应的质量标准也进行分级管理，从设计开始就考虑质量等级与成本的匹配，低质量要求的产品使用低成本的解决方案，拒绝质量盈余。

当然，质量标准只是产品设计的底线，低于底线是不可以接受的，高于标准就要考虑成本的匹配性了。如果高于标准的设计可以产生相对于成本投入更高比例的效益，那么设计中可以放心运用。反之则要谨慎考虑，满足基本标准即可。

举个例子，J公司的产品使用一种温度保险丝，选用的是美国品牌，不仅符合产品质量标准，而且是国际著名品牌，价格为0.75元，每个产品用两个。而S公司用的是国内品牌，同样符合国家标准，价格是0.32元，低了0.43元。按照J公司年需求量2000万个计算，一年要多花费860万元。如果在日常的销售中没有任何差异化的体现，明显J公司的成本没有任何优势，也无法扩大市场。如果J公司将使用了美国品牌的高质量保证的配件作为卖点进行宣传，产品售价可提高10元，通过差异化的优势市场份额也有效增加，这样就是一个非常好的设计了。

以上从质量分级角度考虑产品设计，采购人员需要提前介入，用采购的专业性给予设计研发人员合理化建议。质量分级管理、分级设计也是采购管理实践中不断改进的过程。

三、工艺流程改进：减少不必要的动作

第一章"六大成本结构：制造成本"中有对工艺流程的介绍，其中谈到流程的选择对产品的生产制造非常关键。在选择工艺流程时要考虑技术上的可行性与经济上的合理性。而且，对于不同的工厂，因为其厂房布置、设备、生产能力、工人的熟练程度，甚至生产经营管理等因素都不相同，具有不确定性和不唯一性的特点，所以即使是同一种产品，不同工厂制定的工艺也可能是不同的，导致生产成本也是不同的。要想持续降低成本，就要不断地对流程进行改进管理，提升效率。

（一）工艺流程的管理

通常，生产工艺流程的管理主要包括生产工艺流程改进机制和生产工

艺流程各环节的协调。

1. 生产工艺流程改进机制

生产工艺流程并不是稳定不变的，随着技术不断变化，人员的能动性能相应给工艺的改进提出更合理的建议，每一个细节的变更都可能对整个工艺流程的优化产生良好的效果。企业应创建相应的生产工艺流程改进机制，立下规矩才好遵章办事。

2. 生产工艺流程各环节的协调

产品实现的过程中涉及的部门与环节非常广，相关部门的管理者要统一安排与协调，既需要清楚本部门在流程中承担哪些责任，同时还要掌握必要的方法和工具，才能保证整个生产工艺流程的顺畅及高效。

（二）工艺流程的改进方法

工艺流程的改进方法很多，在精益生产相关的培训中会有很多工具与方法。这里我们介绍 ECRS 分析法。

ECRS，即取消（eliminate）、合并（combine）、调整顺序（rearrange）、简化（simplify），多用于对生产工序进行优化，以减少不必要的工序，达到更高的生产效率。

1. 取消

首先考虑该项工作有无取消的可能性。如果所研究的工作、工序、操作可以取消而又不影响产品的质量和组装进度，这便是最有效果的改善。例如，不必要的工序、搬运、检验等，都应予以取消，特别要注意那些工作量大的装配作业。如果不能全部取消，可考虑部分取消。例如，由本厂自行制造变为外购，这实际上也是一种取消和改善。

2. 合并

如果工作或动作不能取消，则考虑能否与其他工作或动作合并，或者部分动作或工作合并到其他可合并的动作或工作中。合并可以有效地消除重复现象，能取得较明显的效果。当工序之间的生产能力不平衡，出现人浮于事和忙闲不均时，就需要对这些工序进行调整和合并。有些相同的工作完全可以分散在不同的部门去进行，也可以考虑能否都合并在一道工序内。

3. 调整顺序

对工作的顺序进行重新排列，就是通过改变工作程序，使工作的先后顺序重新组合，以达到改善工作的目的。例如，前后工序对换、手的动作换为脚的动作、生产现场机器设备位置的调整等。

4. 简化

简化指工作内容和步骤的简化，亦指动作的简化、能量的节省。经过取消、合并、重组之后，再对该项工作做进一步更深入的分析研究，使现行方法尽量简化，以最大限度地缩短作业时间、提高工作效率。简化就是一种工序的改善，也是局部范围的省略，整个范围的省略也就是取消。

运用 ECRS 分析法，可以找到更好的效能和更佳的工序方法。

四、库存成本控制：服务与库存的平衡

谁都想把做好的产品直接卖出去，可是总是事与愿违，大多数企业的产品做出来都会在供应链上的某个环节形成库存，而库存必然会产生成本。库存就像体温计，能反映供应链运行的健康程度。库存高，占用资金多，成本就高，就变成人们口诛笔伐的"魔鬼""毒瘤"了。而库存太低，可能会有缺货（缺货会带来销售损失及顾客购买意愿的损失）的风险，对客户的响应就不够敏捷，会失去市场先机，也会产生成本。因此，我们强调在保障供应持续性的前提下，维持最低的库存水平，甚至是零库存。

（一）库存成本的构成

库存成本在第二章中有过介绍，包括取得成本、储存成本、缺货成本。

（1）取得成本是指企业为了得到库存而需要承担的费用，一般体现为订货成本。

（2）储存成本即库存持有成本，为保有和管理库存而需要承担的费用开支。

（3）缺货成本顾名思义就是由于库存供应中断而造成的损失。

(二)降低库存成本的方法

1. 准时制生产法

准时制生产(JIT)法的实质是保持物流和信息流在供应链中同步,作为一种先进的生产方式,通过看板等工具的应用,保证了生产的同步化和均衡化,实行"适时、适量、适物"的生产,效果明显。这种方法可以减少库存,缩短工时,降低成本,提高生产效率。

2. 经济批量法

经济批量法(economic order quantity,EOQ)是在确定批量和生产间隔期时常用的一种以量定期的方法,企业按照经济订货批量来订货时,可实现订货成本和储存成本之和最小化。

3. 空间综合利用

提高库存空间的利用率,可以科学地利用仓储空间,降低仓库的运营成本,能够有效控制存储成本。

4. ABC 重点控制法

ABC 重点控制法的基本点是:将企业的全部存货分为 A、B、C 三类,管理时,金额高的 A 类物资作为重点加强管理与控制;B 类物质按照通常的方法进行管理和控制;C 类物资品种数量繁多,但价值不大,可以采用最简便的方法加以管理和控制。这样的分类管理法的作用有:压缩库存总量、释放占压资金、库存合理化与节约管理投入。

5. 再订货点库存法

再订货点是用来明确启动补给订货策略的货品单位数。一旦存货量低于再订货点即补给订货。当需求量或完成周期存在不确定性的时候,需要使用合适的安全库存来缓冲或补偿不确定因素。

五、质量成本控制:质量和成本就是水涨船高

第二章介绍过"质量成本"的概念,指将产品质量保持在规定的质量水平上所需的有关费用,以及因未达到产品质量相关标准或未满足客户的相关需要而产生的一切损失。质量成本主要包括预防成本、鉴定成本、内部损失成本及外部损失成本等。一切保证和提升质量的活动都是非常

重要的。

(一) 什么是质量成本管理

质量成本管理,像全面质量管理一样,就是系统地计划、控制和实施一系列的管理活动。要想保持好的效果,需要整个组织全员、全流程参与。质量管理活动有以下作用。

1. 控制和降低成本

这是质量管理活动的基本目的。质量的重要性不言而喻,任何质量导致的产品缺陷给客户和公司带来的打击都是致命的,例如,在 2016 年三星手机电池爆炸的事件中,三星手机因为电池的质量问题,被迫实施召回,不仅质量成本很高,同时对品牌的影响也非常巨大。因此,当产品经过设计、制造、库存和物流最终流到消费者手上,而发生质量问题时,损失是最大的。

2. 发现过程中的问题,促进产品质量提高

质量成本反映的是整个供应链流程中实施质量活动的一系列成本,对其进行分析与计算,有助于发现过程中的问题点,倒逼进行质量改善,促进产品质量提高。这也是全流程成本管理活动的一部分。

(二) 质量成本管理的方法

通常,为了有效地管理质量成本,有以下方法可以尝试。

1. 全员参与质量成本管理,建立责任明晰的管理制度

如前文所述,与质量管理一样,质量成本的管理也要全员、全流程管控,高层领导亲自参与,把质量成本的分析与计算纳入各相关职能部门(设计、生产、采购、物流、仓储、品质以及售后服务等部门)的考核指标,才能有效落实质量成本管理的目标规划,才能实现有效的经济目标。

2. 以真实可靠的数据为依据

我们强调基于数据、事实做决策,因此,在实施质量成本管理的过程中,需要使用真实、可靠的数据,才可能做到准确核算与有效控制,否则势必流于形式,无法实现真正的成本降低。

3. 设定合适的质量成本目标

企业质量成本目标的设定,要与其所在行业、产品类型、研发实力、

硬件设施及人员素质等相匹配，类似于质量分级的理念。目标定得太高，长期达不成，容易侵蚀目标的权威性，而目标定得太低，又不能激发员工的热情。

结合质量成本的概念，采购人员需要掌握质量成本控制的方法，协助供应商及企业内部管控好质量，降低质量成本。

六、物流成本控制：管理花在路上的钱

物流成本是实物运动过程中所发生的各种成本（人力、物力成本）的总和。这是最直接且最容易理解的成本，大家想想自己在网上购物或寄快递时，选择不同的快递公司，寄送时间和物流费用都会有差异。

（一）什么是物流成本管理

所谓物流成本管理，就是通过成本控制的手段去管理物流，也就是说管理的对象是物流而不是成本。物流成本管理的意义在于，通过对物流成本的有效把握，科学、合理地组织物流活动，加强对物流活动过程中费用支出的有效控制，从而达到降低物流总成本，提高企业和社会经济效益的目的。下面我们简单地看一下各流通环节的物流成本的表现形式（见表 5-1）。

表 5-1　各流通环节的物流成本

功能	成本项目
运输	人工成本（运输人员工资、福利等）、营运费用（营运车辆燃料费、折旧、公路运输费、差旅费等）
仓储	仓库设施设备的成本（建造、购买或租赁等）、各类仓储作业的成本
流通加工	在流通过程中，为了增加附加价值而进行简单的组装、剪切、加标签、分类、检量、打孔等加工作业发生的成本（加工设备、材料、人工、管理费等）
包装	包材、人工、加工成本等。有些人也认为是 BOM 成本的一部分
装卸与搬运	人工成本、资产折旧费、维修费、能源消耗费以及管理费等
物流管理	包括企业为物流管理所发生的差旅费、会议费、交际费、管理信息系统费以及其他杂费

仔细观察，以上成本与六大成本结构类似，基本上包括人工、材料和折旧，以及相应的管理费。因此，为了更好地管理物流成本，企业有必要

在整体上对物流进行规划,在局部对六大成本结构进行优化,全员、全流程进行管控。

(二)物流成本的控制方法

【案例】Milk run 物流模式的应用

Milk run,牛奶式取货,意为"循环取货"(来源于送牛奶的工人,在送牛奶时拿走一个空瓶,再放一瓶牛奶,milk run 由此得名),是指一辆卡车按照既定的路线和时间依次到不同的供应商处收取零部件,同时卸下上一次收走货物时用的容器,并最终将所有货物送到组装厂装配生产线或仓库的一种公路运输方式。对于某个组装生产商来讲,可能会有十几条甚至上百条的 milk run 路线。

某家电企业物流部自 2017 年开始应用 milk run 的物流方式。供应商之前自备车辆或通过第三方物流向该家电企业供应零部件。自备车辆养车费用高,每次送货按照订单来,数量少、频次多,不划算。第三方物流单独送某一家供应商的零部件,费用也非常高。考虑到公司产品竞争的成本压力,公司物流部开始实施 milk run 的物流方式。公司物流部集中招标选择第三方物流,按照 milk run 的方式根据订单数量在各供应商取货,然后统一按照公司精益生产方式配送到产线。这种方式使供应商交货方便、及时,关键是整体物流成本下降超过 15%。

从以上内容可知,该家电企业由之前的供应商自己配送,改为由第三方物流公司提供一体化的配送服务,包括设计路线、设定配送时间和频次。可以满足多频次、小批量、定时性的送货要求,减少了料箱的周转量,可以使用可循环包装;同时,实现了拼车装载,车辆的装载率提高了,物流资源得到了充分利用;当然,也降低装配厂和供应商双方的库存。整体上降低了物流成本。

通常,企业可以通过以下方法来控制物流成本。

1. 比较分析

通过横向比较确定成本构成。针对占比高的方向及重复的动作,改进管理方法，降低物流成本。

通过纵向比较把企业历年的各项物流费用与当年的物流费用相比较，对比异常变动，查找到漏洞后立即改正。

通过多重比较可以设计合同的物流方案。比如上例当中 milk run 的应用。

2. 综合评价

从包装、仓储、运输配送方案及物流公司选择等多方面综合评价，分别算出上述各环节物流活动的费用，经过全面分析后确定包装强度、仓储的方式、运输的载具以及第三方物流公司的选择，从而综合控制物流效率最高、成本最优。

3. 信息化

借助 IT 物流信息系统，自动进行物流规划，准确、迅速地处理物流信息；同时，对货物进行实时跟踪，无缝对接客户的物流需求，整合各种资源，从根本上实现物流成本的降低。

在谈完了供应链相关的基础知识之后，我们过渡到项目管理技能的讨论。项目管理的知识体系比较宏大，同时又很重要，不管在工作还是生活中，都可以应用。我们多花一点篇幅来讨论。

七、项目管理技能：成本控制的系统化手段

想必初次接触项目管理的朋友一定听到过"无处不项目，万事皆项目"这一说法，听着神乎其神，不过这句话的确真实地反映了项目的本质，同时，它也并没有想象的那么神秘，而是与生活息息相关的一门学问，项目可以是组织一场饭局，拍个写真集，办个演唱会，也可以是开发一个新供应商，准备年度谈判，甚至是做一个新产品的市场调研，把"嫦娥"号送上月球等。

（一）项目和项目管理

1. 项目

美国项目管理协会（Project Management Institute，PMI）在其出版

的《项目管理知识体系指南》(Project Management Body of Knowledge,PMBOK)中为项目所做的定义是：项目是为创造独特的产品、服务或成果而进行的临时性工作。

2. 项目管理

项目管理就是项目的管理者将知识、技能、工具与技术应用于项目活动，以满足项目的要求。作为采购人员，我们经常参与公司内部的研发项目，而项目的可交付物（项目目标）当中有很多零部件，甚至是整机，都是由供应商完成的，因此，采购人员在供应商参与的项目当中就显得非常重要。为了实现项目的目标，项目团队需要开展各项活动，这些活动过程就是项目管理。

3. 项目管理三要素

项目管理中最重要的是质量、时间和成本三要素。

质量代表的是项目的目标实现的程度，是项目成功的必需与保证，一般通过质量计划、保证控制进行管理。时间是保证项目目标实现所需的时间限度，是项目顺利进行的保证，一般通过进度控制的方式进行管理。成本代表为保证项目目标实现所能承受的资金投入，一般通过预算的方式进行管理。

质量、时间和成本三要素相互制约、相互平衡，也就是所谓的项目管理的"铁三角"（见图5-1）。比如，装修房子，当然希望装修得越豪华越好，装修费用越低越好，而装修时间越短越好，能尽快享受。但问题是质量、成本和时间是相互制约的，豪华意味着成本高、时间长；而便宜意味着要牺牲品质，时间要短；而快速意味着要赶工，成本高，还要放弃某些豪华元素。因此，装修这个项目管理的过程，就需要平衡好质量、成本和时间这三个约束。

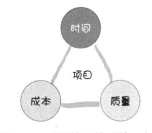

图 5-1 项目管理的"铁三角"

（二）项目的生命周期及管理过程

任何项目，无论如何开始或结束，都经历从"摇篮"到"坟墓"的整个过程，我们把这个过程叫作项目的生命周期。项目的生命周期是描述项目从开始到结束所经历的各个阶段，最一般的划分是将项目分为"识别需求、提出解决方案、执行项目、结束项目"四个阶段。实际工作中根据不同领域或不同方法再进行具体的划分。

PMI认为，项目管理包括启动、规划、执行、监控和收尾五个阶段，如图5-2所示。

图 5-2　PMI 项目管理的五个阶段

（三）采购项目管理

前面我们提到，现在的企业流行聚焦于自己的核心能力，其他均采用外包的形式由供应商来负责完成。因此，采购人员在有供应商参与的项目中扮演着非常重要的角色，有时直接成为采购项目的项目经理来领导整个项目的开展。

采购项目是指在供应商处获取所需产品、服务或成果的各个过程。PMI认为采购项目的管理过程包括以下活动。

规划：记录项目采购决策、明确采购方法，及识别潜在卖方的过程。

实施：获取卖方应答、选择卖方并授予合同的过程。

控制：管理采购关系、监督合同绩效、实施必要的变更和纠偏，以及关闭合同的过程。

结束：完结单次采购的过程。

仔细审视这四个过程，会发现与供应商搜寻导入的过程基本类似：需求的识别与管理，寻找潜在供应商，做方案、报价，评估选择供应商，授予合同以及合同后的绩效管理。

下面我们以第四届"中国好采购案例大赛"冠军得主谭力的"乘用车离合器关键零件(双质量飞轮)国产化项目"为例,展开介绍采购项目管理。

(四)国产化采购项目介绍

所谓的国产化采购项目,指对从国外采购的零部件进行研究分析,转化为国内供应商开发、制造的过程。汽车整车厂面对日益激烈的市场竞争,迫切需要降低零部件成本,而国内零部件供应商由于具有成本优势,国产化的机会就出现了。但机遇总是伴随着挑战存在,这种项目对于国内零部件供应商的技术能力提出了新的要求。

乘用车离合器的关键零件是离合器压盘、离合器从动片和双质量飞轮(dural mass flywheel,DMF)(见图5-3)。双质量飞轮由初级质量侧和次级质量侧两片飞轮组成,由软弹簧组连接,利用弹簧阻尼减震的原理对发动机减震,从而提高整车的NVH(noise、vibration、harshness,噪声、振动与声振粗糙度)及舒适性。但是这双质量飞轮的性能要求比较高,要通过高冲击强度(在120小时内承受150万次冲击)、高温(160摄氏度)及高摩擦(400转/分钟)测试。

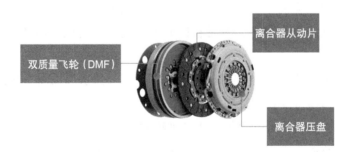

图5-3 乘用车离合器的关键零件

当前的情况是,供应商远在欧洲,导致成本高、沟通配合困难,甚至产能也出现了问题,因此迫切需要寻找国内的供应商进行国产化项目。国产化项目也面临挑战和风险:之前无国产化经验,技术要求高,同时还要获得客户的批准。

(五) 项目的启动阶段

有一种说法,项目不是在结束时失败,而是在开始时失败!

好的开始是成功的一半,启动阶段的铺垫工作不容忽视。项目的启动始于某个触发条件(商业机会、市场竞争、上级命令等),在启动阶段,最主要的目的是获得对项目的授权。启动阶段的主要任务是立项、审批项目章程(策划/制作任务书)、任命项目经理、建立项目团队、召开项目启动会(开工会)。

1. 立项

立项,项目前期工作的重要一环,这个阶段要进行可行性研究(即对拟实施的项目做详尽的技术、经济分析和多方案比较,提出评价,从而对项目是否合理和可行性给出结论),避免拍脑袋做决策。

在双质量飞轮国产化采购项目中,可行性研究包括:

国产化供应商在Q(技术、质量稳定)、C(成本有竞争力,投资回收期符合要求,本项目粗略估算为1.98年)、D(产能、交期符合要求)和S(沟通配合好)等方面具有的优势,或至少其中两项有明显改善。

可行性分析报告获得批准之后,项目就正式立项开始了。

2. 审批项目章程(策划/制作任务书)

项目章程就像是证明项目诞生的"出生证"一样,大多由项目发起人在做出正式立项的决策后制定和发布,实际上就是有关项目的要求和项目实施者的责、权、利的规定。它给出了关于批准项目和指导项目工作的主要要求,所以它是项目管理的根本大法。通常而言,项目章程的作用如下。

(1)正式宣布项目的存在,赋予合法地位(项目拿到了"出生证")。

(2)粗略地规定项目的范围(定下目标)。

(3)正式任命项目经理,授权其使用资源开展活动(选人)。

项目章程的内容主要有以下几个部分。

(1)**基本的描述**。项目背景与目的:这是一个什么项目?为什么要做?项目需要解决什么问题?

(2)**项目进度安排(里程碑)**。好的结果是靠过程来保证的,对于项目控制来讲,里程碑就是最有效的过程控制手段。里程碑是一个进度目标计划,以不同的时间段为节点,去完成一系列活动(见表5-2)。

表 5-2 里程碑

序号	节点等级	节点名称	计划开始时间要求	计划完成时间要求	完成标准（参考）	成果上传清单
1	里程碑	项目启动	2017-06-15	2017-06-24		
2	里程碑	国产化供应商技术交流	2017-06-28	2017-09-21		
3	里程碑	供应商选择	2017-09-22	2017-11-26		
4	里程碑	测试计划	2017-12-01	2018-04-19		
5	里程碑	批准验收	2018-04-20	2018-06-19		
6	里程碑	量产切换	2018-06-20	2018-08-30		
7	里程碑	量产 SOP	2018-08-30	2018-08-31		

（3）**项目评价标准（假定与约束条件）**。说明项目成功的度量标准或验收规程是什么，在何种情况下将被接受，项目何时将被终止或取消。

（4）**项目的利益方（相关方）**。利益方包括发起人、项目经理以及团队成员及客户、高管、相关职能部门负责人等。

3.建立项目团队

任命项目经理、建立项目团队是启动阶段的标志之一。项目经理好比是指挥千军万马的将军，应当尽可能早地选定项目经理，并将其委派到项目上去。一个配置合理、团队合作的项目组是项目的核心，也是项目成功的保障。

在双质量飞轮国产化采购项目当中，项目经理要主导供应商的选择，组织与供应商的技术交流，协调测试及质量批准等。团队成员如图 5-4 所示。

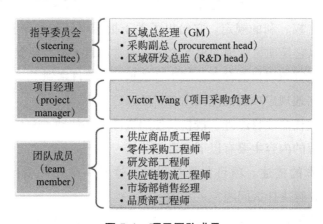

图 5-4 项目团队成员

各成员在项目过程中的角色及相关责任，我们可以用责任矩阵来表示，如表 5-3 所示。

表 5-3　角色及相关责任

任务内容 (content)	供应商管理/质量管理 (SM/SQE/SQA)	指导委员会 (steering committee)	物流 (logistics)	研发 (design/R&D)	项目采购 (program purchasing)
一般采购合同	S	A	S	I	R
索赔协议	A	C	I	I	R
物流补充协议	S	C	A	I	R
生产工艺介绍	R	C	I	A	I
零件开发计划	R	C	S	A	S
分供方清单	I	A	I	I	R

其中，负责人（R=responsible），即负责执行任务的角色，具体负责操控项目、解决问题。

批准人（A=accountable），即对任务负全责的角色，具有审批权，只有经他同意或签署，项目才能进行。

支持者（S=supportive），即提供信息资源，辅助执行任务的人员。

被咨询者（C=consulted），拥有完成项目所需的信息或能力的人员。

被通知者（I=informed），应及时被通知结果的人员，却不必向他咨询、征求意见。

4. 召开项目启动会（开工会）

项目启动会通常是项目的首次会议，可以说是万里长征的第一步，一旦项目章程获得批准，项目团队已经建立，就可以召开项目启动会了。

开工会就像战斗前的誓师大会，目的在于统一思想、协调步调，甚至也可以立"军令状"。

因此，开工会的主要目的是：

（1）项目组成员初步交流，相互了解。

（2）营造一种良好的团队氛围。

（3）就项目目标、管理方式、各方职责达成共识，建立信任。

（六）项目的计划阶段

古人云：谋定而后动。"谋"就是做计划，即在行动之前制定未来的目标以及实现的途径。项目启动后，项目团队通常热情高涨，但目标不清晰，因此在启动之后，最关键的工作是明确项目的概念和制订计划。而在现实生活中，很多人最不擅长的就是做计划，通常是先干了再说，碰到南墙再回头，这是项目管理的大忌。

在项目计划阶段要确定行动的纲领，包括明确范围、目标、预算、实施程序及实施方案等。制订项目计划旨在消除或减少不确定性，改善经营效率及为项目监控提供依据。

1. 创建工作分解结构

项目要做的事情太多太杂了，一下子理不清楚怎么办？

首先，要明确项目范围，简单地说就是搞清楚哪些工作是在项目当中要做的。明确范围可以"大事化小"，即将项目的任务按照一定逻辑进行逐层分解，分解到可预测、可管理的单个活动为止。这个过程就是创建工作分解结构（WBS）。

创建工作分解结构也是一个团队工作的过程，因此可以采用BCD组织模型（头脑风暴、比较评估、细化分析）。WBS的表达形式，可以采用图形式或目录式，如图5-5所示。

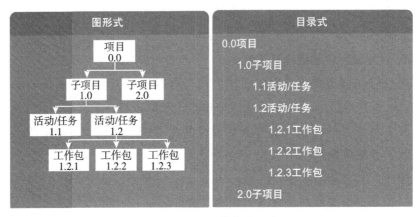

图 5-5　WBS 的表达形式

2. 排列活动顺序

创建WBS识别每项活动之后，就需要对活动进行排序，以确定活动之间实施的先后关系。常用的活动排序工具前导图（PDM），就是按流程先后顺序把每项工作作为一个节点，以方块表示，先后顺序和相互关系用箭头来表示，如图5-6所示。

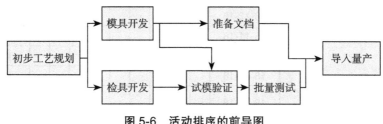

图 5-6　活动排序的前导图

3.估算资源、工期、成本

活动的顺序确定以后，就可以进行活动的资源、工期、成本的估算，估算的方法可以用 BCD 组织模型（头脑风暴、比较评估、细化分析）。

资源估算包括资源类型的确定，以及需要哪些人员、物资、资金等。

工期估算首先要与相关人员一起讨论，确定各项活动的基本时间，然后根据项目范围和资源的相关信息，确定（估计）完成所有活动所需的工期。

项目成本估算是在项目资源及工期估算完成的基础上估算整个项目的费用。例如，在双质量飞轮国产化采购项目当中，项目成本包括采购成本和项目管理成本。其中采购成本主要是模治具成本、样品成本、测试成本以及供应商开发成本，而项目管理成本更多的是公司内部的项目团队的费用，当然也需要保留一定的储备金以应对突发情况（见图 5-7）。

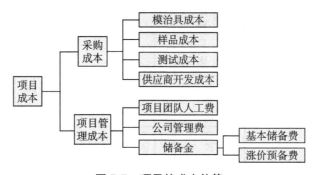

图 5-7　项目的成本估算

4.制订进度计划

各种项目，小到一场婚礼，大到奥运会的开幕式，都对时间有明确的要求。时间是最常见的制约因素，为了有效控制项目时间，在排列活动顺序、估算工期和所需资源的基础上，可以制订进度计划，形成进度日期计划表，从而为后续执行和监控进度提供依据。

表 5-4 甘特图

工作分解结构	任务	开始时间	结束时间	工期(天数)	完工百分比	17-06-17	17-07-17	17-08-17	17-09-17	17-10-17	17-11-17	17-12-17	18-01-18	18-02-18	18-03-18	18-04-18	18-05-18	18-06-18	18-07-18	18-08-18	18-09-18	18-10-18	18-11-18	18-12-18
1	项目启动	17-06-15	17-06-24	9	项目节点	■																		
1.1	管理层批准	17-06-15	17-06-18	3	100%	■																		
1.2	成立项目小组	17-06-19	17-06-21	2	100%	■																		
1.3	项目 Kick Off	17-06-22	17-06-23	1	100%	■																		
2	GCS/技术交流	17-06-28	17-09-21	85			■	■	■															
2.1	GCS Kick Off	17-06-28	17-07-18	20	100%		■																	
2.2	GCS 信息分析	17-08-07	17-08-12	5	100%			■																
2.3	初选供应商名单	17-08-13	17-08-14	1	100%			■																
2.4	技术交流会议 Kick Off	17-08-17	17-08-22	5	100%			■																
2.5	技术交流会议分享交流	17-08-22	17-09-21	30	100%			■	■															

第五章 十项全能：全局优化成本　159

3	供应商定点	17-09-22	17-11-26	65		
3.1	供应商评估	17-09-22	17-10-12	20	100%	
3.2	供应商定点	17-09-22	17-11-25	64		
4	客户批准	17-06-15	18-05-25	344		
4.1	通知客户	17-06-15	17-12-02	170	100%	
5	测试计划	17-12-01	18-04-19	139		
5.1	供应商开模	17-12-01	18-02-28	89	100%	
5.2	供应商交样	18-02-28	18-03-05	5		
5.3	零件测试	18-03-06	18-04-15	40		
5.4	总成测试	18-03-20	18-04-19	30		
5.5	道路测试	18-04-25	18-05-25	30		
6	爬坡／断点切换	18-06-20	18-08-30	71		
6.1	爬坡追踪	18-06-20	18-09-18	90	100%	
6.2	断点跟踪	18-08-20	18-08-30	10		
7	批产 SOP	18-08-30	18-08-31	1		SOP

通常可以采用关键路径法和甘特图法来制订进度计划。

（1）关键路径法。我们在确定活动顺序的前导图的基础上，使用关键路径法（critical path method，CPM）。分别计算活动网络图中每条路径的时间长度，以时间长度最大的为关键路径。这条路径上的活动一有延迟，就会影响项目或阶段的完成时间。例如，图5-8中的关键路径是模具开发—试模验证—批量测试（总工期为55天）。

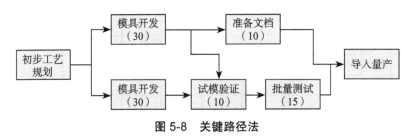

图5-8 关键路径法

除了使用前导图，关键路径还可以使用箭线图（ADM）来绘制。

箭线图法又称为双代号网络图法，它以横线表示活动，以带编号的节点连接活动，活动间可以有一种逻辑关系，结束—开始型逻辑关系。在箭线图中，有一些实际的逻辑关系无法表示，所以箭线图中需要引入虚工作的概念（见图5-9）。

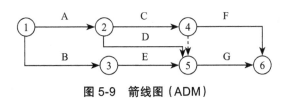

图5-9 箭线图（ADM）

（2）甘特图法。在做项目管理时，甘特图（Gantt chart）是最常用的一种图表。甘特图又称为横道图、条状图（Barchart）。其通过条状图来显示项目、进度，和其他与时间相关的进展情况。甘特图以横轴表示时间，纵轴表示项目，线条表示期间计划和实际完成情况。直观表明计划何时进行，进展与要求的对比，便于管理者弄清项目的剩余任务，评估工作进度。在双质量飞轮国产化采购项目当中，使用甘特图制订项目的进度计划。根据乘用车行业IATF16949制订项目开发计划，从项目启动至SOP预计14个月（见表5-4）。

这种图形化的概要易于理解，可以帮助确定每个任务的开始时间和结束时间，确定任务的依赖关系，分离可以同时运行的任务以及确定不同人的任务间的时间关系，而且有专业软件支持，无须担心复杂计算和分析。

5. 制订风险管理计划

我们生活在一个充满不确定性的世界当中，这种不确定性会带来风险。为了把风险可能造成的不良影响减至最低，使利益最大化，需要制订专门的风险管理计划。这个过程包括识别风险、评估风险等级、制订风险响应计划。风险响应计划有以下四种策略（称之为 4T）。

规避（停止，terminate）：指改变项目计划，以排除风险或条件，使项目目标不受影响。

转移（transfer）：指设法将风险的后果连同相应的责任转移到第三方。

减轻（处理，treatment）：指设法把不利的风险事件的概率或后果降低到一个可以接受的临界值。

接受（容忍，tolerate）：该策略可以分为主动和被动方式。

最后将识别出的所有风险事项综合到风险管理表当中，以便追踪和管理，如表 5-5 所示。

表 5-5 项目风险管理表

项目风险管理表								
一、项目基本情况								
项目名称				项目编号				
制作人				审核人				
项目经理				制作日期				
二、项目风险管理								
风险发生概率的判断准则：								
高风险：>60% 发生风险的可能性；中风险：30%～60% 发生风险的可能性；低风险：<30% 发生风险的可能性								
序号	风险描述	发生概率	影响程度	风险等级	风险响应计划	责任人	开放/关闭	
1								
2								
3								
4								
5								

6. 制订沟通计划

我们追求在项目进展过程中"心有灵犀一点通",可现实情况是由于文化、工作以及技术背景的不同,人们对同一事件的理解方式差异很大。项目管理中最大的挑战在于"人的利益和影响力"的管理。项目经理最重要的工作之一就是沟通,通常花在这方面的时间应该占到全部工作时间的75%～90%。项目中的沟通管理,简而言之就是,在适当的时间将适当的信息通过适当的渠道发送给适当的利益方,并确保利益方正确理解。

项目沟通计划就是为了及时向利益相关方提供信息而编制的书面计划。沟通计划需要分析利益相关方对项目的利益及影响程度,有针对性地制订沟通计划,如可以针对识别出的利益相关方进行定位,从而采用不同的沟通策略。

在双质量飞轮国产化采购项目当中,公司总部与国内项目团队对国产化项目有不同意见,如图 5-10 所示。

公司总部的阻力	国内项目团队的应对方法
1. 认为国内供应商无经验 2. 不信任国内团队 3. 担心德国供应商业务流失	1. 对比成本优势 2. 提供历史绩效数据 3. 问题升级至集团管理层 4. 达成妥协方案——需要通过测试

图 5-10　阻力与应对方法

这时候更需要做好沟通管理工作。例如,邀请利益方参与项目的会议,使之清楚项目的进展。用严格的流程及里程碑管理表明项目的推进可靠、合理。对于重大分歧,可以上升到公司高层协调解决。

7. 确认项目计划,并基线化

当然,我们做计划的目的是保证项目最后成功,因此项目计划一定要与重要的利益方进行确认(确认的方式、频率应保存在沟通计划里),特别是得到客户(内部及外部客户)的确认,以获得支持。然后将确认的结果作为项目的基线,项目执行过程中,参照该基线评估项目的进展。

在双质量飞轮国产化采购项目当中,按图 5-11 所示步骤编制采购计划,每个步骤都有单独的输入、工具及输出,并在里程碑节点获得批准后进入下一个步骤。

图 5-11 编制采购计划的步骤

（七）项目的执行、监控阶段

我们常说执行力是第一生产力，虽然项目计划做得完美、天衣无缝，但是如果没有得到很好的贯彻执行，结果肯定很糟糕。项目执行或实施，是指正式开始为完成计划而进行的活动过程。在这个过程中，项目经理要协调和管理项目中存在的各种技术和组织等方面的问题，同时，在项目的执行过程当中，要开展监控活动。项目监控是跟踪进度、成本、质量、资源，掌握各项工作的现状，以便进行适当的调整。监控要点是高风险的任务、与项目里程碑有关的进展、使用的资源和费用、人员的表现。

在项目的执行过程中，对于需求的改变，要进行变更管理。变更管理是指项目组织为适应项目各种因素的变化，保证目标的实现而对项目计划进行相应的变更，并按变更后的要求完成项目的过程。需求的改变是项目经理最头疼的，客户今天说要天上的大雁，明天又想吃深海的石斑，项目经理除了要做到项目范围的锁定，还需要的就是做好沟通。

典型的变更管理过程如图 5-12 所示。

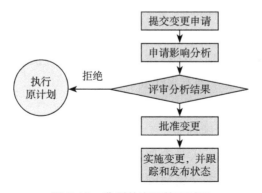

图 5-12 典型的变更管理过程

双质量飞轮国产化采购项目当中，有以下几个关键的执行过程。同时，项目计划付诸实施之后可能会遇到意外情况，使项目不能按照计划轨道进行，出现偏差，项目团队要进行执行过程的监控。

1. 询价与报价评估

询价的含义是向供应商获取如何满足项目要求的信息，了解清楚供应商供应产品的意愿和所需的能力，如表 5-6 所示。询价之前，首先要根据项目要求收集并整理好相关资料，编辑成规范化的文件清单发给供应商。在这个项目当中，目前采用欧洲供应商 A，同时向供应商 B、C、D、E 发出询价请求，并且明确用总拥有成本（不仅考虑零件的价格，还考虑模具费用、运输费用、关税等）来评判供应商的报价。

表 5-6 供应商分析

序号	供应商名称	供应商地点	是否为内部供应商	备注
1	供应商 A（目前）	德国	Y	该零件目前的供应商，产能不足
2	供应商 B	德国	Y	
3	供应商 C	法国	Y	
4	供应商 D	中国	Y	
5	供应商 E	中国	N	非优选供应商，尚在开发中

在收到报价后，要仔细分析其条款，对其中的疑问要彻底澄清，而且要求用书面方式作为记录，包括传真、电子邮件等。

比较不同供应商的报价，做出对比的表格，以方便评估，如表 5-7 所示。

欧洲供应商 4% 运输成本，2.5% 关税成本。

中国供应商 1% 运输成本。

从表 5-7 中可以看到，TCO 结果分析显示供应商 B、C 高于现有采购成本，供应商 D、E 低于现有采购成本。

2. 召开技术交流会

因为该零件首次在国内生产，故需要召集供应商先召开技术交流会，邀请供应商的技术和质量人员参加会议，与项目团队中的技术、工艺及质量人员面对面交流。技术交流会的目的是使供应商清楚零件使用工况、装配环境、关键尺寸及相关规范要求。技术文档是在技术交流会开完之后形成的双方确认的技术参数文档。

表 5-7 不同供应商的报价对比表

供应商	区域	出厂价（Eur）	出厂价（CNY）	物流费用（CNY）	关税（CNY）	零件成本（CNY）	峰值总支出（CNY）-峰值数量（230 000个）	产品生命周期总支出（CNY）-产品生命周期总数量（940 000个）	模具费用（CNY）	总拥有成本（CNY）
供应商 A（目前）	德国	0.34	2.65	0.11	0.07	2.83	651 360	2 662 080	280 000	2 942 080
供应商 B	德国	0.46	3.59	0.14	0.09	3.82	878 140	3 588 920	250 000	3 838 920
供应商 C	法国	0.4	3.12	0.12	0.08	3.32	763 600	3 120 800	350 000	3 470 800
供应商 D	中国	—	2.6	0.03	—	2.63	604 900	2 472 200	320 000	2 792 200
供应商 E	中国	—	2.64	0.03	—	2.67	614 100	2 509 800	180 000	2 689 800

3. 选择供应商

项目团队实施供应商的选择。

除了考评项目的成本之外，还需要参考以往的绩效，包括质量和交付。

（1）供应商 A、D、E 的质量表现如图 5-13 所示，合格率用 PPM（parts per million）指数反映，绩效分数显示供应商 A 最优，其次是供应商 D。

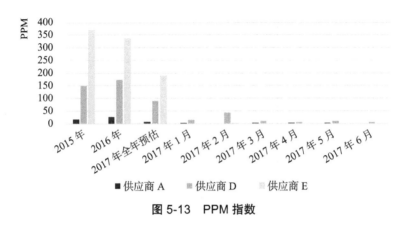

图 5-13 PPM 指数

（2）供应商 A、D、E 的交付表现如图 5-14 所示，用按时交货率（delivery performance index，DPI）来反映，绩效分数显示，供应商 D 最优。

最终项目团队在综合考虑成本、质量和交付后，初步选择供应商 D。

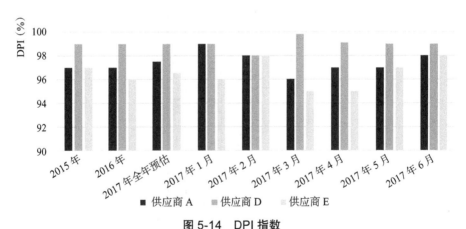

图 5-14 DPI 指数

4. 供应商开发阶段

最后，选出目标供应商，将选择的结果通知供应商后与供应商签订框架合同。框架合同的签订是为了让供应商尽早地了解公司的采购要求，包括一般采购条件、环境要求、理赔流程和协议、文件管理要求、价格协议、电子采购协议、付款条件协议、长期供货和降价协议、保密协议、停线赔偿协议等。

这些协议签署后，才让供应商开始设计模具、试制样品。要让供应商充分了解供货要求，免得样品试制完成后批量供货时才知道供应商有许多要求没有了解和准备，因而耽误了供货，最终耽误了公司的生产。

5. 零件及总成测试与审批

开发完成之后，就可以进行打样验证了。样品由双方质量部门进行来料检验。检验合格后，由供应商的工程部安排具体时间进行工程试验。如果来料检验不合格，产品将被退回进行改善。

样品经过工程试验后，质量部门需要准备全套的生产件批准程序（production part approved process，PPAP）文件，同时回顾一下批量生产的检查表，逐项核对，以确保工作中无遗漏，若所有任务均已完成，提交给公司本部进行最后的审核。一旦得到公司本部的批准，项目团队即获得批准报告，这意味着供应商获得了批量生产供货的资格，此时采购部门正式通知相关部门新供应商的信息，并将其加入系统。

6. 量产切换

最后可以考虑量产切换了，将生产计划、生产预测和库存要求发给供应商，并获得供应商的认可，以确保物料的切换正常进行。释放最新物料清单，防止存在不同版本物料，影响生产和产品质量。批量生产以后，供应商应与其他部门建立更多的联系保证日常供应，采购部门则从台前转向幕后对其进行监督管理和改善。

SOP前三个月给供应商的需求会以爬坡的形式逐步拉升；爬坡过程中需要监控供应商的生产效率以及质量是否稳定；确保现有供应商的物料计划平滑切换至新供应商（见图5-15）。

（八）项目的收尾阶段

项目收尾，是终结一个项目或项目阶段的过程，包括以下几个方面的工作。

客户不断地提出新要求；以为已经干完了"该干的事情"，结果拿起合同一看，客户要一项一项地对合同的话，根本就不可能验收。出现这种情况的原因是什么呢？是否不能避免？我们从下面几个方面来展开。

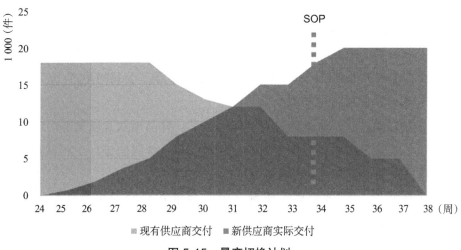

图 5-15　量产切换计划

1. 评估与验收

项目验收，也称范围核实或移交（cut over）。它是核查项目计划规定范围内各项工作或活动是否已经全部完成，可交付成果是否令人满意，并将核查结果记录在验收文件中的一系列活动。

2. 文件归档

项目过程中产生的相关文件要归档。

实践表明，管理收尾是项目经理经常忽略的过程。把项目文档整理一下归档，对于项目的延续性有很重要的意义。以后如果找不到相关文档，项目经理要承担相应的责任。项目经理把项目经验归纳归档起来，又会对别的项目经理和公司的项目管理文化做出不少贡献。很多著名的公司都对项目经验总结这一环节看得很重，毕竟现在业界提倡的项目成熟度模型（project maturity model，PMM）的最高境界就是不断地学习改进。

3. 项目总结

项目总结评价亦称"事后评价"，回顾并论证在项目评估阶段所做的预测和判断是否正确，总结项目执行的经验和教训，并形成文档以备后续项目使用。通常会召开项目总结会或庆功会，同时也对教训进行检讨。

本章介绍了在供应链领域内，采购人员需要具备的技能，采购人员要在早期参与研发设计，协助研发人员进行面向采购的设计、面向生产的设计、标准化设计、质量分级设计等。同时，采购人员还要掌握工艺流程、供应链库存、质量成本、物流成本控制、项目管理等技能，并灵活运用到工作实践中，逐步成长为采购专家！

思考题

1. 简述影响供应链成本的因素有哪些。
2. 如何推动便于采购的设计、便于生产的设计？
3. 思考 ECRS 方法，在工作中如何更好地应用。
4. 在实际工作中，思考如何综合应用库存成本控制、质量成本控制、物流成本控制方法。
5. 在实际工作中，你有没有利用项目管理的方法降低采购成本的实践经验？你是如何做的？

Chapter 6
第六章

十项全能
技术化技能

 学习目标

1. 掌握关键的财务知识点。
2. 掌握常用的经济学概念。
3. 掌握统计学知识及预测技术。

本章我们先用一则新闻采访案例引出宏观经济政策对企业降成本的影响，开启财务、经济、统计相关的三项技能的讨论。

加快降成本步伐，多措并举减税降费

供给侧结构性改革的侧重点需要尽快转变。

"下一步要加快'一降一补'的改革步伐，像遏制一二线城市房价上涨一样，显著降低企业税费成本，显得非常迫切。"近期，中国社会科学院财经院综合部副主任冯明，在该院前三季度经济研讨会上说。

从2016年开始，全国实施了"三去一降一补"的改革，即去产能、去库存、去杠杆、降成本、补短板。其中去产能、去库存、去杠杆的工作取得巨大进展，但是降成本和补短板仍需要加大力度，而中小企业，特别是民企的税费成本，仍是经济发展的重要制约因素。

国家统计局数据显示，2018年9月，中国制造业采购经理指数（PMI）为50.8%，比上月回落0.5个百分点，继续运行在景气区间，制造业总体延续扩张态势。

但是从企业规模看，大型企业PMI为52.1%，连续位于扩张区间；中型企业PMI为48.7%，比上月下降1.7个百分点，落至收缩区间；小型企业PMI为50.4%，比上月上升0.4个百分点，位于临界点以上。大型企业相对于中小型企业表现更为平稳。

10月10日，中国社会科学院中小企业研究中心主任陈乃醒认为，关键是对于民企、中小企业，各个政策应该做到一视同仁，实施公平发展的待遇。在这种情况下民企也应该加快转型升级的步伐，特别是技术创新，很多大企业，像华为，都是从小企业发展壮大的。

用工成本是最大影响因素

冯明指出，去产能、去库存、去杠杆这"三去"因为进展快，已经产生了部分副作用，这对中小企业和民营企业影响明显。民企贷款难，用工和融资成本高，原料成本高，都与此有关系。"我们调研发现，现在工业上游行业以及一些互联网行业发展形势好，但是下游领域发展难度大，这些领域中小企业和民企多，突出反映在成本提高等方面。"他说。

《21世纪经济报道》记者了解到，因为最近几年地方房地产库存去除快，二三线城市房价上升猛，这对企业的房租等形成了较大的压力。同时因为劳动力人口持续快速下降，用工成本也在迅速提高。

全国工商联近期发布的"民企500强报告"也显示了这一点。

上述报告指出，近三年来，影响民企发展的因素主要集中在用工成本上升、税费负担重、融资难融资贵等。与前两年相比，这些影响因素并没有明显减弱的迹象。2017年用工、税费、融资等问题，仍是制约民企发展的前三大影响因素。

值得注意的是，用工成本上升连续四年成为影响民企500强发展的最大因素，税费负担成为仅次于用工成本上升的第二大因素。

其中土地供应紧张导致的成本上升问题也比较突出。比如调研显示，2014年有93家500强民企反映土地供应紧张，到了2017年有109家企业反映这个问题严重。反映税负重的企业，2017年有274家，相比2016年的288家有所下降。反映用工成本上升的企业2017年有307家，比2016年的337家有所减少。

民企以及中小企业感到税负成本、用工成本、土地成本高，与很多领域竞争不充分、难以进去有关。

另外上游的钢铁、煤炭、电力等领域国企占比大，去产能导致钢铁、煤炭价格上升，给下游行业的发展带来了困难。

10月11日，重庆大学经济与工商管理学院副教授叶泽川指出，工业领域的下游产业竞争充分，价格由市场决定。而上游产业价格上涨得快，这与很多产业没完全进行市场化改革有关。对于竞争充分的行业，比如服装厂、鞋厂等，如果成本过高，则要么倒闭，要么转移到其他成本低的地区去。"否则无法应对成本上升，就只能倒闭。对于小企业来讲，船小好掉头，可以多做创新，它们更容易根据时代变化做出改变。"他说。

加快降成本步伐

根据国家统计局公布的数据，目前国企和大型企业的发展情况好一点，民企和中小企业的发展难度大一些，主要表现在中小企业和民企税费成本高。

以工业企业的利润为例，2017年1～8月，全国规模以上工业企业实现利润总额44 248.7亿元，同比增长16.2%，私营企业实现利润总额增长10%，不到国有控股企业实现利润总额同比增长26.7%的一半。

具体而言，国有企业和大型企业涉及的领域利润增长快，比如1～8月，石油和天然气开采业增长4.4倍，石油、煤炭及其他燃料加工业增长32.4%，黑色金属冶炼和压延加工业（钢铁）增长80.6%，煤炭开采和洗选业增长16.6%。这些领域中大型企业和国企比重大。

工业下游领域则一般是中小企业或者民企涉及的多，这些领域利润增长慢，比如，1～8月农副食品加工业增长2.4%，纺织业增长1.2%，计算机、通信和其他电子设备制造业增长3.2%。

目前在降成本方面，工业企业仍需要付出努力。比如，1～8月，规模以上工业企业每百元主营业务收入中的成本为84.39元，同比减少0.35元，降低幅度不到1%。

冯明认为，中国下一步需要显著降低各种税费成本。比如，对于中小企业，不能追缴过去欠的社保费，目前的社保费率可以降低10～15个百分点，同时增值税税率为10%、16%两档，可以再降低1～2个百分点。企业所得税税率也应该下降，个人所得税税率累进最高的是45%，都可以大幅下调。下一步国家应该加大财政政策和货币政策对中小企业与民企的作用，减税减费力度要加大，同时金融对企业融资贷款的力度也要加大。"但是要防止资金跑到房地产，没有进入实体经济，特别是要遏制一二线城市房价的快速上升。"他说。

冯明近期去了安徽、广东、江苏以及东北地区进行调研，发现在经济增速较慢的地区，尽管制造业的日子难过，但是如果企业加快创新，实施制造业和服务业融合发展，企业家有想法，愿意吃苦，发展前途仍然不错。

陈乃醒指出，民企成本高是老问题，对于民企和中小企业而言，关键是要克服困难，他建议企业要促进技术进步，不能跟上市场技术进步要求的只有被淘汰。"企业产品升级加快，产品样式和品种增多，能更好地抓住市场，中小企业、民企因为适应市场变化快，也有发展的优势。"他说。

资料来源：定军，刘海平，李东桔.加快降成本步伐，多措并举减税降费[N].21世纪经济报道，2018-10-13.

小师妹插嘴

宏观财政政策的威力确实大，采购人员感触最深的就是"去产能"导致原材料价格上涨，以及税费的下调有利于采购成本的下降。

学霸掉书袋

是的，宏观层面的政策能调控整个国民经济的发展，对企业的发展带来深远的影响。从采购人员的角度来说，学习相关的财经知识，可以未雨绸缪，趋利避害，充分利用政策带来的红利，同时早做预案，规避风险。

本章我们将从采购人员的基本商务技能谈起，涉及财政金融、经济学及统计学的知识，目标是使采购人员具备基础的商务技能。

一、财政金融学知识：理解看得见的手

(一) 财政金融政策

财政政策是指国家根据一定时期政治、经济、社会发展的任务而规定的财政工作的指导原则，通过财政支出与税收政策来调节总需求。它由国家制定，受一定的社会生产力发展水平和相应的经济关系制约。

政策的制定与实施会影响到每一个人，与我们的生活水平是息息相关的。财政政策主要由政府支出和税收政策组成，即一个管怎么"用钱"，一个管怎么"收钱"。

政府支出包括两种形式：一是政府购买，指的是政府在物品和劳务上的花费——国防、修建道路、建设学校、医院以及支付公务人员薪资等；二是政府转移支付，用以提高某些群体（如老人或失业者）的收入。

税收政策对经济的影响是十分广泛的，通过两种途径来影响整体经济。首先，税收会影响人们的收入，大家看看自己的薪资单就知道了，特别是高收入人群。其次，税收还能影响生产与消费商品的选择，从而影响激励机制和行为方式。例如，对奢侈品征消费税，以调节收入分配为目的，政策所希望的结果是高收入阶层在购买应税奢侈品的同时，能够向政府缴纳更多的税收，从而增强政府通过转移支付帮助低收入阶层的实力和基础，另一方面也抑制了部分对奢侈品的需求。

金融政策主要包括三大政策：货币政策、利率政策和汇率政策。

1. 货币政策

货币政策是中央银行调整货币总需求的方针策略，实质是国家对货币的供应根据不同时期的经济发展情况而采取"紧""松"或"适度"等不同的政策。中央银行传统的货币政策工具包括法定准备金、贴现率、公开市场业务等，其政策一般用于稳定货币供应和金融秩序，进而实现经济增长、物价稳定、充分就业和国际收支平衡。

2. 利率政策

利率政策是中央银行调整社会资本流通的手段。合理的存款利率政策有利于经营存贷业务的银行吸收储蓄存款，集聚社会资本；可以在一定程度上调节社会资本的流量和流向，从而改变产品结构、产业结构和整个

经济的结构；可以用于刺激和约束企业的筹资行为，促进企业合理筹资，提高资本的使用效益。更多内容可以在后面的"经济指标——利率"中找到。

3. 汇率政策

本国货币汇率的升降可以控制进出口及资本流动以达到国际收支均衡之目的。汇率政策的国际协调可以通过国际融资合作、外汇市场的联合干预以及宏观经济政策的协调进行。一个国家的汇率政策对于国际贸易和国际资本的流动具有重要影响。跨国公司、外商投资企业和经营进出口业务的其他企业在国际资金融通活动中，必须掌握汇率政策并有效地加以利用。更多内容可以在后面的"经济指标——汇率"里找到。

（二）供应链金融

通常我们所看到的供应链是如图 6-1 所示的样子。

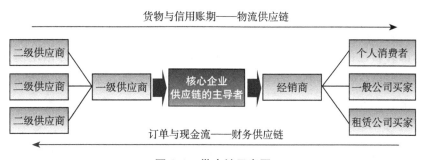

图 6-1　供应链示意图

一条产品的供应链始于原材料的采购，在完成产品的生产制造后，由销售网络把产品卖到消费者手中。这样一条供应链将供应商、制造商、分销商、零售商以及最终用户连成一个整体。

每条供应链中都有一个竞争力较强、规模较大的核心企业充当链主。这个核心企业具有强势的地位，在交货、价格、账期等交易条件方面拥有话语权。比如，链主要求提货后 3 个月才付款给供应商，而要求经销商现金支付甚至预先支付才能拿货。但是这些上下游企业（供应商、经销商）大多是中小规模或者比链主更弱势，这就造成它们的资金链非常紧张。如果要从银行融资，由于它们缺乏有效的抵押物和担保措施，信用不足，贷款风险大，通常银行不愿意为其提供资金。这更加剧了它们的现金流紧张问题。

怎么办？

通过供应链金融（supply chain finance）来解决。

供应链金融是核心企业与银行达成的一种面向供应链所有成员的系统性融资安排。银行（甚至是核心企业自己的金融机构）将整条供应链联系在一起，为供应链中的企业提供灵活的金融产品和服务，简单说，就是向核心企业的供应商提供贷款，或者向其分销商提供预付款代付及存货融资服务。

供应链金融最大的特点就是在供应链中找出一个大的核心企业（链主），以链主为出发点，为弱势的上下游中小企业提供融资，同时能增强其商业信用，促进中小企业与链主建立长期战略协同关系，提升供应链的竞争能力。听起来不错，那它是如何运作的呢？

要融资，首先要解决的就是信用问题。中小企业有了信用担保，金融机构才能收回借款（风险可控）且有利可图。在一条供应链当中，任何一家企业都有自己的资产，拿着这些去做担保，就可以融资。作为信用担保的资产可以是应收账款类、存货类和预付账款类这三种基本类型（见图6-2）。现在很多互联网公司还开发了订单类型、票据类型、采购贷款类型等各种融资类型。

我们来讲一种简单的类型——应收账款类型，以及一种比较火爆的类型——B2C电商类型。

1. 应收账款类型

应收账款类主要应用于核心企业的上游（供应商）融资，因为上游供应商对核心企业大多采用赊账的销售方式，其一时难以拿到货款，需要融资缓解资金链的紧张问题。

基本流程为：首先，链主与供应商签订采购协议，约定到货一段时间后付款。因此，供应商有一笔应收账款。之后，供应商将该应收账款作为抵押，作为其还款的担保，向银行等金融机构申请借款。然后，链主将应收账款的单据等证明材料交给银行，承诺还款。最后，银行在核实交易背景、证明材料、链主的信用评级后向供应商发放贷款。此后的事情就水到渠成了，供应商有了钱可以继续购买原材料，维持经营。链主卖了货，收到钱以后，就还给银行，完成整个融资流程（见图6-3）。

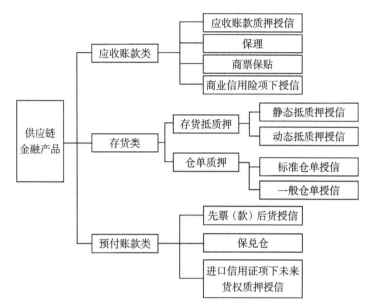

图6-2 供应链金融的基本分类

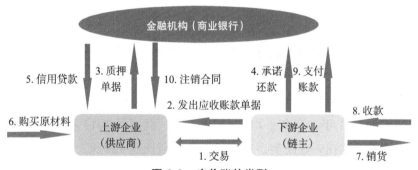

图6-3 应收账款类型

俗话说，中小企业什么都缺，就是不缺应收账款，有时甚至出现收不到钱的坏账。这种融资方式恰好快速盘活了应收账款，使中小企业有了"救命钱"，能够维持和扩大经营。

2. B2C 电商类型

京东是国内大型的电商平台之一，其依托京东商城积累的交易大数据以及自建的物流体系，在供应链金融领域已经取得了飞速发展。"京保贝"是京东首个互联网供应链金融产品，也是业内首个在线上完成风控的产品。

基本流程为：首先，京东商城与供应商签订采购协议，确定稳定的合作关系，从而获得长期的真实交易数据。然后，供应商向京东金融提交借款申请，以过往的交易数据和物流数据作为信用担保，系统可以自动计算出借款额度，之后京东金融将批准的额度告知京东商城。供应商在线申请融资，系统自动化处理审批放款。最后，京东商城完成销售后向京东金融还款，完成全部交易过程（见图6-4）。

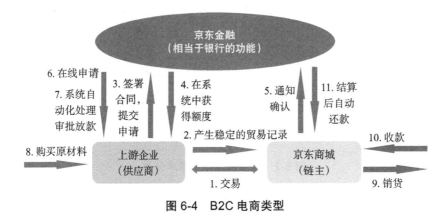

图6-4　B2C电商类型

当然，有读者可能要问了，京东金融发挥了银行的作用，它哪儿来的钱呢？

其实，京东有个"大杀器"，那就是账期，这是典型的"左手倒右手"赚取利差。2011年，京东平均账期为38天，但到了2015年，京东已要求大幅延长账期，在一些品类，京东的账期甚至长达120天。⊖举个例子，京东从商家那里进了1亿元的货，约定的账期是120天，但是京东只花了20天就将货卖了出去，而且是现金交易回款，此时还剩下100天才需要还钱给商家，这剩下的100天和1亿元的钱就在京东的账户上。这些钱，京东如何激活变现？2013年年底，京东发布新产品"京保贝"，其作用就是将京东账户上的钱提供给需要贷款的商家，赚取利息。

⊖ 资料来源：钛媒体，《供应链金融2016盘点：巨人觉醒，缓慢前行》，https://www.tmtpost.com/2560603.html。

因此，供应链金融的发展，使金融机构可以从新的视角评估中小企业的信用风险。银行跳出单个企业的信用风险评估，转变为对整个供应链及其交易的评估。这样既真正评估了业务的真实风险，也使更多的中小企业能够获得"救命钱"，同时扩大了银行的业务范围。

二、经济学知识：理解看不见的手

在日常生活中，我们都潜移默化地受到经济规律的影响。比如，家庭主妇长时间买菜做饭会发现，市场的蔬菜在早上贵一些，到了傍晚就会卖得比较便宜。采购人员买东西的时候，由于职业习惯，总是觉得供应商的价格要比真实的高，所以跟卖家讲价成了习惯。因此，经济和经济学知识一直环绕在我们身边，只是我们有时没有意识到而已。

经济是指价值的创造、转化与实现，人类的经济活动就是创造价值，满足生活所需。而经济学是研究人类经济活动规律的学科，以帮助实现在资源有限的条件下达到效益最大化的目标。

（一）从经济学中学什么

对经济学知识的学习，有助于我们理解现实世界的经济规律，最大限度地规避风险、扩大利益；并且逐步形成经济学的思维模式。经济学的知识内容博大精深、体系复杂，但总的来说可以归集为四个内容：经济理论、经济分析、经济指标和博弈论。

经济理论，从研究的范围来看经济学分为宏观经济学、微观经济学。这也是正统经济学教学的分类。

经济分析，是指经济学中所采取的分析方法体系，它借助生产者利益优化模型进行边际效率分析，其结果是在活动水平上进行财务方面的核算。

经济指标，指反映一定社会经济现象数量方面的名称及其数值。由一系列相互联系的、反映社会经济现象的经济指标所构成的有机整体，称为经济指标体系。

博弈论，研究多个个体或团队之间在特定条件制约下的对局中利用相关方的策略，而实施对应策略的学科。

（二）经济周期理论

经济周期（business cycle）是宏观经济学的重要组成部分，指经济运行中周期性出现的经济扩张与经济紧缩交替更迭、循环往复的一种现象。经济周期分为四个阶段：繁荣、衰退、萧条、复苏（见图6-5）。

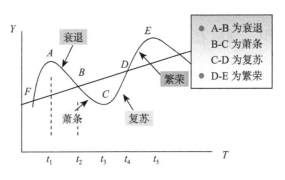

图6-5　经济周期的四个阶段

总体来说经济周期分为上升和下降阶段，采购人员掌握经济周期，有助于在不同阶段制定对应的供应和成本策略。

在上升阶段，企业采取的是扩张策略，此时，市场需求旺盛、订货饱满、商品畅销、生产趋升、资金周转灵便。采购在成本管理方面，趋向于量价交换，取得规模优势；在下降阶段，企业往往采取收缩策略，此时，市场需求疲软、订货不足、商品滞销、生产下降、资金周转不畅。采购在成本管理方面，趋向于竞争性谈判，甚至支付期限也被作为控制成本的手段。

（三）均衡价值理论

均衡价值理论是微观经济学的重要组成部分，其认为商品的市场价格取决于供需双方的力量均衡，犹如剪刀的两刃，是同时起作用的。

1. 供给与需求

保罗·萨缪尔森（诺贝尔经济学奖获得者）讲过一个笑话，"你只需要教会鹦鹉两个词——'供给'和'需求'，就可以把它培养成一位训练有素的经济学家"。供给与需求是均衡价值理论的基础，也是微观经济学理论的基础。

供给是指在一定时间内，在一定的价格条件下，生产者愿意并且能够为市场提供某种商品的数量。供给规律：当影响商品供给的其他因素不变时，商品的供给量随着商品价格的上升而增加，随着商品价格的下降而减少。

需求是指在一定时间内，在一定的价格水平下，消费者愿意并且能够购买的商品数量。需求规律：当影响商品需求量的其他因素不变时，商品的需求量随着商品价格的上升而减少，随着商品价格的下降而增加。

供给与需求的影响因素如表 6-1 所示。

表 6-1　供给与需求的影响因素

影响因素	供给数量的变化	影响因素	需求数量的变化
商品自身的价格	随着价格的上升而上升，随着价格的下降而下降	商品自身的价格	随着价格的上升而下降，随着价格的下降而上升
生产成本	随着生产成本的上升而下降，随着生产成本的下降而上升	消费者的收入水平	随着收入水平的上升而上升，随着收入水平的下降而下降
生产的技术水平	随着生产技术水平的上升而上升，随着生产技术水平的下降而下降	相关产品的价格	在本身价格不变的情况下随着价格的上升而上升，随着价格的下降而下降
相关产品的价格	在本身价格不变的情况下随着价格的上升而上升，随着价格的下降而下降	消费者的偏好	随着偏好的上升而上升，随着偏好的下降而下降
生产者对未来的预期	随着未来预期的上升而上升，随着未来预期的下降而下降	消费者对商品的价格预期	随着价格预期的上升而上升，随着价格预期的下降而下降

2. 供求关系

（1）**供大于求**：一定时间内，市场上产出的商品多于人们在这段时间内所需要产品的总量。这使得供给大于需求，这时候市场成了买方市场，**采购方处于主动地位**。

（2）**供不应求**：一定时间内，市场上产出的商品少于人们在这段时间内所需要产品的总量。在这种情况下，需求大于供给，这时候市场就成了卖方市场，**供应商处于有利的地位**。

（3）**供求平衡**：一定时间内，商品的供给与人们的需求达到了理想的对等状态，即供给刚好满足需求。在这种情况下，供应商与采购方处于对等关系，双方的关系是相对和谐、稳定的。

这种平衡只是一种趋势，只能是相对的平衡，这在严格的假定条件下才能实现。在现实情况的影响下，采购方的需求是经常变动的，根据实际情况、心理变化、购买力而随机变动。而供应商的产出由于受生产计划、原材料供应、销售情况、运营资金多少、竞争环境变化等因素的影响也经常变动。所以，供求平衡在于市场的调节，在变动的情况下会达到动态中的平衡。

当然，市场垄断是个例外，这是采购人员最头痛的情况。处于垄断地位的厂商可以不考虑供求关系，而自行定价。

3. 均衡价格

当供给和需求平衡时，市场会达到一个均衡的状态。均衡价格就是一种商品的需求价格和供给价格相一致时的价格。首先，当市场价格高于均衡价格时，商品供给量大于需求量，出现商品过剩，一方面会使供给者减少商品供给量，另一方面又会使需求者压低价格，这样商品的价格必然会下降到均衡价格。相反，当市场价格低于均衡价格时，需求量大于供给量，出现商品短缺，一方面会使供给者增加商品的供给量，另一方面会迫使需求者提高价格，这样该商品的价格必然上升，一直上升到均衡价格（在其他条件不变的情况下，需求变动分别引起均衡价格和均衡数量的同方向变动；供给变动分别引起均衡价格的反方向变动，均衡数量的同方向变动，见图6-6）。

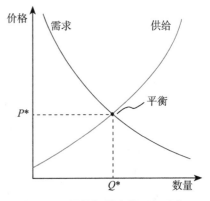

图6-6 供给与需求的互相平衡

（四）经济指标

1. 国内生产总值

国内生产总值（GDP）是一个国家（或地区）所有常驻单位（不管国内还是国外）在一定时期内生产的所有最终产品和劳务的市场价值，简单来说，就是国家每年生产出的"财富蛋糕"有多大。GDP常被公认为衡量国家经济状况的最佳指标，反映了一国（或地区）的经济实力和市场规模，相信大家对这个指标都不会感到陌生。图6-7为国家统计局发布的2009～2018年的GDP。

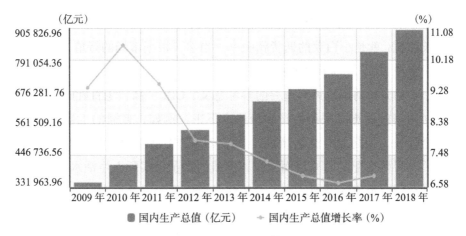

图6-7 2009～2018年的GDP

GDP有三种表现形态，即价值形态、收入形态和产品形态。

从价值形态看，它是所有常驻单位在一定时间内生产的全部货物和服务的价值超过同期投入的全部非固定资产货物和服务价值的差额，即所有常驻单位的增加值之和。

从收入形态看，它是所有常驻单位在一定时间内创造并分配给常驻单位和非常驻单位的初次收入之和。

从产品形态看，它是所有常驻单位在一定时间内所出产的最终使用的货物和服务的价值减去货物和服务的进口价值。

2. 居民消费价格指数

居民消费价格指数（consumer price index，CPI）是反映居民家庭所购买的消费品和服务价格水平变动情况的宏观经济指标。调查的商品涵盖生活消费的八大类（食品烟酒、衣着、居住、生活用品及服务、交通和通信、教育文化和娱乐、医疗保健、其他用品和服务）的价格。CPI的高低反映了通货膨胀或通货紧缩的水平。学界以3%作为通货膨胀的警戒线，超过3%则认为处于通货膨胀中；如果一国的CPI连续3个月处于下跌，则被认为处于通货紧缩状态。

CPI 是用来衡量通货膨胀的一个指标，是把吃、穿、住、行等商品与服务的价格每个月都统计一次，计算汇总成的一个指数。通俗理解，CPI 就是市场上的商品价格增长的百分比，就好像，1 千克小白菜，去年卖 10 元，今年卖 10.5 元了，今年与去年的价格比为 105%，数值 105 就是 CPI，而增长的 5% 就是小白菜的通货膨胀率。当然，根据市场的行情，一般 CPI 的增长率在 2%～3% 属于可接受的范围。

CPI 对国家制定政策有重要的参考意义，CPI 一高，老百姓的钱就不够花了，国家就要想办法调控让物价稳定下来。例如，普通的工薪阶层每年工资会增长，但是 CPI 也会增高，如果 CPI 的上涨速度超过了工资的增长速度，说明可支配的收入反而减少，即钱缩水了，实际上生活水平降低了。所以，在薪资报酬谈判中，员工希望薪资增长至少可以等于 CPI。

又比如，居民储蓄这一块，一般老百姓有多余的钱都喜欢存在银行，如果当年的 CPI 高于银行的利息，那么我们存在银行里面的钱就相当于贬值了，如果可以选择有更高回报率的投资理财方式，就可以保证资产的保值甚至增值，这也是为什么很多人选择房产作为保值增值的最重要方式。

图 6-8 为 2008 年 1 月至 2018 年 11 月的 CPI 走势图。

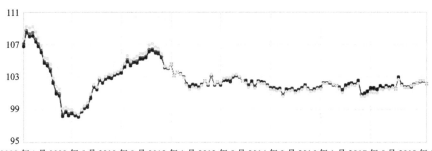

图 6-8　CPI 走势图

资料来源：东方财富网。

CPI 也不是越低越好。从历史上看，物价总水平出现长时间、大范围的下降，会导致过度的通货紧缩。市场流动性减弱，从而导致市场需求减少，企业利润下降，失业增加，收入减少，生活水平下降，造成国民经济的停滞不前甚至衰退。因此，适当的价格上涨能促进企业的投资和技术创新，保证就业并保持经济稳定发展。

3. 采购经理指数

采购经理指数（purchasing managers' index，PMI）是通过对采购经理的月度调查，汇总出来的指数，反映了经济的变化趋势。PMI 有宏观经济变化的"晴雨表"之称。PMI 的每项指标均反映了商业活动的现实情况，综合指数则反映制造业或服务业是整体增长或衰退。

2005 年 4 月底，我国在北京和香港两地发布了"中国采购经理指数"。这是中国首次发布这一经济指数。随着我国逐步成为全球制造业大国，全球供应商到我国采购成品成为需要重点关注的环节。

中国采购经理指数是由国家统计局和中国物流与采购联合会共同合作完成的，是快速及时反映市场动态的先行指标，它包括制造业和非制造业采购经理指数，与 GDP 一同构成我国宏观经济的指标体系。目前，采购经理指数调查已列入国家统计局的正式调查制度。

中国制造业采购经理指数体系共包括 11 个指数：新订单、生产、就业、供应商配送、存货、新出口订单、采购、产成品库存、购进价格、进口、积压订单。

PMI 通常以 50% 作为经济强弱的分界点，PMI 高于 50%，反映经济总体扩张；PMI 低于 50%，则反映经济总体收缩。PMI 指数 50 为荣枯分水线。

2008 年 1 月到 2018 年 12 月的 PMI 指数变化图如图 6-9 所示。

PMI 数据的调查采用问卷的形式，被调查的采购经理对每个问题只需要做出定性的判断，例如，指标相比上个月是上升、不变还是下降，三选一进行回答，然后统计各题答案的选择百分比。因为制造业及非制造业 PMI 报告发布得早，时间上大大超前于政府其他部门的统计数据，所选的指标又具有先导性，所以 PMI 已成为监测经济运行的及时、可靠的先行指标。各指标如表 6-2 所示。

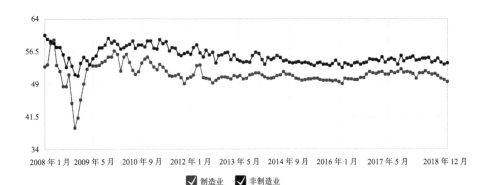

图 6-9 2008 年 1 月到 2018 年 12 月的 PMI 指数变化图

资料来源：东方财富网。

表 6-2 PMI 数据指标

	制造业 PMI	服务业 PMI	综合 PMI
主要分类指数	生产、新订单、原材料库存、从业人员、供应商配送时间	商务活动、新订单、投入品价格、销售价格、从业人员、业务活动预期	将制造业生产指数与服务业商务活动指数进行加权求和，权重由制造业和非制造业占GDP的比重计算得到
其他相关指标	新出口订单、进口、采购量、主要原材料购进价格、出厂价格、产成品库存、在手订单、生产经营活动预期	新出口订单、在手订单、存货、供应商配送时间	

4. 利率

利率是指一定时期内利息额与本金的比率，是借款人需要向其所借金钱支付的代价，亦是放款人延迟其资金使用，借给借款人所获得的回报。在中国，通常说的利率指的都是银行利率，进一步说是中国人民银行规定的存贷款基准利率。在美国，则指的是债券市场利率。我们经常听到的美联储调整基准利率，是通过公开市场操作后确定的银行间隔夜拆借利率。利率是调节货币政策的重要工具，亦用于控制比如投资、通货膨胀及失业率等，继而影响经济增长。至今，所有国家都把利率作为宏观经济调控的重要工具之一。当经济过热、通货膨胀率上升时，便提高利率、收紧信贷；当过热的经济和通货膨胀得到控制时，便会把利率适当调低。

2006 年 4 月至 2015 年 10 月的存贷款基准利率变化如图 6-10 所示。

利率的计算公式如下：

$$利率 = 利息 \div 本金 \div 时间 \times 100\%$$

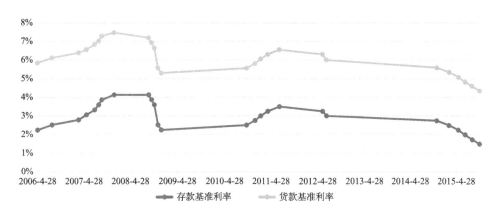

图 6-10　存贷款基准利率变化图

资料来源：东方财富网。

例如，你在银行存了 10 000 元，一年之后账户里面有 10 500 元，那么这 500 元的差额就是银行支付给你的利息。利率就等于利息（500 元）与本金（10 000 元）与时间（一年）的比率，也就是说银行的年存款利率为 5%。

如果你从存款者变为贷款者，从某银行贷款 10 000 元，一年后银行要求支付 11 000 元，那么此时本金为 10 000 元，利息为 1000 元，此时的一年期贷款利率为 10%，贷款利率总是大于存款利率，否则银行就没有钱赚了。图 6-10 中的存贷款基准利率，是中国人民银行发布给商业银行的贷款指导性利率，商业银行会根据这个基准利率制定存款利率的组合。

利率变化对经济有什么影响？下面我们从国内和国际两个方面来看，基于宏观环境其他因素不变的情况，单独看利率变化带来的影响。

（1）**看国内：利率变动会对资金供求有影响。**举个简单的例子，利率提高意味着人们借款的成本提高，如果你要购房、购车，并且通过银行进行按揭贷款，这时候利率上升会增加你的贷款成本，这也会推迟人们购房、购车的计划。同时，人们会倾向于把钱存在银行或购买债券，总体上会抑制人们的消费。

对于企业来说，贷款成本增加了，利润减少了，公司就不得不削减生产规模，投资减少，而生产规模的缩小又势必会减少公司的未来利润，因此，股票价格就会下降。

反之，当利率下降，个人与企业的贷款成本也同样下降。所以，无论是作为普通老百姓还是一名投资者,都应该适当地关注利率的变化,以做出正确的应对措施来保护自己的利益。

(2)看国际:利率变动对国际收支有重要影响。例如,中国的利率上升会吸引国际资本的流入,同时,前面讲过,国内的信用紧缩,贷款减少,投资和消费减少,物价下降,在一定程度上抑制进口,促进出口,即减少或消除逆差(在一定时期内,一国的进口额大于出口额),这时会增加对人民币的需求和外币的供给,使人民币升值、外币贬值。

相反,中国的利率下降可能导致国际资本流出,国内信用扩张,刺激投资和消费,促使物价上涨,不利于出口,有利于进口,减少国际收支顺差(在一定时期内,一国的出口额大于进口额),增加对外币的需求促使外币升值、人民币贬值。

5.汇率

汇率,又称外汇利率,是指两种货币之间兑换的比率,也可认为是一种货币对另一种货币的价值。通常汇率是由外汇市场决定的,但会因为利率、通货膨胀、国家的政治和经济状况等原因而变动。汇率变动对一国的进出口贸易有着直接的调节作用。在一定条件下,使本国货币对外贬值,即让汇率下降,会起到促进出口、限制进口的作用,反之,本国货币对外升值,即汇率上升,则起到限制出口、增加进口的作用。

2012年6月至2019年1月人民币兑美元的汇率走势图如图6-11所示。

图6-11 人民币兑美元的汇率走势图

资料来源:新浪财经。

汇率变化对采购成本的影响体现在以下几个方面。

第一，进口原材料的价格会因汇率的变化而波动。人民币贬值会导致进口原料价格上涨，反之则导致进口原料价格下跌，这是直接影响。为了规避汇率变化产生的风险，进出口企业一般会采取锁定汇率的手段。

第二，汇率变动会影响国外的物价水平。例如，以原油为代表的大宗商品，如因汇率的问题产生较大的价格波动，会反映到所有以其为原料的产品的价格上。这既是直接影响，也是间接影响。

第三，短期资本流动常常受到汇率的较大影响。如果人民币出现较大贬值，会给市场造成一个心理恐惧和贬值预期，投资者就不愿意持有以人民币计值的各种金融资产，并会将其转兑成外币，发生资本外流现象。而且，由于投资者纷纷转兑外汇，加剧外汇供不应求，会促使人民币汇率进一步下跌，继而影响股市的资金来源，如果股市也出现下跌，股民利益就会受到影响，这也是一种间接影响。

6. 出口退税率

出口退税是指对出口商品已征收的国内税，部分或全部退还给出口商的一种措施，这也是国际惯例。而相应的出口退税率，是出口产品应退税额与计算退税的价格比例。它反映出口产品在国内已缴纳的税。

2018年10月财政部、国家税务总局联合对部分产品增值税出口退税率进行调整，并自2018年11月1日起执行，将现行货物出口退税率为15%的和部分13%的提至16%；9%的提至10%，其中部分提至13%；5%的提至6%，其中部分提至10%。对于高耗能、高污染、资源性产品和面临去产能任务等产品，出口退税率维持不变。

从某种意义上说，提高出口退税率是减轻外贸企业的纳税负担，降低企业的出口成本，应对复杂国际形势行之有效的重要手段。核心要义就是为企业减负，保持外贸稳定增长。

三、统计与数据分析：预测成本变化趋势

一分钟内，移动互联网接入流量竟然超过46 000G；2018年天猫"双11"销售额破10亿元用时21秒，2分5秒破百亿元……

数据的增长从未停歇，甚至呈井喷式增长，引领我们进入大数据时代。这些庞大的数据意味着什么？一种全新的价值创造途径，数据成为重要的生产资料，堪比石油和黄金。谁掌握了数据，谁就占据了主动。而要从这些海量的数据中总结出经验规律，得出有价值的结果，为决策提供依据，就需要用到统计与数据分析的知识。

（一）统计学的重要原理和方法

在不同场合，"统计"一词具有不同的含义。它可以指统计数据的搜集活动，即统计工作；也可以指统计活动的结果，即统计数据资料；还可以指分析统计数据的方法和技术，即统计学。一般意义上的统计学包含概率学与数理统计学两个部分，都以概率论为基础。

统计学知识的应用无处不在，各行各业都需要用统计学知识来处理海量数据，赢得主动。比如，现在的手机 App 都有信息推送功能，其实质就是通过统计分析用户经常浏览的网页内容、感兴趣的话题、停留时间，挖掘出用户的喜好，进行精确推送。广告商可以利用这些数据对客户群进行细分，针对不同客户制定个性化的精准营销策略。

这里介绍统计学的几个核心定律和概念，协助大家更好地学习。

1. 大数定律

大数定律是整个概率学的基础。大数定律的主要内涵用数学术语来表达就是，当试验次数足够多时，试验结果的平均值会无限地接近一个数值，这个数值一般叫作"期望值"。其原因是，在大量的观察试验中，因个别的、偶然的因素影响而产生的差异将会相互抵消，从而使现象的必然规律性显示出来。

我们要注意，大数定律成立的前提是"试验次数足够多"。从我们的工作实践来看，你希望得到一款产品的真实成本，就需要有足够多的核算次数。其实采购对于大数定律更重要的一项应用是看透供应商的报价逻辑，因为有时候供应商的报价方式也是依据大数定律。比如当我们在网上购买电子产品的时候，网站经常会向我们推销延长保修服务，如一台 1000 元的打印机，多花 50 元可以延保 1 年。如果我们掌握了大数定律，就很容易想到，厂家对这款打印机提供维修服务的预期成本肯定少于 50 元。

2. 中心极限定理

中心极限定理提出，大量的独立随机变量之和具有近似于正态的分布。进一步理解为，任意一组数据样本的平均值，都会围绕在这组数据的整体平均值周围。简单打个比方就是，我们想知道汤的味道，并不需要把一锅汤都喝完，只需要喝一小勺就可以了。

我们对一个基数庞大的群体做统计调查的时候，只要对其中的一部分样本进行研究，得出的结论就能反映整个群体的特点，而且抽样的数量越大，准确性越高。

中心极限定理是概率论中最著名的结果之一，它和大数定律是相互配合的，大数定律说明结果，中心极限定理说明结果的分布状态。

3. 随机抽样

随机抽样，在统计方法中是收集数据的主要方法。随机抽样以概率论与数理统计为基础，首先按照随机的原则选取调查样本，使调查母体中的每一个个体均有被选中的可能性，即具有同等被选为样本的可能性，机遇均等。

随机抽样只是看似简单，它的关键在于"随机"这两个字。要做到随机，必须保证每个对象被抽到的概率完全相等，这样抽样后的样本才能代表整个对象群体。影响随机抽样准确度的关键问题是"选择性偏见"和"幸存者偏见"，前者是为了达到预期的结果，有意或无意地对抽样对象进行选择，而后者是对样本有数据缺失视而不见。

4. 回归分析

回归分析是一种非常强大的统计学方法，专门用来分析那些影响因素很多的复杂问题。简单来说，回归分析就是通过一个已知的现象来找到未知的原因。回归分析这个工具的作用好比一个可以调节孔径的筛子，能在综合考虑其他变量效果不变的情况下，把其中一个变量的效果分离出来。

回归分析的数学过程比较复杂，好在现在有了成熟的多元线性回归方程模型可以套用。我们要做的，就是把多个变量的取样结果代入回归方程式，计算结果就会显示出来。

（二）统计一般概念和分析方法

1. 指数

指数作为一种对比性的统计指标具有相对数的形式，通常表现为百分数。它表明：若把作为对比基准的水平（基数）视为100，则所要考察的现象水平相当于基数的多少。广义的指数是指一切可以说明社会经济现象变动或差异程度的相对数。狭义的指数是指不能直接相加的、由许多因素组成的、表示现象总体综合变动程度的相对数。

指数具有相对性、综合性、平均性的特点。统计指数具有综合反映社会经济现象总变动方向及变动幅度、分析现象总变动中各因素变动的影响方向及影响程度以及反映同类现象变动趋势的作用。

2. 算术平均数、众数和中位数

算术平均数，是集中趋势测度中最重要的一种，它是所有平均数中应用最广泛的平均数。因为它的计算方法与许多社会经济现象中个别现象与总体现象之间存在的客观数量关系相符合。

$$算术平均数 = \frac{总体标志总量（变量值总量）}{总体单位总量（变量值个数）}$$

统计上把在一组数据中出现次数最多的变量值叫作众数，用 M_o 表示。它主要用于定类（品质标志）数据的集中趋势，当然也适用于作为定序（品质标志）数据以及定距和定比（数量标志）数据集中趋势的测度值。

中位数是将数据按大小顺序排列起来，形成一个数列，居于数列中间位置的那个数据就是中位数，用 M_e 表示。

从中位数的定义可知，所研究的数据中有一半小于中位数，一半大于中位数。中位数的作用与算术平均数相近，也是作为所研究数据的代表值。在一个等差数列或一个正态分布数列中，中位数就等于算术平均数。

3. 方差与标准差

方差（variance）和标准差（standard deviation）是测度数据变异程度最重要、最常用的指标。方差是各个数据与其算术平均数的离差平方的平均数，通常用 σ^2 表示。方差的计量单位和量纲不便于从经济意义上进行解释，所以实际统计工作中多用方差的算术平方根——标准差来测度统计数据的差异程度。标准差又称均方差，一般用 σ 表示。方差和标准差的计算也分为简单平均法和加权平均法，另外，对于总体数据和样本数据，公式略有不同。

4. 德尔菲法

某公司研制出一种新兴产品，现在市场上还没有相似产品出现，因此没有历史数据可以获得，也很难用一个简单方便的数学模型来分析。公司需要对可能的销售量做出预测，以决定产量。于是该公司成立专家小组，邀请业务经理、市场专家和销售人员等八位专家，预测全年可能的销售量。八位专家提出个人判断，经过三次反馈、修改预测，最终得出对销量的预测结论。

上面的例子就是德尔菲法的应用。当一个企业正在进入新市场，或者推出新产品或服务的时候，因为没有历史数据可供参考，经常使用定性的方法进行预测。这种定性的方法基于预测者个人的知识、经验和主观判断，因此也称经验判断法。

常用的定性预测方法有综合意见法、专家会议法和德尔菲法。我们这里介绍德尔菲法。德尔菲法是召集相关专家对某一主题提出观点，并达成一致的结构性方法。使用该方法的目的是通过综合专家各自的意见来预测某一方面的发展。因此，德尔菲法也称专家调查法。

基本的组织方式是：首先成立一个专家组，专家对所要预测的问题给出意见，之后进行整理、归纳、统计，将意见匿名反馈给各专家，再次征求意见，再集中，再反馈，直至得到一致的意见（见图6-12）。

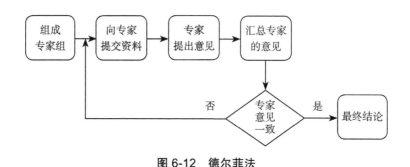

图 6-12　德尔菲法

德尔菲法有三个明显区别于其他专家预测方法的特点，即匿名性（即专家之间不得互相讨论,不发生横向联系,只能与调查人员联系)、多次反馈(多轮次调查专家对问题的看法,经过反复征询、归纳、修改)、统计性(采用统计回答的方法,每种观点都包括在这样的统计中,避免了专家会议法只反映多数人观点的缺陷)。

5. 回归分析法(因果模型)

前文已经介绍了回归分析,下面主要介绍一下因果模型的具体使用方法,顾名思义,这种方法就是在数据中找到关键变量之间的因果关系,继而来预测未来的情况。例如,如果居民收入是增长的,那么消费水平就可能会上升。当然,还有更好的情况,因果关系远远没有如此明显,并且很可能不是简单的一个因素对另一个因素的影响关系。例如,对于企业来说,经常试图找出市场情况与产量或服务需求的因果关系。

运用因果模型进行预测,主要包括回归分析、时间序列分析、概率统计方法等。回归分析法是研究两个或两个以上变量之间关系(因变量与某些自变量的关系)的数学方法。如果只涉及两个变量,叫作一元回归分析或单回归分析;如果涉及两个以上变量,则叫作多元回归分析或复回归分析。

下面的例子是简单的一个自变量的线性回归问题。

例如,如果要研究质量和用户满意度之间的因果关系,设用户满意度为因变量(记为 Y),质量为自变量(记为 X),则可以建立下面的线性关系:

$$Y=a+bX+c$$

式中 a 和 b 为待定参数,画到函数图上,a 为回归直线的截距;b 为回归直线的斜率,表示 X 变化一个单位时,Y 的平均变化情况;c 为依赖于用户满意度的随机误差项。

可以建立经验回归方程:$Y=0.857+0.836X$(回归直线在 y 轴上的截距为 0.857、斜率为 0.836,见图 6-13)。

从方程我们可以得出质量每提高 1 分,用户满意度平均上升 0.836 分;或者说,质量每提高 1 分对用户满意度的贡献是 0.836 分。

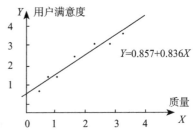

图 6-13 质量和用户满意度之间的因果关系图

6. 时间序列分析

时间序列分析，是指对数据随着时间变化所产生的行为进行建模，并且它能寻找数据中的关系和模式。这一方法的思路直接明了，就是依照时间顺序，审视过往的数据，找出其中隐含的趋势，并用这些趋势推断未来的情况。7000年前，古埃及人把尼罗河涨落的情况逐天记录下来，就构成了所谓的时间序列。

对这个时间序列长期的观察使他们发现尼罗河的涨落非常有规律。在天狼星第一次和太阳同时升起的那一天之后，再过200天左右，尼罗河就开始泛滥，泛滥期将持续70～80天，洪水过后，土地肥沃，随意播种就会有丰厚的收成（见图6-14）。由于掌握了尼罗河泛滥的规律，古埃及的农业迅速发展，解放出大批的劳动力去从事非农业生产，从而创建了埃及灿烂的史前文明。

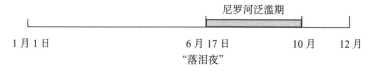

图6-14 尼罗河涨落的时间序列

时间序列分析可以对成本、价格、存货以及销量等进行分析，这些信息对公司很重要，因为它们能够用来提取与这些信息有关的时间相关性模式。例如，某公司过去4年的电视机销量如表6-3所示。

表6-3 过去4年的电视机销量

年	季度	销量（千台）	年	季度	销量（千台）
1	1	4.8	3	1	6
	2	4.1		2	5.6
	3	6		3	7.5
	4	6.5		4	7.8
2	1	5.8	4	1	6.3
	2	5.2		2	5.9
	3	6.8		3	8
	4	7.4		4	8.4

这些数据有明显的季节性波动，运用时间序列分析（季节指数模型）可以预测第5年每个季度的电视机销量，如图6-15所示。

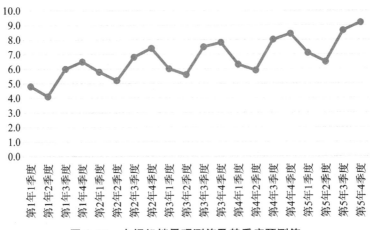

图 6-15　电视机销量观测值及其季度预测值

当然，数据可能需要平滑，以形成对长期潜在趋势的认识。

三个常用的平滑方法是移动平均法、加权移动平均法以及指数平滑法。

（1）移动平均法，假设将来一个阶段内的需求会是一个平均值。例如，某公司 1～6 月的销售量分别是 450、190、600、600、420、380 个，如果预测 7 月的销售量，就取 6 个月的平均值，即 2640÷6=440 个。之所以称其为移动平均，是因为每个月我们都向后移动一步，而剔除最早的一个数据。例如，要预测 8 月的销售量，则剔除掉 1 月的销售量，使用 2～7 月销售量的平均值，依此类推。

（2）加权移动平均法，假设较早的数据没有最近的数据那样可靠地接近未来走向，所以在计算平均值的时候，对较近的数据赋予更大的权重（时间越近赋予的权重越大，这样更加贴近近期的走向），例如，如果使用 3～6 月的销售量来预估 7 月的数据，那我们认为，6 月的数据比较接近于 7 月的数据，所以更重要，赋予更高的权重例如 0.4，则 5 月给 0.3，4 月给 0.2，3 月给 0.1，7 月的预估销售量计算如下：

（0.4×380）+（0.3×420）+（0.2×600）+（0.1×600）= 458（个）

（3）指数平滑法，实际上是一种特殊的加权移动平均法，它对最近时期和以前时期的数据进行加权来预测未来的趋势，权重的设置比较特别。

7. 混合预测方法

没有一种预测技术是万能的，将几种预测技术结合起来使用，预测结果更加准确可靠。因为时代发展变化的速度太快了，所以我们推崇多种预测技术组合使用。市场调查数据就是一种混合预测方法。

当公司想在市场上推出一个新产品的时候，消费者的反应（对新产品的接受程度）非常重要。市场调查作为一个预测方法，可以用来测试消费者的反应。这种方法在20世纪80年代的消费品公司非常流行，但是考虑到市场调查会泄露新产品的机密信息，因此调查的时候需要更加具有技巧性。现在比较流行通过大数据分析、Web浏览分析、社交软件、邮件、电话或者现场访谈的方式进行调查。焦点小组访谈（focus group）就是其中的一种形式。

有时接到比较紧急的调研需求，需要快速反馈问题，用户深度访谈持续的时间似乎太长，于是往往会采取另一种调研方法——焦点小组访谈。只需要1～2场深度访谈的时间，就能同时搜集到8～12名用户的反馈，于是在敏捷的用户研究中，焦点小组访谈是一个比较好的选择。焦点小组访谈是对实操性要求比较高的一个工具，只有多组织，做个有心人，多总结，才能比较好地理解和掌握使用这个工具的要领。

（三）统计学的七大工具

七大工具，是以统计学即现场的数据为基础对现状进行分析的一种方法（见表6-4）。现在的办公软件或专业软件制作七大工具的图表相当容易，因而了解大致原理远比具体制作这些图表更为重要。

表 6-4　统计学的七大工具

七大工具	功能
查检表	记数据，查检表是分析的基础，是数据之源
层别法	做解析，将混合在一起的数据按照不同的类别划分层别
鱼骨图	追原因，详细分析原因或对策的一种图形
柏拉图	抓重点，通过柏拉图可以清晰看出主要因素
散布图	看相关，是两个因素相关性的分析
直方图	查分布，考量制程的优劣
控制图	显漂移，常用于监控制程的稳定性，并提前干预

运用这些工具，可以从经常变化的数据中系统地收集与产品质量有关的各种数据，然后用统计方法对数据进行整理、加工和分析，进而画出各

种图表，计算某些数据指标，从中找出规律，实现控制。

思考题

1. 请思考财政金融学知识如何帮助采购人员进行成本控制。

2. 在工作实践中，你曾经应用过哪些经济学知识进行成本控制，效果如何？

3. 请思考统计学知识对于采购人员进行成本控制的作用。

第四部分

T：巧用创新技术
N：引领协同降本

导读：为什么要全面协同降本

既然降低采购成本是采购人员永恒的职责，采购人员当然要毫无疑虑地推动商务降本。但商务降本的使用会有一定的局限性（瓶颈），其效用会逐渐递减，一旦供应商的价格回归到合理水平，商务降本就很难进行下去，此时，技术降本的作用逐渐显露（但要进行技术降本，采购人员不能独立完成，需要跨部门的团队协作，包括内部和外部人员）。例如，通过价值分析/工程（VA/VE）、技术创新、标准化等活动，优化产品设计、完善制造工艺过程、优化价值流、改善物流方案和物流效率等。

**Technologies
技术降本
❹**

T：巧用创新技术
N：引领协同降本

**团队协作，
技术降本**

Navigate

降低采购成本不只需要采购人员与供应商努力，还要通过跨部门合作来实现全面（全链条）、全流程和全员参与降本。我们把全面、全流程、全员称为"三全融合"。其目的就是强调要与供应链上的伙伴协同，共同挖掘创造价值和降低成本的机会，降低采购总成本。

此部分是 COST DOWN 架构的第四部分，重点在于采购人员推动技术降本，目标是能够"巧用创新技术，引领协同降本"。

这八大技术降本工具分成两章进行讲解。

第七章，全面降本技术，侧重于讲解技术工具的应用，以及跨部门、技术引领、团队协作的方法，包括价值分析与价值工程、创新突破、标准化。

第八章，全链条协同降本，侧重于讲解供应链的协同，包括供应链协同、价值链管理、ESI/EPI、伙伴供应商以及数字化、信息化技术的应用，打通流程，提升效率，引领降本的未来发展方向。

Chapter 7

第七章

全面降本技术

学习目标

1. 掌握价值工程的概念及常用的方法。
2. 掌握创新引领的概念及常用的方法。
3. 掌握标准化的概念及常用的方法。

本章开始,我们以飞利浦公司最近几年的采购管理实践,介绍 DFX 在飞利浦的成功应用,来引出技术降本在企业的应用,开启"三全融合——全面降本技术"之旅。

飞利浦采购管理风暴:重新定义 DFX,斩除高成本

DFX(design for X)是面向产品生命周期各环节的设计,即在设计产品(产品开发过程)时,不但要考虑功能的要求,还要同时考虑产品整个生命周期各阶段的相关要求——可制造、可装配、高效性和经济性等,对产品进行优化设计或再设计。

其中,X 可以代表产品生命周期的某一环节,如制造(M)、装配(A)、测试(T)、使用(U)、维修(R)、回收(R)、报废(S)等;也可以代表决定产品竞争力的因素,如质量(Q)、成本(C)、时间(T)等。例如,在

第五章"产品设计优化"中讲到过"面向采购的设计"和"面向生产的设计"。

背景介绍

相信大多数人都认同,这个世界上竞争最激烈的战场莫过于电子产业了。各种新技术、新方法层出不穷,消费者的喜好短时间就会发生剧烈的变化。为了能够在全球化的惨烈竞争中生存下去,以更低的成本应对挑战,诞生于1891年的老牌电子产品公司——飞利浦,需要改变点什么。从2011年4月开始执掌帅印的CEO万豪敦先生,开始了大刀阔斧的改革,发起了名为"accelerate"的转型计划。

改革首先从瘦身开始,船小好掉头。他先后将公司没有竞争力的业务部门剥离,摆脱了电视、音像等事业部;为了战略调整的需要,将照明事业部与皇家飞利浦拆分(2018年照明事业部更名为Signify,产品被授权继续使用"PHILIPS"商标)。

除了瘦身,更重要的是强肌。飞利浦要想办法增强现有产品的竞争力,为此聘请了新的首席采购官(CPO)弗雷德里克·施帕尔克(Fredrick Spalcke)。新任CPO带来了一个雄心勃勃的计划,三年之内要降本10亿欧元,采购成本的降低可以应对竞争的压力。这位在华为工作过,对中国很熟悉的CPO,首先把自己的常驻办公室搬到上海,因为中国是最主要的采购地与供应市场。从此,施帕尔克在飞利浦开启了一个DFX的新时代。

如何推行DFX

DFX并不是一个新鲜玩意儿,早在20世纪80年代,由设备制造商NRC公司发明,是面向产品生命周期各环节的设计,即在设计产品(产品开发过程)时,不但要考虑功能的要求,还要同时考虑产品整个生命周期各阶段的其他要求,比如,质量、成本、可制造性等。相信大家都听过或参与过VA/VE,简单地理解,DFX的理念相通于VA/VE,但其广度和深度又高于VA/VE。为了实现目标,飞利浦对DFX进行了改造。

首先将X定义成excellence,表明这是为了卓越而进行的价值重构。它的关注点已远超设计方面。DFX方法可以对新的设计和已有的产品都展开研讨,识别产品对客户的核心价值以及权衡不同选项的利弊。具体做法是，针对飞利浦产品和服务的总拥有成本进行优化，包括整个价值链中从市场营销、产品管理、研发到运营和财务，甚至供应商的跨职能团队的所有决策者都参与，由采购部门（主要是采购工程和DFX管理部）推动协调。这种创新方法的目标是通过调查飞利浦的设计、制造和交付产品的方式，挑战价值链的各个方面，进行全面改善，系统地降低产品的成本。不像之前的成本节约行动，只关注一个产品的某个方面，DFX会考虑一个产品从诞生到退市的所有方面是否最优。

此外，DFX还以成本建模（成本分析）为基础，促进设计、市场、制造、质量、采购、服务等各功能团队的合作。DFX项目中开展各种研讨会。DFX管理部的咨询师、成本大师使用不同的工具，如利益相关者图析、白点分析等，引导讨论并在这个过程中产生很多新的想法、见解，以达到增值并降低总拥有成本的目的。

以前，公司的各职能部门界限分明，孤岛效应明显。大家只关注自己的一亩三分地，研发负责产品设计，制工负责生产，品质负责质量，采购负责材料、零部件或整机来源，而营销部门负责销售。但DFX要求各部门协同配合，大家一起参与进来：营销部门可以告诉项目团队消费者喜欢什么、不喜欢什么，研发可以做设计优化，制工和品质可以简化制造过程。更重要的是，采购人员从一开始就参与进来，分析成本，并对需求提出质疑，供应商以它的专业生产制造能力，可以提出自己的优化方案。最后，通过管理决策的过程，决定最优的改善方案，降低成本。

组织架构的调整

任何变革都会引发旧体系的调整，以适应新的变化。施帕尔克开始了组织架构的调整，将整个采购组织整合、重组成采购工程与品类经理两大职能，同时新建DFX管理部。

以前飞利浦采购职能的员工分散在三大业务板块（照明、优质生活和医疗）里，采购人员向自己所在的业务部负责，各业务部管理者根据各自业务的需求制定采购人员的绩效指标。这种地方割据、各自为政、分散采购的工作模式被打破了。

新的品类经理的角色和责任，转变为集中采购的功能，负责品类战略的制定与供应商的开发和管理，不再仅仅为单个事业部进行采购，而是服务于整个公司的不同组织和部门。而采购工程，紧密联系自己所负责的业务部门，承担新项目中的采购开发、开展DFX项目的职责。它同时还改变了汇报路线，采购人员向采购体系内的领导汇报，而不再需要向当地的、非采购部的事业部负责人汇报了。

新建的DFX管理部隶属在中央采购下面，直接归施帕尔克本人领导。下设咨询师、成本大师两个主要功能团队，负责开发新的方法、工具，培训、指导，推进以及协助DFX项目的开展。DFX管理部在飞利浦的各个事业部开展了600多个DFX项目，涉及集团各种直接和间接的支出。超过5000名员工接受了DFX培训，建立了一个强大的DFX联系网络，用于信息交换和讨论。

万豪敦领导的飞利浦"accelerate"转型计划还在继续，一个崭新的、以引领健康生活方式为使命的新飞利浦轮廓逐渐清晰起来。在这个进程中，DFX及采购组织的贡献有目共睹。万豪敦说："我为整个采购团队感到自豪，他们体现出了'accelerate'所代表的精神。"

小师妹插嘴

哇，DFX的效果这么强大，老牌公司都在使用。看来技术降本的使用，跨团队的协作很重要啊。还有哪些常用的技术工具呢？

学霸掉书袋

DFX确实是强大的方法论，它引领降本模式的变革，由单纯的商务降本转变为与技术降本同步使用，但其牵涉的资源多而复杂。我们在本章介绍三种常用的工具：VA/VE、技术创新以及标准化。

一、价值分析与价值工程：做有价值的事

价值分析与价值工程（VA/VE）作为一种成本管理技术已经广为人知，但仍有人搞不清它的具体内容和工作流程是什么。

我们买一个产品，是买它的什么呢？是买产品本身吗？

是因为它具有使用价值，我们才愿意购买，这个使用价值就是商品的功能，用 F（function）表示。例如，用户购买电冰箱，是因为其有冷藏功能；购买电灯泡，是因为其有照明功能。而且，同样的物品在不同场合人们对其有不同的功能要求。

功能的价值如何体现，或者说使用价值如何物化？需要将功能与成本（cost，用 C 表示）结合，用公式表达就是：

$$V=F/C$$

这个公式的意义就是我们平常所说的"性价比"。从上面的公式来看，"价值"可以定义为：**对象所具有的功能与获得该功能的全部费用之比。**

（一）VA/VE

价值分析（value analysis，VA）与价值工程（value engineering，VE），就是通过集体智慧和有组织的活动，系统地应用公认的技术，以产品或功能分析为核心，以提高产品或作业的价值为目的，力求以最低成本实现产品或作业所要求的必要功能的一项有组织的创造性活动。

价值工程通过设计优化来降本，它关注产品价值流过程的优化，减少不必要的浪费、提升供应链的效率、增加产品的附加值。因此，它不再是企业与供应商之间的零和游戏，相互间更多的是合作而不是压迫。

很多时候 VA 和 VE 都是一起出现的，这两个概念有区别吗？

VA 用于现有产品，通常产品投放市场之后（产品量产后）才开展分析活动，也就是说，价值分析是一种事后行为，关注已有产品和系统的管理流程的价值研究与改善；而 VE 是在产品设计与开发阶段（产品量产前）就开始的价值分析，是针对新产品的价值研究。其实 VA 和 VE 本质上是一样的，所以 VA 和 VE 经常一起出现，很多公司在新产品开发阶段就开始应用 VE，而将 VA 看成一种不断改进产品的途径。下文的叙述，我们用"价值工程"来统一代表"VA/VE"。

显然，从价值公式可以看出，我们要想提高价值，可以采用少花钱多办事的方法，也可以采用其他方法，如表 7-1 所示的五种主要途径。

表 7-1　提高价值的五种主要途径

原理	方法	说明
$F\uparrow/C\rightarrow=V\uparrow$	成本不变，功能提高，通过增加功能来提高价值	VC（value creation）型，或功能提高型改善，在相同的成本条件下，增加产品的功能
$F\rightarrow/C\downarrow=V\uparrow$	功能不变，成本下降，通过降低成本来提高价值	CR（cost reduction）型，在功能不变的条件下降低成本，为一般性的 VE
$F\uparrow\uparrow/C\uparrow=V\uparrow$	稍微提高成本，大幅度增加功能	为市场开拓型 VE，常用于稍微增加成本，就能确保产品优越性的新产品开发
$F\downarrow/C\downarrow\downarrow=V\uparrow$	功能略有下降，成本大幅度下降	产品的衍生型号，开发对价格敏感的客户，扩大市场占有率
$F\uparrow/C\downarrow=V\uparrow$	成本下降，功能提高，通过同时增加功能、降低成本来提高价值	这也是 VC 的一种，也称为改革型改善，是最理想、最困难也是最重要的一种

同时，成功的价值工程开展需要注意以下事项。

（1）管理层必须真心投入与支持。

（2）负责执行的人必须得到授权。

（3）执行人要尽量专职，而且要成为价值工程的专家。

（4）推动价值工程活动必须是自上而下，而提出价值工程改善方案必须是自下而上。

（5）推动小团队活动，培养自动自发的精神。

（6）建立模范团队，以便于观摩和学习。

（7）与其他有成功经验推动价值工程的公司进行交流。

（8）各单位良好的互动关系。

（二）价值工程的方法

通常，价值工程的工作流程分为四个阶段——**准备阶段、分析阶段、创新阶段以及实施阶段**，或者九个步骤——选择对象、组织团队、信息收集、功能分析、方案创造、方案评估、方案细化、方案审批以及方案实施（见表 7-2）。

表 7-2　价值工程的工作流程

工作阶段	基本步骤	对应的问题
一、准备阶段	1. 选择对象 2. 组织团队 3. 信息收集	1. 做什么 2. 谁来做

(续)

工作阶段	基本步骤	对应的问题
二、分析阶段	4. 功能分析与评价	3. 它的作用是什么 4. 它的成本是多少 5. 它的价值是多少
三、创新阶段	5. 方案创造 6. 方案评价 7. 方案细化	6. 有其他方法实现这个功能吗 7. 新方案的成本是多少 8. 如何展开工作
四、实施阶段	8. 方案审批 9. 方案实施	9. 新方案能满足要求吗 10. 有必要为新方案投资吗？方案实施的过程可以复制吗 11. 实现目标了吗

1. 准备阶段

准备阶段要做的主要工作是确定目标，包括选择对象、组建团队和信息收集三个步骤，主要回答"做什么"和"谁来做"这两个问题。

（1）选择对象。产品的选择可以采用定性以及定量的方法。定性的方法可以考虑：

市场发展方面的因素：产品是否是市场潜力大、有发展前途的？产品是否是竞争激烈、市场占有率需要扩大的？

价值提升方面的因素：设计因素（结构复杂、重量大、尺寸大、材料贵或性能差的产品，技术水平低的产品）、制造因素（产量大、工艺复杂、不良率高或占用关键设备工作量大的产品）、成本因素（成本高的产品）。

定量分析的方法主要有：ABC 分析法、价值系数法、百分比法、产品寿命周期选择法等。我们这里介绍 ABC 分析法。

ABC 分析法又称帕累托（Pareto）分析法，相信大家都知道 20/80 原则，即 20% 的人口拥有 80% 的财产。这个原则是根据帕累托对意大利社会财富的分配规律研究而得来的。

产品有许多零部件，其成本具有非常类似的规律（见图 7-1）。

A 类零部件：占产品总零件数 10% 左右的零件，其成本往往占产品总成本的 60%～70%。

B 类零部件：占产品总零件数 20% 左右的零件，其成本也占总成本的 20% 左右。

C 类零部件：占产品总零件数 70% 左右的零件，其成本只占总成本的

10%～20%。

这样，在选择对象的时候，可以优先选择改进潜力大、效益高的 A 类零部件作为价值工程的主要对象，可获得较大成果。

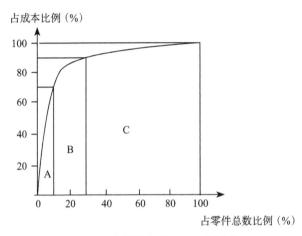

图 7-1　定量分析的 ABC 分析法

（2）组织团队。价值工程活动是一个跨部门的活动，需要将不同职能部门的人员进行整合。无论项目的目标是如何制定的，最终都需要有力的团队去实施，因此项目团队的建设需要具备以下特点。

专业化：围绕着价值工程所要实现的目标和针对的产品确定专业性的人员，要确保每一个人都是可以独当一面的专业人才。

制度化：没有规矩不成方圆，制度的建设可以规范团队的工作展开，保障价值工程活动目标的实现。这些制度包括考勤制度、会议制度、文件制度以及激励制度等。

固定化：团队的人员要相对稳定，经常性的人员变动不利于价值工程活动的实施。

（3）信息收集。信息收集的范围如下所示。

产品性能信息：产品使用环境、性能技术标准要求、外观等方面的要求。

产品设计、制造信息：产品的结构、材料、工艺等。

市场信息：市场价格要求、竞争状况、市场占有率、竞品的成本和价格等。

法律、政策信息：环境保护、法规、条例等。

信息收集的方法也有很多，项目团队可以采用走访询问、观察、试验以及调查等方法。这里介绍常用的一种方法——产品拆解（teardown）。

产品拆解，又叫逆向工程，指将自己的产品和竞争对手的产品分解成各个组成部分，进行对比分析，挖掘功能、成本的差异。产品拆解是学习的一种方式，是分析竞争对手产品的常用方法，尤其是应用于价值工程当中。这种方法于 20 世纪 60 年代由日本企业所"发明"，当时它们想知道欧洲的汽车和照相机是如何工作的。当然，这种做法难免有"山寨"的嫌疑。有些小企业在发展的初期阶段，自身研发实力不足，无法与财大气粗的品牌商进行正面作战，最简单的办法就是在市场上购买比较畅销的产品，拿回来进行拆解分析，然后学习模仿成功的经验。现在，很多跨国公司都有专门的团队进行拆解分析工作。

跨部门团队对产品进行拆解，产品被彻底分拆成最小的组成部分（零部件），然后研究针对同样的功能，竞争对手所用的最佳解决方案是什么，再分析材料、零件及其成本。这样系统地分析，可以窥探技术发展的趋势，这是非常有价值的，使企业不至于落后于行业的最新发展水平。

收集信息时要注意信息的准确性、全面性和时效性。

2. 分析阶段

分析阶段要做的主要工作是功能定义和功能评价，主要回答"它的作用是什么？它的成本是多少？它的价值是多少"这三个问题。

（4）功能分析。功能分析的第一步是功能定义。功能定义就是明确所要求的功能，便于进行功能评价以及广开设计思路。

当然，对功能进行定义需要做到简洁明确，适当描述和量化以及采用动宾结构（用动词和名词宾语把功能简洁地表达出来，主语是被定义的对象）进行描述，如表 7-3 所示。

功能按重要程度可分为基本功能与辅助功能，按性质可分为使用功能与美学功能，当然，也可以按有用性分为必要功能和不必要功能。

基本功能，是指为达到其（使用）目的所不可缺少的重要功能，是用户所需必不可少、有实用价值的功能。

表 7-3 功能定义的例子

定义对象	功能	
主语（名词）	谓语（动词）	宾语（名词）
杯子	盛装	液体
电线	传递	电流
传动轴	传递	扭矩
机床	切削	工件

辅助功能，为实现基本功能而附加上去的功能。

使用功能，满足用户的实际物质需求的功能，简单地说就是基本功能与辅助功能之总和。

美学功能，是能够满足人们审美需求的功能。

例如，对手机的功能进行分类，可以得出如下结果。

基本功能——信号的收发。

辅助功能——上网。

使用功能——打电话、发信息、网络连接、装 App。

美学功能——美观。

基本功能、辅助功能、使用功能和美学功能都是必要功能，而多余、过剩的功能是不必要功能。价值工程的原则就是去掉不必要的功能，使基本功能、辅助功能的成本最小化，通过成本削减追加对客户有价值的新功能。

功能分析的第二步是功能评价，是建立功能与成本之间的关系，是对已明确的具体功能进行数量化的价值评价，进一步确定功能改善的目标。功能评价主要是用来制定目标成本（包括制定成品以及零部件的目标成本），同时预测对象改善的效果，保证取得更大的经济效益。

（1）计算当前的功能成本。通常，我们可以获得零部件的成本，为了评价功能，必须将零部件的成本转换分配到相应的功能上去。例如，某零件功能成本的计算如表 7-4 所示。

首先，采购人员从成本 BOM 表中获得产品的各零部件及当前的成本。比如，表 7-4 所示的例子中有 Ⅰ、Ⅱ、Ⅲ、Ⅳ 四个零件，成本分别是 150、250、30 和 70 元，总成本 C 为 500 元。

表 7-4　功能成本分析表

零部件			功能或功能领域					
序号	名称	目前成本（元）	F_1	F_2	F_3	F_4	F_5	F_6
1	Ⅰ	150	50		50			50
2	Ⅱ	250		25	75	100		50
3	Ⅲ	30				20		10
4	Ⅳ	70	25	20			25	
合计		C	C_1	C_2	C_3	C_4	C_5	C_6
		500	75	45	125	120	25	110
成本系数		1.00	0.15	0.09	0.25	0.24	0.05	0.22

然后，工程部门按照功能定义确定产品的功能 $F_1 \sim F_5$，项目组按功能要求分摊每个零件的成本到相应的功能上，得到零件的功能成本。例如，零件Ⅳ具有三个功能 F_1、F_2 和 F_5，把零件成本 70 元分配到三个功能上，F_1 为 25 元，F_2 为 20 元，F_5 为 25 元。

最后，汇总每个功能的总成本，得到各功能当前的成本 $C_1 \sim C_6$，并计算成本系数 = 单功能成本 / 功能总成本。

（2）制定目标成本。目标成本在第四章"目标成本法"中已有探讨。在制定目标成本之前，先要确认目标价格。目标价格一般由财务与市场部门按销售价格来确定。

目标成本可以采用目标利润法及最低成本法来确定。

目标利润法：目标成本 = 目标价格 − 目标利润 − 管理费 − 其他费用。

最低成本法：将同类产品的实际成本与市场平均成本做比较，选择最低的实际成本为目标成本。成本项的比较可以按照六大成本结构来进行。

（3）功能评价方法。常用的功能评价方法有标准评价法、重要性系数评价法、联想法、类比法及设问法等。我们这里介绍重要性系数评价法。

例如，如表 7-5 所示，某产品由 4 个零件 A、B、C、D 组成，实际成本为 100 元，拟降到 90 元（产品的目标成本），试确定各零件的目标成本和成本降低额。

a. 计算功能重要性系数（功能评价系数）。

使用功能重要性系数评价法（也称四分制评价法），它是对零部件的功能进行一对一的比较、判断重要性、打分，求出功能重要性系数。常用的评价规则如下。

表 7-5 重要性系数评价分析表

零件	A	B	C	D	功能得分	功能重要性系数 F	实际成本	成本系数 C	价值系数 $V=F/C$	按功能系数分配目标成本（×90元）	成本降低额
A	—	1	2	3	6	0.25	35	0.35	0.71	22.5	−12.5
B	3	—	4	4	11	0.46	30	0.30	1.53	41.25	11.25
C	2	0	—	2	4	0.17	20	0.20	0.83	15.0	−5.0
D	1	0	2	—	3	0.13	15	0.15	0.83	11.25	−3.75
合计	—	—	—	—	24	1.00	100	1.00	1.00	90.0	10.0

非常重要的零部件功能得 4 分，另一比较不重要者得 0 分，比如，B 零件的功能与 C 零件的功能对比，B 非常重要得 4 分（在 B 行 C 列的位置填写"4"），相应的 C 则得 0 分（在 C 行 B 列的位置填写"0"）。

比较重要的零部件功能得 3 分，另一比较不重要者得 1 分，比如，A 零件的功能与 D 零件的功能对比，A 比较重要得 3 分（在 A 行 D 列的位置填写"3"），相应的 D 功能则得 1 分（在 D 行 A 列的位置填写"1"）。

两个零部件功能同样重要的，各得 2 分。

将各个功能的评分值累加，可以看出 B 零件的功能得到 11 分最高，说明 B（基本功能）是非常重要的功能，而 D 零件（外观功能）仅得 3 分，说明是不重要的功能。

最后，将各功能的评分加总得到 24 分，再计算每个功能的加权系数（填写在表中"功能重要性系数 F"列），例如，B 零件功能的加权系数为 11/24=0.46。

b. 计算成本系数。

成本系数 = 实际成本 / 实际成本总值，例如，零件 B 的成本系数为 30/100=0.30（填写在表中"成本系数 C"列）。

c. 计算价值系数。

价值系数 = 功能重要性系数 / 成本系数，例如，零件 B 的价值系数为 0.46/0.3=1.53（填写在表中"价值系数 $V=F/C$"列）。

d. 根据价值系数的大小，判断改善的方向。

价值系数 =1，说明功能与成本的配置恰当，是合理的。

价值系数 >1，说明零部件功能高，成本低，看似以低成本实现了高价值，但此时应检查这个零部件的功能是否达到了要求。若未达到，也应作为价值工程的改进对象，或者剔除多余功能，或者适当增加成本。例如，零件 B 的价值系数为 1.53，大于 1。

价值系数 <1，说明成本对于所实现的功能来说偏高，应降低成本。这个零部件可以选为改进对象。例如，零件 A、C、D 的价值系数 <1。

e. 计算各零件的目标成本。

根据总目标成本 90 元，按功能系数来分配各零件的目标成本，各零件分配的目标成本 = 功能重要性系数 × 总目标成本，例如，零件 B 的目标成本为 0.46×90=41.25 元（填写在表中"按功能系数分配目标成本"列）。

f. 计算成本降低额。

有了零件的实际成本和分配的目标成本，就可以计算成本降低额。成本降低额 = 分配的目标成本 − 实际成本，例如，零件 A 的成本降低额 =22.5−35=−12.5 元，意味着零件 A 需要降低 12.5 元（填写在表中"成本降低额"列）。

3. 创新阶段

创新阶段要做的主要工作是制订改进方案，包括方案创造、方案评价以及方案细化三个步骤，主要是回答"有其他方法实现这个功能吗？新方案的成本是多少？如何展开工作"这三个问题。

（5）方案创造。方案创造就是看方案是否有可替代性的设计。这是个团队协作的过程，可以采用 BCD 组织模型发挥每个成员的积极性，集思广益，提出能够可靠地实现必要功能的新方案。方案创造相当于做加法，创新的方案越多越好。这里介绍"迈尔斯 13 条原则"来帮助思考。

- 避免一般化、概念化，要做具体分析。
- 收集一切可用的关于费用的资料。
- 使用最可靠的信息。
- 打破旧框架，进行创新和提高。
- 发挥真正的独创性。
- 找出故障，克服故障。
- 请教专家，增长专业知识。
- 对于重要公差要进行加工费用核算。

- 尽量利用专业化方式生产产品。
- 利用和购买专业化工厂的生产技术。
- 采用专门的生产工艺。
- 尽可能采用标准化。
- 以"如果是我自己的钱,能否这样用"作为判断标准。

(6)方案评价。方案的评价可以从初步评价逐渐到详细评价(可以从技术、经济、社会三个方面进行)。方案评价相当于做减法,利用综合技术、经济以及社会评价给出综合评价结果,最后确定最优方案。

初步评价。评价的结论可分为采用、保留或不采用。例如,某密封件改进方案的初步评价表如表 7-6 所示。

表 7-6 改进方案的初步评价表

序号	改进设想	初步评价		
		技术	经济	结论
1	O 型圈	×	○	△
2	V 型圈	×	×	×
3	Y 型圈	×	×	×
4	T 型圈	○	○	○

备注:○表示采用,△表示保留,×表示不采用。

详细评价从技术、经济、社会三个方面进行。

技术评价:主要评价方案能否实现所要求的功能,以及方案在技术上能否实现。评价方法有技术价值标准法、德尔菲法(专家调查法)。

经济评价:包括费用的节省、对企业或公众产生的效益、产品的市场销路以及能保持盈利的年限。经济评价的方法有总额法、差额法、直接成本法以及盈亏评价法(通过盈亏平衡点分析、评价不同改进方案价值大小)。

社会评价:主要评价产品大量投产后对社会的影响,涉及国家法规、经济政策、技术政策、顾客利益,诸如污染、噪声、能源的耗费等。内容包括企业、顾客利益一致性;方案功能和技术政策、规划一致性;方案实施和社会环境保护一致性。

(7)方案细化。各个职能部门根据方案评价的结果,制订各自方案的细化实施程序。各项程序的制定可以借鉴 QCC 活动的方法，分为问题解决型和课题达成型。

4. 实施阶段

实施阶段要做的主要工作是评价成果，包括方案审批和方案实施两个步骤。主要回答"新方案能满足要求吗？有必要为新方案投资吗？方案实施的过程可以复制吗？实现目标了吗"这几个问题。

（8）方案审批。方案的审批，需要通过"价值工程建议书"的形式提出，概要说明新老方案的不同特点、方案的可行性以及明确相关部门的工作内容和工作量，并且列明方案实施需要的资金投入和预计的产出。参与评审的小组人员可以包括设计、工艺、质量、销售、供应、财务、生产等部门的人员。

（9）方案实施。价值工程是一项系统性的技术经济工作，在新产品研究出来后，就可以组织团队协同开展实施，比如，按如下的结构形式来进行。

以价值工程领导小组的形式：技术经理、财务经理组成领导小组，相关职能部门主管参加，构成公司网络，负责公司价值工程的组织、计划、协调、审查。

以价值工程委员会的形式：以总经理为首的委员会以行政手段开展活动。

以企业管理办公室的形式：负责价值工程领导工作，并配备 1～2 名工作人员。

当然，有条件的以及重大的项目可以聘请咨询专家或咨询机构来实施。

在方案实施过程中，应该对方案的实施情况进行检查，发现问题及时解决。方案实施完成后，要进行总结评价和验收，比较价值工程的综合效益和原设计技术的经济效益，目的是：确定技术、经济、社会效果；了解价值工程工作计划的执行情况及目标实现情况；提供奖励依据。

鉴定的标准可以包括企业经济效益及社会效果的指标，例如，全年净节约额、节约百分比、节约倍数等。

(三)价值工程案例分析

我们以牙膏产品的价值工程为例,看一下价值工程的应用。

【案例】

背景

某牙膏品牌是国内牙膏市场的领跑者。现阶段牙膏的主要功能为防蛀、健齿、口气清新,而通过市场调研发现,随着人们生活水平的提高,越来越多的人注重美白效果。公司管理层决定在原有某型美白牙膏的基础上,加大美白效果与力度,推出新的美白牙膏,并命名为"超感白牙膏"。为了进一步分析这款牙膏的市场价值,提升利润率,现在利用价值工程的原理和方法,对产品成本进行优化。

对象选择

通过对原美白牙膏全年的生产费用进行分析,利用百分比分析法,选择价值工程分析对象,美白牙膏的成本费用比重分析如表7-7所示。

表7-7 美白牙膏成本费用比重分析表

成本项目	材料	燃料	动力	工资	车间经费	总计
成本(万元)	8 726	977	1 309	960	759	12 731
比重(%)	69	8	10	7	6	100

结果表明材料费用约占总成本的69%。因此,选定材料作为价值工程研究的对象,通过降低材料消耗,可以降低总的生产成本,从而提高企业效益。

信息收集

在确定价值分析对象后,收集超感白牙膏的材料组成及其成本等有关价值工程需要的数据。

功能整理

根据超感白牙膏的功能要求,按照逻辑关系绘制功能系统图,如图7-2所示。

计算功能评价系数

根据各组分的重要程度,采用0~1打分法,两两对比,重要性高的打 1 分，不重要者打 0 分。根据各组分的得分结果，计算各种组分的评价总得分为 1+2+3+…+13=91。

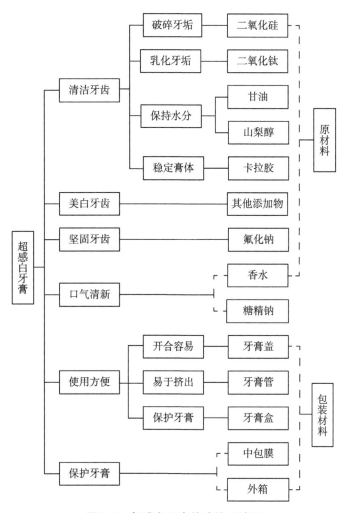

图 7-2 超感白牙膏的功能系统图

某组分的功能评价系数 $\dfrac{某组分得分}{\sum 各组分的得分}$，得到各组分的功能评价系数，如表 7-8 所示。

计算各组分的成本系数

根据现行产品的成本数据，利用成本系数计算公式计算各组分的成本系数。

表 7-8 功能评价系数表

组分	功能评价系数	组分	功能评价系数
山梨醇	0.143	香水	0.132
卡拉胶	0.121	其他添加物	0.011
糖精钠	0.033	牙膏管	0.088
氟化钠	0.022	牙膏盖	0.077
二氧化钛	0.055	牙膏盒	0.066
二氧化硅	0.099	中包膜	0.000
甘油	0.110	外箱	0.044

某组分的成本系数 $\dfrac{某组分的成本}{\sum 各组分的得分}$，计算结果汇总在表 7-9。

表 7-9 各组分的成本系数表

组分	成本（元）	成本系数	组分	成本（元）	成本系数
山梨醇	5 688	0.036	其他添加物	3 000	0.019
卡拉胶	16 485	0.105	牙膏管	18 000	0.115
糖精钠	1 714	0.011	牙膏盖	3 840	0.025
氟化钠	1 106	0.007	牙膏盒	32 640	0.209
二氧化钛	3 160	0.020	中包膜	744	0.005
二氧化硅	49 139	0.314	外箱	2 960	0.019
甘油	9 687	0.062	合计	156 282	1.000
香水	8 119	0.052			

价值分析

利用上面两张表的数据，根据价值系数计算公式，计算各组分的价值系数。

某组分的价值系数 $=\dfrac{某组分的功能系数}{某组分的成本系数}$，计算结果如表 7-10 所示。

表 7-10 价值系数分析表

组分	功能评价系数	成本系数	价值系数
山梨醇	0.143	0.036	3.925
卡拉胶	0.121	0.105	1.146
糖精钠	0.033	0.011	3.007

(续)

组分	功能评价系数	成本系数	价值系数
氟化钠	0.022	0.007	3.105
二氧化钛	0.055	0.020	2.717
二氧化硅	0.099	0.314	0.315
甘油	0.110	0.062	1.773
香水	0.132	0.052	2.538
其他添加物	0.011	0.019	0.572
牙膏管	0.088	0.115	0.763
牙膏盖	0.077	0.025	3.131
牙膏盒	0.066	0.209	0.316
中包膜	0.000	0.005	0.000
外箱	0.044	0.019	2.321
合计	1.000	1.000	1.000

由表 7-10 可知，卡拉胶的价值系数近于 1，说明成本和价值配置基本合理。山梨醇、糖精钠、氟化钠、二氧化钛、甘油、香水、牙膏盖和外箱的价值系数大于 1，说明以较低的成本满足了功能需要；由于中包膜的功能系数为 0.000，且成本比重很小，故不在价值优化考虑之列。二氧化硅、牙膏管和牙膏盒的价值系数低于 1，说明成本偏高，在保证基本功能的情况下，降低各组分的成本，是降低、调整的重点。

提出改进方案，实施改进措施

（1）二氧化硅。二氧化硅是牙膏中的主要摩擦剂，担负着主要的清洁牙垢和牙结石的任务，其质量的好坏直接影响牙膏的清洁效果和口感。确定在不降低二氧化硅质量的前提下，尽可能降低二氧化硅的成本。由于二氧化硅是外部采购的，要求项目小组与供应商充分合作，改进供应商的生产工艺，降低二氧化硅的采购成本。

（2）牙膏盒。由于牙膏盒直接与消费者接触，在保护产品的同时，也起到招徕顾客的作用。各牙膏生产厂家对牙膏盒都非常重视。公司大约每半年更换一次牙膏盒的图案，以保持产品的竞争力。公司的牙膏盒也是外购的，项目小组发挥供应链的优势，与供应商密切合作，提出以下降低牙膏盒成本的措施：采用更有价格竞争力的牙膏盒纸板；改进印刷工艺，减少生产损耗；改变牙膏盒的排列方式，提高牙膏盒纸板的利用率；改进牙膏管尺寸，改进牙膏盒尺寸，减少用纸量。

（3）牙膏管。由于牙膏管与最终消费者的接触时间最长，其质量的高低直接影响消费者的使用是否便利，对二次购买率的影响很大。牙膏管是公司自己生产的，项目小组与制管车间合作，提出改变牙膏管材结构，降低牙膏管材成本。改进制管工艺，减少制管损耗；改变牙膏盖材料，降低牙膏盖成本。

通过上述措施的实施，可以使超感白牙膏的成本结构更加合理，提高产品竞争力。

方案评价

（1）方案的技术评价。

1）对于二氧化硅，采用与供应商合作的方式，要求供应商改进生产工艺与管理，降低二氧化硅的生产成本。由于用量很大，供应商乐于配合牙膏的生产要求，在理论和实践上是可行的。

2）对于牙膏盒，改变纸板结构、纸盒尺寸等措施在理论上和操作上都是可行的，不会降低原有产品的质量。很多牙膏厂家都在做相似的改进。

3）对于牙膏管，主要是要求本公司各部门进行协助与配合，将改进措施变成实际的可生产的流程。

（2）方案的经济评价。

通过以上改进措施的实施，超感白牙膏各组分的价值系数可以达到一个合理水平（见表7-11）。

成本降低率＝（改善前成本－改善后成本）/改善前成本

表7-11　成本降低总结表

组分名称	改善前成本（元）	改善后成本（元）	降低成本（元）	成本降低率（%）
二氧化硅	49 139	39 311	9 828	20
牙膏盒	32 640	27 744	4 896	15
牙膏管	18 000	12 600	5 400	30

全年节省额：按全年销售额2680吨计算，成本节约为11 235 900元，即成本节省的经济效益超过1000万元（注：以1000箱计）。

资料来源：陈志祥，张国兴.价值工程在日化企业产品开发中的应用[J].中国工程科学，2005，7（6）.

二、创新引领：新方法助力成本降低

下面用"中国电动车网"的一篇新闻报道，来说明技术上的创新突破对成本降低的贡献。

【案例】

2017年7月29日，由全国新能源汽车运营产业联盟主办，中国电动车网承办的"2017中国绿色物流供应链产业高峰论坛暨全国新能源汽车运营产业联盟成立大会"在浙江杭州举行。中国科学院电工研究所高级工程师刘钧在大会上做了"浅谈技术创新对降低电机控制器成本的重要作用"的主题演讲。

相关背景是研究电动汽车的电机驱动系统的技术突破实现成本降低。

电机驱动系统是支撑电动汽车技术体系的三项关键共性技术之一，相当于传统汽油车的发动机，因此，要求具有高性能、可靠安全、低成本的特点。

- 在高性能方面，要能保证车辆的动力，增加车辆续驶里程。
- 在可靠安全方面，直接影响车辆的可用性和用户的接受度。
- 在低成本方面，电机驱动系统的成本将影响新能源汽车的产业化进程。

1. 电机驱动系统的成本目标

美国能源部（Department of Energy，DOE）发布的电机驱动系统成本目标是，到2020年成本下降到8美元/千瓦，而到2025年，达到6美元/千瓦。其中技术创新是引领成本降低的主要因素。

2. 电机驱动系统的成本构成

电机驱动系统的成本中，电源模块占到成本的35%，信号电路占到30%，另外电容器和直流母线（动力电池线束）分别占比14%和10%，其他为11%。因此，从技术可行性和经济效益综合考虑，创新的发力点聚焦在电源模块、电容器以及直流母线。

3. 具体怎么做

（1）提升Si基IGBT模块的材料利用率：创新的IGBT封装技术提升

芯片单位面积的电流承载能力。塑封/双面冷却封装技术是被看好的规模化低成本方案之一；同时 Tj 在线检测（芯片集成温度传感器与损耗/热阻模型计算相结合），减小设计余量。另外采用量大价廉的塑封分立器件（如特斯拉），可有效降低模块成本（估计 >30%）。

（2）提高 Si 基 IGBT 模块国产化率降成本。

（3）IGBT 国际厂商优势明显，国内发展潜力巨大，目前，国内已形成了 IDM 模式和代工模式的 IGBT 完整产业链。以中车、比亚迪为代表的厂商已成功实现国产 IGBT 在高铁和新能源汽车中的应用，新能源汽车/轨道交通市场需求加速 IGBT 国产替代。

（4）提高电容及叠层母排的散热能力，可以有效提高电容纹波电流，减小铜排尺寸。

（5）功率控制总成与动力总成集成创新：电机+控制器+减速器（或变速箱）的乘用车动力总成集成方案和主驱+油泵+气泵+DCDC+高压配电的多合一商用车功率控制总成（PCU）方案均能有效降低系统成本。

（6）第三代半导体 SiC 控制器：SiC+先进封装技术可以有效降低控制器损耗，数倍提升控制器功率密度，规模化的系统综合成本是有优势的。

资料来源：时空电动汽车赞助并出席 2017 中国绿色物流供应链产业高峰论坛，中国电动车网，https://news.ddc.net.cn/newsview_72746.html。

从案例中可以看出，技术创新通常是对产品或工艺的创造过程，且能产生经济收益的技术活动。技术上的创新突破往往能带来革命性的解决方案，是成本降低的关键武器。

（一）对创新的认识

创新，是指基于现有的知识和条件，使用各种方法进行改进或创造全新事物的行为。比如，手机从功能机时代进入智能机时代，技术上的创新确实很厉害，从当初的打电话、发短信的功能，到现在的上网、娱乐完全不能离手，简直就是一个电脑终端。随着 5G 时代的来临，万物互联，手机的功能会越来越强大。

创新的重要性不言而喻，我国明确提出"科技创新是提高社会生产力和综合国力的战略支撑，必须摆在国家发展全局的核心位置"。强调要坚持走中国特色自主创新道路，实施创新驱动发展战略。通过创新引领我们的产业向技术方向转型，打造核心竞争力。

因此，对于企业来说，创新是为客户创造出"新"的价值。因此，不管是"发明"还是"创业"，如果没有给企业客户带来价值，都不算是创新。创新活动利用资源，也给资源赋能，使资源能够创造出更多的客户价值。创新的过程就是团队进行有目的性的攻关，创造价值，同时也让团队的能力在这个过程中得到提升。

创新通常有三层含义（由浅入深）。

改变，就是对原有的东西进行发展和改造。比如，持续改进就是一种全员参与的对现状进行的渐进式创新过程，相对容易着手开展。

更新，替换原有的东西。比如，微信对短信的替代，并且需要在模式上进行替代性考虑。

创造新的东西，原来没有的。所谓"颠覆式创新"，比如，汽车把马车"颠覆"了，指比较重大的创新，难度大。

简单来说，创新的内容包括理论创新、制度创新、科技创新、文化创新以及其他。理论创新是指导，制度创新是保障，科技创新是动力，文化创新是智力支持。它们相互促进，密不可分。

（二）创新的方法

在探讨了创新的基本内容之后，我们来看看基于采购的角度，有哪些创新的方法可以推动实现成本效益的最大化。我们介绍几种相关的方法。

1. TRIZ 理论

TRIZ 理论，通俗理解就是"创造性问题解决方法"，是苏联科学家阿奇舒勒在 20 世纪 50 年代提出来的。他通过研究大量的创造性发明专利，从中总结出一些创新问题的基本原理，发展成 TRIZ 理论。TRIZ 理论的强大作用就在于它为人们创造性地发现问题和解决问题提供了系统的理论、方法和工具。

现代 TRIZ 理论体系主要包括以下几个方面的内容。

（1）创新思维方法与问题分析方法。TRIZ 理论提供了如何系统分析问题的科学方法，如多屏幕法等；而对于复杂问题的分析，则包含了科学的问题分析建模方法——物-场模型，它可以帮助快速确认核心问题，发现根本矛盾所在。

（2）技术系统进化法则。针对技术系统进化演变规律，并在大量专利分析的基础上，TRIZ 理论总结提炼出八个基本进化法则。利用这些进化法则，可以分析确认当前产品的技术状态，并预测未来发展趋势，开发富有竞争力的新产品。

（3）技术矛盾解决原理。不同的发明创造往往遵循共同的规律。TRIZ 理论将这些共同的规律归纳成 40 个创新原理，针对具体的技术矛盾，可以基于这些创新原理、结合工程实际寻求具体的解决方案。

（4）创新问题标准解法。针对具体问题的物-场模型的不同特征，分别对应有标准的模型处理方法，包括模型的修整、转换、物与场的添加等。

（5）发明问题解决算法——ARIZ。主要针对问题情境复杂、矛盾及其相关部件不明确的技术系统。它是一个对初始问题进行一系列变形及再定义等非计算性的逻辑过程，实现对问题的逐步深入分析，问题的转化，直至问题解决。

（6）基于物理、化学、几何学等工程学原理而构建的知识库。基于物理、化学、几何学等领域的数百万项发明专利的分析结果而构建的知识库可以为技术创新提供丰富的方案来源。

下面用一个摘自《棋盘采购博弈法》的案例，看一下 TRIZ 理论的应用。

【案例】某法国汽车供应商规避专利壁垒

针对某个采购项目的内容，采购小组与采购总监讨论产品系列是否应包含组件 A。采购总监建议慎重决定："最好单独采购组件 A。据我所知，该供应商已经在欧洲、日本和北美为组件 A 申请了专利。到目前为止，这并不会给我们带来什么影响，因为组件 A 只用于小批量产品的生产。然而，这类产品的销售量与日俱增，且最新的市场预测显示，明年的销售前景更为乐观。这就意味着我们对此供应商的依赖会越来越强。因此，我们迫切需要采取行动以防止事态朝着不利于我们的方向发展。"

于是，该采购小组特别咨询了一名专利律师，该律师提出了一些备选方案。"基本上有以下几种可能：我们可以对该专利提出质疑，理由是该专利侵犯了现有专利。然而，是否能够找到这样的一个专利很值得怀疑。此外，如果提起诉讼，可能会拖上好几年的时间，而且在诉讼期间，供应商极有可能会故意设置各种困难。另外一种方案是，可以选择规避专利壁垒。此时，不得不绕过至少一项专利声明。换句话说，必须对组件 A 的某项关键特性做重大改变。然而，这个改变必须具有技术驱动力，也就是说，所做修改必须能改善产品功能等。对组件进行单纯的"外观"修改永远不可能在法庭上获得更多胜算。

根据这些信息，采购小组集思广益，共同商议各种解决方案。

我们需要有人对组件 A 做功能性分析，证明其存在缺陷，并制订更新更好的技术方案。

你的意思是要在汽车行业另找一个供应商？

不，我不认为我们能在行业内找到替代的解决方案。每个与我们的业务线相同的厂家都需要组件 A。我们真正需要的是一种全新的看待事物的方法。因此，最佳办法就是利用来自科学界专业人士的专业意见。

或许我们可以邀请俄罗斯科学家参与。我听说曾经为航空航天部门工作过的某位科学家现在正为某私营产业部门的产品创新提供服务。

为落实上述想法，采购小组开辟了全新的路径，迅速展开网络搜索，并且很快就找到了有关俄罗斯科学家和工程师的网上信息。俄罗斯专家确实令人印象深刻，他们不仅具备广泛的行业经验，同时还能有条不紊地解决各种问题。他们的目标不是要拥有更多发明，而是将已经被证实有效的方法和新发现从一个行业转至另一个行业。科学家解释说，发明对于行业来说，具有极其不确定性。因此，俄罗斯专家开始对组件 A 展开研究。他们迅速完成了功能性分析。结果令大家惊讶的是，科学家居然在组件 A 中找到了不少于 53 个缺陷，而且这还不是全部结果。又过了 8 个星期，其中一个俄罗斯科学家又提出了 20 个替代当前设计的备选方案。这 20 个备选方案均满足以下标准。

它们在经济和技术上都是可行的。

它们都没有侵犯组件 A 的专利。

它们都对组件 A 有大幅度改善。

它们都可以单独申请专利。

这些备选方案都可以用来与现有供应商进行谈判。这样做会在短期内带来成本节余，但是并未从根本上解决专利的问题。因此，20 个备选方案中的某些方案被用于内部研发，直至可以批量生产为止。但是，引进一个成功的备选方案可能带来的潜在利益是很难提前评估的。

2. 对标管理

所谓"对标"就是对比标杆找差距，以提升自己，做到"人无我有，人有我优，人优我快"。一些家长会拿自己的孩子和班里的其他同学进行对标，成绩好的都是"别人家的孩子"。拿年终奖的时候，也会和别的公司对标，然后发现，老板和公司还是"别人家的好"。

从企业管理来说，对标管理是以行业内外的一流企业作为标杆，从各个方面与标杆企业进行比较、分析、判断，通过学习他人的先进经验来改善自身的不足，从而赶超标杆企业，不断追求优秀业绩的良性循环过程。

做对标管理，可以横向对标——与业内最好的企业对比，明确自身与业内最佳的差距，从而进行改善和超越；纵向对标——现在与过去做对标；斜向对标——进行跨界对标，不管对方是干什么的，只要是好的就拿来对标；自身对标——与企业内部最好的部门进行对标。

对标管理的流程如图 7-3 所示。

图 7-3 对标管理的流程

做对标管理，首先要从选定比较对象开始，基于对标的目的，分析并确定合适的比较对象，找出并获取竞争对手的类似产品。如果对象选取得不合适，会导致比较的方向出现偏差。例如，拿拖拉机和跑车进行对标，最后得出的结论是拖拉机也要设计成流线型。这也是一个团队合作的过程，项目小组要对市场、研发以及供应商进行访谈以识别出竞争对手的产品。

比较对象选定以后，就要确定对标的技术参数。比如，如果你想减肥，就以体重作为主要的对标参数。

然后进行分析评估，项目团队进行评分，确定优先级，得出技术改善方案。

最后实施改进方案，并对结果进行评估分析，找出潜在的成本节约，总结经验教训，为将来做准备。

3. 合作创新

合作创新，简单来说，就是各合作方发挥各自的优势，强强联合创新。

对于采购来说，通常可以利用供应商的技术创新能力，来实现合作创新。通常，供应商在某一方面具有竞争力，比如在生产制造技术、工艺流程的改善能力方面；同时，供应商又为众多客户服务，能够接触最新的创新性产品，熟悉产品的发展趋势。因此，我们完全可以发挥供应商的创新能力，进行合作创新。

例如，有的公司把供应商的创新型解决能力纳入KPI考核指标当中，每年要求供应商提供最少两个创新性的方案，这种方案涵盖了产品、结构、工艺、供应链的优化各个方面。能够提供优质方案的供应商，给予一定的利益分成。这种奖罚分明的做法，促进了合作创新的开展。同时，对于供应商提供的创新方案，采用结构化流程来评估。比如，在公司层面成立特别的技术委员会，对创新构想进行预审，以避免占用不必要的内部研发资源。同时，必须在短时间内对每一个创新构想做出反馈。

特别是当竞争压力高且公司内部的研发资源供应不足时，利用供应商的创新能力就变得更加重要。

当然，除了与供应商合作，创新合作可以扩展到客户、研究机构、顾问公司，甚至是竞争对手。只要有利可图，敌人也可以变成友军。

三、标准化：提高效率就是降低成本

（一）理解标准化

标准是科学、技术和实践经验的总结。标准化是为了在一定的范围内获得最佳秩序，对实际的或潜在的问题制定共同的和重复使用的规则的活动。比如，大家都听说过标准件，就是标准化的典型应用。许多国家的标准化组织、中国的国家标准（GB），对某些产品或零部件提出了标准规格的要求。标准化的原理是针对具有同种功能的对象，当其多样性的发展规模超出了必要的范围时，消除其中多余的、可替换的、低功能的环节，保证其构成的精炼、合理，并使整体功能最佳。

标准化的重要意义是改进产品的通用性，显著地从材料、生产、服务和物流等方面降低成本。看起来，标准化是一件好事，可为什么非标零件仍然大行其道呢？因为，标准化的难题就是不能满足个性化的需求。但是对于个性化的需求，我们也要进行分解，找到其中能够标准化的部分，尽量标准化。比如，对新车型的开发，可以针对用户看不见的部分实现标准化（发动机、底盘），而针对用户看得见的部分采用个性化（车身、颜色）。这样结合处理，能使标准化部分获得规模优势，降低成本；而个性化部分可满足不同消费者的需求。

（二）标准化的实施方法

标准化的常用方法有简化、统一化、系列化、通用化、组合化及模块化等。

1. 简化

简化，是最常用的标准化手段，主要是想在满足要求的前提下，在一定范围内缩减对象的个数。

简化的一般原则是：

（1）对客观事物进行简化时，既要对不必要的多样性加以压缩，又要防止过分压缩。

（2）对简化方案的论证应以确定的时间、空间范围为前提。

（3）简化的结果必须保证在既定的时间内满足一般需要，不能因简化而损害用户和消费者的利益。

（4）对产品的简化要形成系列，其参数组合应尽量符合标准数值分级规定。

2. 统一化

统一化，就是把同类事物两种以上的表现形态归并为一种或限定在一个范围内。其实质是使对象的形式、功能或其他技术特征具有一致性。从个性中提炼出共性，从而消除不必要的多样化，建立共同的秩序。例如，对新车型的开发，把用户看不见的部分（发动机、底盘）的表现形态统一成一种。

统一性的一般原则是：

（1）保证等效，这是统一的前提条件。只有统一后的标准与被统一的对象具有功能上的等效性，才能相互替代。

（2）凡事过犹不及，统一要科学、合理，也就是"要有度"。

（3）统一要在适当的时机进行，过早统一有可能将尚不稳定、不成熟的类型固定下来，这不利于发展出更优秀的类型；过迟统一会导致低效能类型形成定局，再统一就比较困难（要付出经济代价）。

3. 系列化

系列化，是对同一类产品的主要参数、形式、基本结构等做出合理的安排与计划，以最少品种满足最广泛的需求（解决制造和批量生产矛盾）。之所以要做系列化，是因为系列化可以合理地简化品种，提高零部件的通用化程度。

汽车产品的系列化，简单地说，在一两种基本车型的基础上，采用更换一些不同部件（如发动机或车身）的办法，衍生出一系列的不同车型，从而满足不同用户的需要。例如，一种基本型的小汽车，也可衍生出二门车、四门车、旅行车、敞篷车、前轮驱动和四轮驱动车以及各种各样的专用汽车，车型也可多达十几种。系列化对汽车厂家组织多品种生产、降低制造成本十分有利。

系列化的常用方法：

（1）分析现有产品，选出基型产品，补充空白规格。

（2）分析基型产品，综合优点，设计新的产品系列。

（3）横向：设计全系列规格。

（4）纵向：设计变型系列或变型产品。

4. 通用化

通用化，就是让标准件的使用范围扩大，能够与其他零件进行互换。通用化的目的是减少零部件的重复设计，防止不必要的多样化，实现成本的降低、周期的缩短，从而带来更多的经济效益。例如，柴油机的设计，既可用于拖拉机，又可用于汽车、装运机、推土机和挖掘机等。通用性越强，产品的销路就越广，生产的机动性越大，对市场的适应性就越强。

通用化的常用方法有：

（1）分析、选择基型系列或变型系列中的共性零部件为通用件。
（2）尽量采用已有的通用件。
（3）新设计的零部件充分考虑为以后的产品所采用，发展为通用件。
（4）将可通用的零部件在经过分析、试验后达到通用。
（5）编成图册工艺，提升为标准件。

5. 组合化

组合化，就是设计并制造出一系列通用性很强且能多次重复应用的单元，根据需要拼合成不同用途的产品。组合化是受积木玩具的启发而发展起来的，所以也称它为"积木化"。

当前市场产能过剩（竞争激烈），同时用户需求日益多样化，迫切要求企业做到在不经常改变生产流程和改造设备的条件下，能迅速将新产品推向市场。要做到这一点，组合化是不错的选择。例如，小户型的房子本来就没有多大，本来就小的空间放个书柜就显得更局促了，而组合化设计的桌子可以拼接起来当沙发或柜子，用户可以根据自己的想法自己设计家具，提高了空间的利用效率。

组合化可以实现多次重复利用一个单元，最大限度地减少新单元和重复劳动；以较少的种类单元组合成功能各异的制品，有效控制了零部件的种类和数量；标准单元的积累，提升了企业的开发效率和竞争力；可小批量订货，单件生产，无须经常改变生产流程；适应多种组装条件，能满足多种要求，尽量少增加新的结构单元。

6. 模块化

模块化，是以模块为基础，每个模块完成一个小的功能，综合了通用化、系列化、组合化的特点，解决复杂系统类型多样化、功能多变的一种形式。在产品设计的过程当中，当需要使用某项功能时，只需要采用这个模块就可以了，不需要去重新设计里边的零部件，有利于缩短生产周期、降低开发成本、保证产品的性能和可靠性，为实行大规模定制生产创造了条件。比如，集成电路 IC 就是电子工业领域最典型也是最杰出的模块化成果。正因为有了它们，设计师才有可能直接选用标准模块来设计产品，使电子产品成为更新换代最快的产品。

模块化常用的设计方法有：

（1）在调研的基础上明确产品性能、结构和模块化要求。

（2）模块设计（依据功能要求选择近似模块，设计专用模块和变型模块）。

（3）元器件设计（按模块要求，设计或选用元器件，按尺寸、性能、精度、材料等形成系列化）。

（4）完成各级、各类模块设计后要建立编码系统，将其按功能、品种、结构、尺寸等特点分类编码，并进行管理；模块化设计，既是模块选用，又是新模块的开发创新。

标准化的综合应用可以有效地实现供应链复杂度简化，形成规模优势、降低成本。

思考题

1. 结合本章学习，综合论述价值工程的作用与方法。
2. 创新的方法有哪些？
3. 标准化的概念是什么？常用的方法有哪些？

Chapter 8
第八章

全链条协同降本

学习目标

1. 掌握供应链协同技术。
2. 掌握如何实施价值链管理。
3. 掌握如何通过供应商早期参与控制成本。
4. 掌握伙伴供应商建立的方法。
5. 掌握数字化采购的应用方法。

本章侧重于三全融合——全链条协同降本,我们以江淮汽车随需而动的采购供应链来开启"三全融合——全链条协同降本"之旅。

江淮汽车随需而动的采购供应链

江淮汽车已经实施E化采购多年,建立了包括信息交流平台、协同采购、电子询报价、供应商评估在内的四个子系统。项目实施采用了整体规划、先易后难的方式,分步实施(见图8-1)。

第一阶段的信息交流平台相对比较简单,目的是让供应商养成通过系统交互信息的习惯。信息交流平台的启用,给内部以及与供应商之间建立了一个平等沟通的平台,在信息交流平台上,企业可以对内对外发布最新的生产、质量等信息,供应商能够向相关部门反馈各种状况,各种文件信息也都是在信息交流平台上进行传递的。信息交流平台简单易用,大大减少了电话、传真的使用。在项目进行期间曾经对前去参加培训的供应商进行调查,调查结果显示从信息交流平台获取培训通知的供应商超过80%,目前每个月通过系统交互的各种信息有千余条。

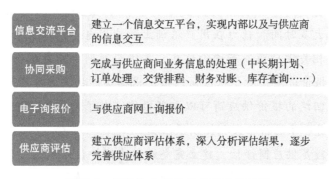

图 8-1　江淮汽车实施 E 化采购的系统

第二阶段是协同采购,协同采购主要是完成与供应商间的诸如采购订单确认、送货管理、库存查询以及财务对账处理等跟业务密切相关的部分。相对来说,这也是实施难度比较大的一部分,因为需要供应商配合在系统中做相关操作。

如图 8-1 所示,在原来的作业模式下,采购人员有很多信息要跟供应商交互,原来像采购订单、开票通知、日计划、库存信息等大部分都是通过邮件、传真、电话等传统方式来处理的,信息传递不及时,费时费力还经常出现遗漏或缺失,也不能及时获得供应商的反馈,并极有可能由此造成因缺料导致生产停线。

现在通过协同采购系统,采购订单直接跟供应商在网上确认,采购订单在网上发布,供应商上网查看并反馈确认信息;支持供应商管理库存(VMI)的运作模式,供应商可网上查询寄售仓库的库存信息,根据订单和库存自行补货;供应商送货前要在网上创建送货单,在送货的同时发布送货通知,借此规范了供应商送货,可以提早发现订单的缺失,同时让采购和仓库第一时间了解供应商的送货状况,有效降低了库存;财务可以在系统中对账,让供应商自己上网查询并核对送货记录、及时开票,在减轻了采购人员负担的同时缩短了财务付款的处理周期。协同采购的上线，使系统自动从ERP同步数据，不再需要传真和电话，供应商可以第一时间获得相关数据，并及时反馈，降低了沟通成本，提高了作业效率。

第三阶段是电子询报价，是在第二阶段上的进一步延伸和拓展。经过前面两个阶段，到第三个阶段的时候，无论是内部用户还是外部用户，都已经比较容易理解和接受系统，根据参考手册就基本可以掌握系统操作，不再需要花太多时间和精力在用户培训上。应用电子询报价系统，采购人员在网上向相关供应商发布询价信息，各供应商网上回复报价资料；采购人员监控询报价进度，对于供应商的报价根据实际状况选择接受或者拒绝，被采购人员回绝的报价供应商可以重新报价。电子询报价作业节省了时间和人力，为进一步的价格谈判提供了依据。

第四阶段是供应商评估，建立完整的供应商评估体系，从质量、交货、服务、合作等多维度综合分析供应商的绩效，纵向横向深入分析评估结果，比较查询供应商的优劣，达到逐步完善整个供应体系。评估结果发布后，供应商可以直接查询自己的得分状况，及时分析原因并进行整改。

资料来源：许平，"亮剑汽车制造 打造随需而动的采购供应链"。

 小师妹插嘴

看样子，E化采购是企业进行转型升级的重要手段。

学霸掉书袋

是的，其实实施供应链项目要有一定的信息化基础，需要重新审视和梳理原来的作业流程，在实施过程中也发现了原来在流程上、管理上的一些漏洞，结合新的系统，在经过大家的讨论分析并改进了原有的流程后，用制度加以固化。

以上案例是江淮汽车通过实施采购供应链项目，有效改善了企业供应链的协同管理，公司采购及供应管理得到有效提升，企业供应链协同不仅可以改善企业的管理效率，成本也会得到有效管控。本章将介绍通过供应链协同技术，推动企业的成本控制工作。

一、供应链协同：内外协力降成本

我们经常听到，在这个信息爆炸的时代，市场变幻莫测，企业之间的竞争已经不再是公司与公司之间的单打独斗，而是供应链与供应链之间的组合竞争。企业也必须顺势而为，与上下游公司结合成整体，同舟共济、保持竞争力，实现共赢。

(一) 什么是供应链协同

供应链协同，就是用各种管理手段使供应链中的各节点企业实现协调运作。我们在第五章谈到供应链基础时，引用了宫老师对供应链的总结"三个流、两条线、一个突破口"，供应链协同就是要做到"三个顺畅、两线协作、突破提前期"。比如，建立战略伙伴关系，实现信息系统对接，业务流程梳理、重组，技术、风险、收益共享。

因此，协同就是要打破企业的边界，将供应链上各个散落的孤岛连接在一起，形成长期合作关系（不同于短期利益、分蛋糕的零和规则，需要建立真正意义上的合作共赢模式），大家坦诚沟通、心意相通，建立企业间的信任、联盟，提升整条链的竞争力。同时，也需要指出，供应链协同并不是一朝一夕就能实现的，因为涉及的节点非常多，情况错综复杂，真正的协同是很不容易的，需要做好打持久战的准备。

(二) 供应链协同的方法

我们一直提倡"三全融合"——全面、全流程、全员进行供应链协同降成本。供应链协同的方法也可以按照这三个方面来展开。

1. 全面、全方位

全面、全方位协同指的是协同的开展即要横向（在公司内各部门之间），也要纵向（在供应链各节点之间）。例如，第七章谈到价值工程时，就提到过价值工程的活动需要各部门，甚至与供应商合作开展。

一个产品的诞生，除了公司的研发部门进行设计，内部的生产部门进行组装之外，很多零部件需要供应商来完成设计和制造。尤其是当前，强调核心竞争力的概念，依靠供应商来设计和生产的比重在逐渐提升。这也意味着，在生产工艺开发和制造领域，供应商是绝对的专家。第七章介绍"合作创新"时谈到，通常公司内部的研发资源有限，却拥有大量专业领域的供应商，若能与供应商分享收益、分担风险，建立信任合作的协同，充分挖掘和利用供应商的制造能力，补充自身的不足，就能降低成本，产生最大的效益。

当然，要进行全面的协同，涉及很重要的一个问题，那就是供应商为什么愿意与客户进行深度合作。这取决于商务关系的定位，我们也可以用供应商偏好模型来做简单的分析（见图8-2）。

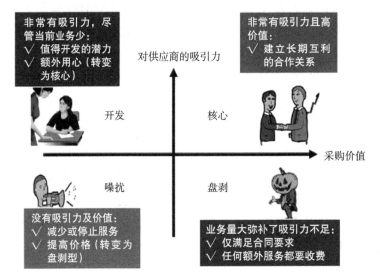

图8-2　供应商偏好模型

供应商偏好模型，是站在供应商的角度看采购方，正所谓知己知彼，百战不殆。这就像女生挑男朋友的过程中，首先要确定自己想要什么样的男生，是多金事业型、流量小生，还是成熟稳重的等，这叫作"确定标准"。然后在可供选择的多个目标男生中，按照标准进行分类，这叫作"定位分析"。最后，分析目标男生喜欢什么样的女生，"制定应对策略"，投其所好，喜欢活泼可爱的，女生就展现爱运动、旅游的一面；喜欢温柔贤惠的，女生就展现自己会生活，体贴的一面；而喜欢成熟职业型的，女生就展示自己的工作能力，有自己想法的一面。当然，自身条件不足时，就要努力"改造"，以接近目标男生的要求。因此，供应商偏好模型从客户对供应商的吸引力和采购价值两个维度去分析，简单地说，就是看客户的采购金额以及魅力，并据此将客户分成四大类，即核心型（有吸引力，采购金额也大）、开发型（有吸引力，但是金额不大）、盘剥型（采购金额很大，没有吸引力）以及噪扰型（采购金额不大，又没有吸引力）。既有钱又有吸引力的客户，是供应商的重点服务对象，供应商想要建立长期互利的合作关系；相反，既没钱又没有吸引力的客户，供应商必然想要减少或停止服务，或者提高价格（想使其转变为盘剥型）；而对于非常有吸引力，但当前业务量少的开发型客户，供方会额外用心（想使其转变为核心型）；最后一种盘剥型客户，因其业务量大，从而弥补了吸引力不足的问题，供方仅满足合同要求，任何额外服务都要收费。

其中，吸引力的标准，就是看客户对供应商采取怎样的合作模式，如果以短期利益为导向，很难建立起协作关系。

2. 全流程

就像前文所述，任何产品的诞生都要经历一系列的流程，如果整个流程是最精益的，即没有浪费，那全流程的成本必然最低。因此，全流程协同就是要打破阻碍顺畅、高效流动的"血栓"，与客户精准对接。

一方面，可以全流程进行精益改造，识别生产中的浪费，提升生产效率，降低成本。

另一方面，根据实际经验，真正的生产流程耗时只占整个交付周期的20%左右，而其余80%的时间都花在文档准备、对照、审批、传递上面了，让人更为恼火的是，这些基本上还是靠手工、跑腿、老板盖章的形式完成的。我们姑且称之为低价值流程，但这些活动又不可避免。因此，需要用系统替换人工，对流程进行信息化改造。然后，供应链每个节点的信息系统再对接，从而提高效率。例如，现在很多公司 ERP 系统使用的自动化采购模块，将请购单、采购单和交货单三单电子化，并与供应商的系统对接，传统的计算需求量、交付日期、对照审核的活动均由系统完成，大大解放了手工作业。再比如，VMI 模式的应用，就是供应商通过共享采购方的库存和消耗数据，计算预计消耗量和补货策略进行自动补货，减弱了之前各自独立预测需求量导致的"牛鞭效应",大大减少了浪费,降低了供应链的总成本。

3. 全员

我们强调,成本控制不是一个部门的事情(例如,很多人认为是采购的事情),绝对是个跨职能的活动,因此,需要全员参与。

单个部门的能力和资源是有限的,同时,它考虑的方向也是围绕着自身的工作职责,各个方向发力,不能形成合力,效果自然就不理想。比如,设计人员首要考虑的是产品如何能够达到功能要求、尽早上市,而成本降低不是它的主要目标。当供应商提出好的优化方案时,设计人员往往不会重视,不做分析、验证(也不愿去承担方案失败的风险)。因此,全员参与降本不是空喊口号,一个比较好的做法是每个部门、每个人都要有降本的KPI。这时,设计人员会主动提出降本的设计构想,找到采购、供应商去讨论、验证。

在整个供应链,针对成本居高不下的产品,要有意识地开展成本降低项目,由链主做项目管理者,各节点调拨资源、参与到项目当中。项目本身有其严格的完成目标、时限,同时团队成员又是跨部门的,可以更多地集中力量,针对产品成本进行攻关。比如,我们在第七章中谈到的在飞利浦推行的DFX项目,就是很好的跨职能开展的成本降低的有益尝试。

二、价值链管理:降低顾客成本、增加企业价值

"价值链"这一概念由哈佛大学商学院教授迈克尔·波特(Michael Porter)于1985年在《竞争优势》一书中提出,他将一个企业的活动区分为主要活动和次要活动(支持性活动),如图8-3所示。

(1)主要活动涉及将资源输入组织,通过生产过程对这些资源进行转化,将最终产品移动到客户并对产品进行营销。

(2)次要活动涉及支持主要业务的一些职能。

以上这些相互关联的活动,就构成了一个价值创造的动态过程,即为价值链。

图 8-3 迈克尔·波特的价值链模型

（一）什么是价值链管理

在探讨价值链管理之前，我们先来看一个问题，相信很多人都有疑惑：价值链看似与供应链有相似之处，那到底有什么联系与区别呢？

价值链和供应链就其形态来说，都是一种"链式"结构，它们覆盖相同的公司网络，链内企业之间都相互交互、联系，最终提供产品和服务。价值问题是它们最为核心的问题，包括价值的创造、价值的分配、价值创造的最大化、价值分配的合理性。然而价值链、供应链和产业链虽然都以链网结构为基本形态，都以价值问题为核心，这导致了它们之间容易产生混淆，但它们的侧重点、研究对象还是有所不同的。

价值链，是价值的创造和增值过程。价值源于消费者当时所处环境下的主观需求，所以消费者是价值的源头，自然价值链的关注重点就是消费者。而当我们说到供应链时，关注的是商品的向下流动，从原材料到成品到消费者的供应过程。消费者是价值的来源，价值从消费者流出，表现形式对于供应商而言是一种需求。所以，价值链与供应链的主要区别在于链条的核心从消费者转向供货商。价值链关注的是消费者，如何发现和满足消费者需求，从而创造价值并使价值最大化；供应链则关注的是供应过程，供应链的核心在于如何有效整合各个供应商与生产商的流程，提高供货效率，降低成本（见表 8-1）。

价值链和供应链都客观存在于任何一个行业和企业中，并有不同的表现形式。两条链都有资金流、物流、信息流流动，都是依托于价值增值的过程。随着价值链和供应链的不断发展，两者将在更多方面交叉重合，彼此互为补充和借鉴，相辅相成，最终为企业创造竞争优势。

表 8-1 价值链与供应链的对比

	价值链	供应链
侧重点	如何有效地创造价值	如何有效地降低供应成本
主要目标	通过满足消费者需求来使价值最大化	通过提高供应流程的效率，降低成本
关注的环节	产品的设计研发与销售环节	产品的生产环节
链"流"	从消费者流出的价值流	从供应商到消费者的供应流

价值链管理，就是企业以区别于竞争对手的优势为客户提供价值的相关管理活动。价值链管理可以通过减少不增值的活动（低效率、品质不良等）、提高客户响应速度（信息系统对接，加快流通速度）、库存管控（最小库存）来降低成本。

价值链管理的意义就是优化核心业务流程，降低企业的组织和经营成本，提升企业的市场竞争力。

（二）价值链管理的方法

通常，对价值链的管理开始于分析价值活动，因为每个活动都有可能对产品产生增值行为，进而增强企业的竞争力，同时寻找降低增值活动成本的方法，包括流程改造和优化。

1. 供应商分级管理

供应商分级管理，就是按供应商的能力、定位进行分级（分为一级、二级等），设计适宜的供应商管理架构，这是供应商合理化的一部分。例如，一个汽车整机厂，所需零件多种多样（有可能涉及多达 200 家不同的零部件供应商），为了集中管理精力、提升合作关系，可以实施供应商基础优化，比如，设置 20 家一级供应商（提供模组和相应的解决方案），而将剩余的零部件供应商（零部件制造商等）交给这些一级供应商管理，代表整机厂从二级供应商处采购所需的零部件（见图 8-4）。

这种供应商基础优化的好处是，采购商可以与少量的一级供应商保持协同，集中精力管理、发展和改善合作关系，充分利用一级供应商的技术和资源，实施改进和消除浪费的增值活动。

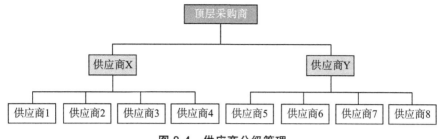

图 8-4 供应商分级管理

2. 共同劣后（风险共担、利益共享）

不管是供应链协同还是价值链管理，信任、合作都是成功的基石，对关系破坏最大的就是见了利益就上，出了风险就跑，因此，要做到有福同享，有难同当。

构建这种紧密合作的关系，需要一定的方法，这里介绍"劣后供应商"的概念。

"劣后供应商"的概念在宫老师的《采购 2025：数字化时代的采购管理》中有详细阐述。

"劣后"来自金融投资领域，和"优先"是反义词，同时也是一对"龙凤胎""合伙人"。优先是低风险低收益，劣后是高风险高收益。根据对产品收益分配的优先顺序，可以把合伙人分为优先合伙人与劣后合伙人。优先合伙人按照合伙协议优先获得收益分配，一般来讲可以获得比较固定的收益。劣后合伙人在优先向优先合伙人分配收益后，获取剩余的收益或承担亏损。因此，优先合伙人的收益较固定，亏损可能性小，但是也无法获取高收益。劣后合伙人必须承担产品亏损的风险，但是也有可能获得高额收益。

基于资金、员工、合伙人等一些劣后的观点，书中大胆提出了劣后供应商的概念。图 8-5 给出了劣后供应商的运作模式。

供应商的核心团队要以合作者的身份进入甲方经营体，与甲方共同面对终端市场与客户需求，推动产品开发。甲方在产品量产前无须承担供应商方面的任何成本；供应商可以获得甲方产品的"虚拟股权"。甲方产品量产后，供应商按产品的"虚拟股权"份额分享产品的销售额与利润。

劣后供应商的运作模式有什么价值呢？

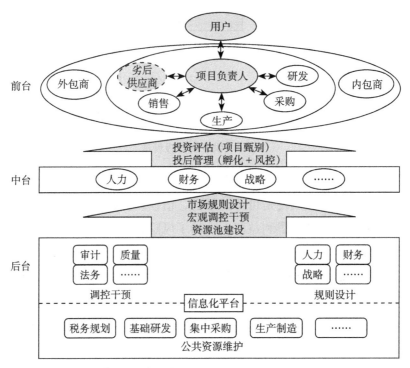

图 8-5 劣后供应商的运作模式

（1）有利于甲乙双方结成命运共同体，建立真正意义上的战略伙伴关系。

（2）增加供应链的透明度，使供应商直接感受终端的温度，"听得见炮火声"。

（3）有利于检验采供双方建立合作伙伴关系的诚意。

最后我们来看一个价值链管理的例子：沃尔玛的价值链管理。

【案例】沃尔玛的价值链管理

美国沃尔玛零售连锁集团像一个商业神话，多年位居美国《财富》杂志公布的美国最大的 500 家公司榜首。沃尔玛的所有成功主要建立在两个方面。

一是以提升顾客价值为目标，建立面向顾客的价值链管理。

二是利用信息技术整合优势资源，实现信息技术战略与零售业的整合。

一、面向顾客的价值链管理

沃尔玛在激烈的市场竞争中快速发展，主要依靠两个看家本领：削减开支和薄利多销。几十年来，沃尔玛因给顾客带来经济实惠的折扣店、平价店而誉满美国。然而，就商家而言，使用"削减开支和薄利多销"的策略并非新鲜事，沃尔玛的独特优势究竟在哪里呢？

山姆·沃尔顿的回答则更为直接："答案很简单：因为我们珍视每1美元的价值。我们的存在是为顾客提供价值，这意味着除了提供优质服务之外，我们还必须为他们省钱。"沃尔玛的低价，不是降低商品的质量；沃尔玛的增效，不以损害雇员为代价。沃尔玛靠调动起所有员工的工作热情和聪明才智，靠改进管理和服务系统，最大限度地降低成本，提高效益，让顾客花的每一分钱物有所值，这恐怕才是沃尔玛成功的真正秘诀。或者可以这么说，沃尔玛之所以能取得成功，就在于建立了面向顾客的价值链管理。

二、信息化管理

在信息技术的支持下，沃尔玛能够以最低的成本、最优质的服务、最快速的管理反应进行全球运作。

沃尔玛安装了公司专用的卫星通信系统。该系统的应用使总部、分销中心和各商店之间可以实现双向的声音与数据传输，全球4000家沃尔玛分店也都能够通过自己的终端与总部进行实时的联系。这一切的优势都来自沃尔玛积极地应用最新的技术成果。通过采用最新的信息技术，员工可以更有效地做好工作，更好地做出决策以提高生产率和降低成本。

在沃尔玛的管理信息系统中，最重要的一环就是它的配送管理。20世纪90年代，沃尔玛提出了新的零售业配送理论：集中管理的配送中心向各商店提供货源，而不是直接将货品运送到商店。其独特的配送体系，大大降低了成本，加速了存货周转，形成了沃尔玛的核心竞争力。

应该看到，沃尔玛的信息化管理贯穿整个价值链，以先进的信息化技术为手段，以信息流为中心，带动物流和资金流的运动，通过整合全球供应链资源和全球用户资源，实现零库存、零营运资本以及与用户零距离的目标。信息化管理不应仅是一个系统，而应被提高到战略的高度，不是将其投入到大量低价值的维护与运作事宜中。

资料来源：卢丽芳.面向顾客价值链的信息化管理：沃尔玛成功案例启示[J].闽西职业技术学院学报，2007，9（3）.

三、供应商早期参与：前置成本控制

我们在前文说过，采购人员是联系内外部的窗口，为了做好协同，在产品开发的早期（甚至在产品概念形成阶段）就应该介入，提供供应市场的信息，这叫作采购早期参与（early procurement involvement，EPI）。与之相似的理念是供应商早期参与（early supplier involvement，ESI），在产品开发的初期，采购人员邀请优选供应商参与新产品的研讨，尤其是关于制造的可行性和经济性（DFM），包括研讨产品的结构、生产工艺，相关的模具、夹治具的开发等。一方面，供应商可以提前了解产品的需求，提前做规划布局；另一方面，研发人员也可以了解制造工艺要求，改善设计方案。

宫老师在《如何专业做采购》一书中对供应商早期参与有深入的讲解，采购朋友可以参阅。

（一）供应商早期参与的注意事项

供应商早期参与是市场竞争的结果。

（1）面对"你死我活"的惨烈竞争，加快产品开发，供应商早期参与功不可没，在设计产品的同时，供应商就可以着手工艺的计划与安排。统计结果表明，供应商早期参与的产品开发项目，开发时间平均可以缩短30%～50%。

（2）进一步使用专业供应商的技术与资源，共同开发低成本的解决方案，同时也可以降低内部开发成本。

（3）企业可以聚焦核心业务，致力于关键的产品设计和组装，许多零部件的设计需要供应商的早期参与。

同时，也要考虑供应商早期参与的风险因素。

（1）供应商必须是可靠的，是"实力派"选手。一方面肯定是要通过资质审查的，另一方面要具备一定的开发能力。

（2）要考虑技术绑定的风险，如果结构设计是根据供应商的情况量身打造的，很可能会对供应商产生依赖，使其慢慢变成瓶颈供应商。

（3）保密与安全的问题要足够重视，新产品的开发是公司的核心机密，如果在早期阶段就泄露出去，为竞争对手所用，结局是很悲惨的！

(二) 供应商早期参与的层次

根据供应商参与的程度和深度的不同,可以将早期供应商参与分为五个层次,如表 8-2 所示。

表 8-2 早期供应商参与的五个层次

层次	内容	详述
1	提供信息	最低层次。通常只是根据企业的要求提供共享所必需的信息资料,如设备产能等信息供企业参考
2	设计反馈	针对企业的产品设计和开发情况,供应商会提出有关成本、质量、规格或生产工艺方面的改进意见和建议
3	零部件开发	供应商根据企业提出来的零部件要求,深入参与或独自承担相关零部件的设计和开发工作
4	部件或组件整体开发	供应商承担企业产品中较重要的部件或组件设计和开发的全部工作
5	系统开发	最高层次。供应商必须根据企业产品的整体要求,完全承担整个系统的开发工作。早期供应商必须拥有产品开发的专业技术或技能,允许顾客独家享有该产品的技术与使用权,并对顾客产品设计和开发过程中所涉及的问题提供解决方案

统计结果表明,在发达国家有 60% 左右的供应商在早期供应商参与过程中停留在第一层次或第二层次,只有 40% 的供应商处于第三层次至第五层次。较高层次的供应商,大部分都是技术水平领先、国际合作能力强的生产制造企业。公司要根据产品的实际情况,选择采用哪种层次的合作方式。

四、伙伴供应商:关注共同价值

至此,我们讨论了很多如何打造协同供应链方面的话题,也一再强调,真正的协同要基于信任、长期合作关系,共享信息、收益,共担风险等。

(一) 什么是伙伴供应商

伙伴供应商,其实就是与供应商关系的一种深化(战略合作关系),双方针对未来发展达成协议、给出承诺,致力于共赢。伙伴供应商关系是与供应商达成的最高层次的合作关系。

(二)伙伴供应商的建立方法

采供之间要建立伙伴关系,除了精神层面要协调与统一之外,更需要实际的行动来建立与开发这种协作关系。例如,形成战略联盟、使用供应商发展等。

1. 发展战略联盟

战略联盟,自古就有,比如三国时期,吴蜀联盟对抗曹魏。通常,两个或两个以上的实体采取的相互合作、共享收益及共担风险的长期行为就是战略联盟,为的是达到共同的目标。

战略联盟源于双方的需求互补(我所缺失的即是你所拥有的,可以互通有无,实现企业优势互补)且体量相近(双方能维持战略关系的对等实力),比如,就像卡拉杰克采购定位矩阵中的战略型物品(采购价值大,风险高),采购方要依赖供应商的核心零部件来完成产品的生产,而同时供应商也看中了采购方的市场统治力(巨大的采购金额)来实现销售目标,占领更多的市场份额。因此,战略联盟是长期合作伙伴关系的应用,其联盟形式多种样式,例如:

(1)互相交叉持股(或合资经营),可以增强各成员的规模与实力(抢占全球市场,扩大份额)。

(2)技术合作开发(专利开放使用),迅速获取新的技术。

(3)合作生产供应(独家代工生产、独家供应的方式),也可以降低风险。

当然,天下大势,分久必合,合久必分,战略联盟也不是亘古不变的,当联盟成员有不同的发展方向时,联盟的关系可能终止,需要灵活应对。

建立战略联盟时,需要注意以下几点。

(1)联盟成员的能力、战略发展方向和价值观互相了解、知根知底,才能更好地匹配。如若盲目捆绑,会造成巨大的发展隐患。

(2)要加强正式的挑选和评估流程,有规可依,有据可查,例如,可以回顾以往的交易经历及业界的口碑。

战略联盟带来的收益是巨大的,但也要小心谨慎地步步推进。

2. 供应商发展

供应商发展,有人也称之为"供应商开发",但是有别于首次导入供应商的开发过程，这是采购组织为帮助已有的供应商提高绩效（质量、成本、交付），而采取的一系列帮扶活动。很多大型企业都设有供应商发展部门，而且实践表明，供应商发展是有效降低总成本的战略举措。

每家供应商的导入都历经各种筛选、评估，层层选拔，然而经验告诉我们，即使走过完整的流程，也不能保证用得很顺手。双方需要一个磨合的过程，同时，针对具有潜力的伙伴关系的供应商，为了更好地协同，有必要制订供应商发展计划，一起成长与进步。在这个过程中，供应商的效率提升了，自然成本就可以降下来。

制订与实施有效的供应商发展计划可依照以下三步。

（1）分析品类：找到供应商发展回报较高的品类，例如，针对支出比较大、效益不高的品类，重点关注深挖。

（2）选择供应商：成立评估项目组，基于供应商的绩效、发展潜力、合作意愿以及与供应商的关系定位（通常伙伴型供应商）对该品类的供应商进行打分排序，然后选择要发展的供应商。

（3）计划实施：对选定的供应商制订发展计划并实施。

供应商发展需要采供双方投入资源推进，必要的时候双方可以签署一份保证协议。采购方项目小组要深入供应商现场，进行走访调查，收集供应商的生产运营数据，分析流程，发现改善的方向。为此，供应商也要抓住实现能力提升的机会，派精干人员参加项目小组，共同讨论、实施改善方案。通常，在这个过程当中，采购方与供应商会深化双方的合作关系，采购方更加了解供应商的能力，供应商也能清楚采购方的需求。发展带来的效率提升和成本降低可以惠及采购方的产品。同时，供应商的能力得到提升，可以赢得更多客户，增加利润。这基本上是一种双赢的措施。

当然，供应商发展也是有成本的，采购方要投入专家资源，分享良好实践。供应商要公开自己的经营状况，投资改造硬件设施与生产流程。考虑到双方之间是长期合作的伙伴关系，这些投资风险会得到有效分摊。

五、数字化采购：采购发展未来的方向

数字化采购的概念是相对于之前的传统采购提出的新概念——"新采

购"。这些概念的研究，有助于采购管理向数字化模式转型升级。本节以《采购 2025：数字化时代的采购管理》一书为基础，向大家展现数字化采购的轮廓。

（一）"新采购"的概念

2016 年阿里巴巴提出五个"新"：新零售、新制造、新金融、新技术、新资源。由此引来的评论褒贬不一，不管怎样，互联网时代的来临实实在在冲击着各行各业，同样冲击着采购。

《采购 2025：数字化时代的采购管理》给出了新采购的定义。

新采购，以互联网为依托，以供需精准对接、满足客户多样化需求，运用大数据、物联网、人工智能等数字化技术手段，对采购全过程进行重塑，进而形成组织间高效协同的采购管理新模式。

新采购，是社会正从 IT 信息技术到 DT 数据技术，从信息时代到大数据时代转变而产生的采购新概念。数字化之前的采购谓之传统采购，数字化之后自然就是新采购。

数字化浪潮冲击着各行各业，推动社会由传统模式向新模式转变，向数字化模式转变。在企业数字化转型中，采购部门的数字化进程显然落后于其他部门，这可能是企业对采购管理的不同看法造成的。领先的企业已经开始了数字化采购的转型工作，为数字化转型制定实施路线图。

（二）数字化，数字化管理，数字化转型、优化

1. 数字化

数字化现在基本上是妇孺皆知的名词，也是各行各业纷纷运用的时髦概念，究竟什么是数字化呢？

《现代汉语词典》的解释：指在某个领域的各个方面或某种产品的各个环节都采用数字信息处理技术，即通过计算机系统把文字、图像等不同形式的信息转化成数字编码进行处理。

数字化就是将许多复杂多变的信息转变为可以度量的数字、数据，再以这些数字、数据建立起适当的数字化模型，把它们转变为一系列二进制代码，引入计算机内部，进行统一处理，这就是数字化的基本过程。

2. 数字化管理

数字化管理是指利用计算机、通信、网络等技术，通过统计技术量化管理对象与管理行为，实现研发、计划、组织、生产、协调、销售、服务、创新等职能的管理活动和方法。

无论做什么工作，你都需要学会用数据来管理自己的工作，而不是凭感觉。管理者需要每天去分析你的库存数据、财务数据、销售网络、产品生产流程、品质数据、售后数据。企业的库存是否合理、财务是否健康、销售网络是否正常、生产流程是否顺利、售后数据是否完善，管理者都得从重视数据管理开始。根据这些数据，你才能做出正确的判断，才能做出正确的决策。数据管理对应于内容管理、竞争情报、知识管理、商业智能、数据仓储，如何权衡效益和成本，综合各个业务子系统的信息，实现良好的数据管理。

随着产品生命周期管理（PLM）与 ERP 系统的日渐普及，企业的研发能力和成本控制能力得到不断提升。

采购管理过程同样需要数字化管理。从需求确认到订单再到合同执行，从供应商开发到管理评价都是数字化管理的过程。成本更是数字化管理的重要环节。有了数字化管理，采购才会更透明、更高效。

3. 数字化转型、优化

什么是数字化转型？它是指利用数字化技术，如移动、网络、社交、大数据、人工智能、物联网、云计算、区块链等，推动企业组织转变业务模式。采取数字化转型的企业，一般都会去追寻新的收入来源、新的产品和服务、新的商业模式。因此，数字化转型是技术与商业模式的深度融合，数字化转型的最终结果是商业模式的变革。《中国制造 2025》中提到的制造业服务化可以通过数字化实现智能制造，为企业创造竞争优势，满足客户多方位的需求。

企业实施数字化转型是对其业务进行彻底的（或重大和完全的）重新定义——而不仅仅是 IT。数字化转型是对组织活动、流程、业务模式和员工能力的方方面面进行重新定义。对传统企业尤其是传统的中小企业而言，数字化转型已经不再是一道选择题，而是一道关乎生存的必答题。只有妥善应对，成功才会得以实现，否则就是起初看不见，之后看不起，然后看不懂，最后跟不上、来不及。

数字化优化是利用数字化技术提升现有业务的运营效率，改善用户体验，使企业在现有业务模式下获取更大的收益，这也是当下很多企业正在实施的措施。后续提到的数字化转型既包含数字化转型，又包含数字化优化。

（三）数字化采购

麦肯锡认为，数字化采购是指"供应商和商业用户通过大数据高级分析、流程自动化和全新协作模型，提升采购职能效率，大幅降低成本，从而实现更快捷、更透明的可持续采购"。数字化采购将采购部门打造成企业价值创造中心，而不仅仅是在"买东西"时保证供应。

注意，这里有两个关键词——"精准对接"和"高效协同"。我们认为新采购乃至供应链要解决的就是这两个问题，就是解决供需之间怎样精准对接、组织之间如何高效协同。

在现有市场经济下，由于供需之间不是精准对接，企业对于谁需要产品、需要多少、何时需要，往往不清楚，所以生产带有盲目性，再加上组织之间也不是高效协同的，所以对市场反应有滞后性，造成很多浪费。传统计划经济虽然尝试解决这两个问题，但由于信息技术落后使得需求信息获取难度大，信息获取链条长、失真严重。另外，由于工业时代甚至农耕时代的组织架构管理手段所产生的影响，"屁股决定脑袋"导致严重"企业沟"和"部门墙"，企业间相互猜忌，部门间本位主义现象严重，使得组织间很难高效协同。这些本质上就是人的因素。那么，数字化时代会如何解决这个问题呢？简单说就是，用"IT"管"人"，所有人都在为IT工作，用IT解决人的协同问题。

网络协同是社会化分工和合作的方法，是一种合作机制，它创造的核心价值就是"协同效应"。协同效应能产生以下三个方面的价值。

（1）**信息的分享从串联走向并联。**
（2）**供应链体系从相对封闭的状态走向开放。**
（3）**管理模式从传统管控走向协同模式。**

以上简单介绍了数字化、数字化采购、数字化管理等概念，这些概念是当下必须掌握的。

(四) 数字化采购的意义

数字化采购可以成为企业识别和创造价值的工具,可为战略采购流程提供支持。数字化采购具体的意义有以下几个。

1. 实现采购业务可视化

依托数字化工具先进的数据分析功能,可自动生成采购结果。凭借人工智能和具有自我学习功能的算法技术,企业实现了数据清理和分类的自动化。我们相信,如果增加数据来源,引入品类管理并和 KPI 建立联系,将有助于实现在预算和财务报表中直接跟踪采购成本节省情况,从而实现采购业务可视化。

2. 建设价值型采购组织

使用数字化工具可以整合各个采购细分职能,一个完善的数字化采购平台能够自动完成如了解需求、分析市场、生成降本措施、衡量措施实施的效果等各个步骤,可以协助品类管理生成综合性品类策略和解决方案,从而协助采购人员识别降本杠杆,可以自动进行应当成本分析对供应商的成本进行深度透视等。对复杂数据分析能力的持续提升,以及数字平台的功能性和易用性的不断改善,将极大帮助企业识别采购可持续降本的机会,最终实现价值最大化。

3. 管理采购支付流程

数字化采购系统,可以建立采购支付工作流程工具和自动化合规管理工具。对于许多企业,尤其是对于大型制造和服务企业而言,高级合规管理功能对于数量大、金额高的外包合同尤其有效。同时对于交易次数很多的采购,如果人工分析无法满足要求,数字化采购系统所提供的高级分析解决方案还能够查看和识别不合规的情况。例如,交通、运输、快递服务;维护、修理和运营(MRO);租车或酒店支出。当前,企业在这些领域中仍然较多地采用单点解决方案,而应用数字化采购系统后,将越来越多地整合成为综合性应用程序包,以解决供应商和采购方不合规的问题。

4. 提高采购绩效管理

数字化采购对于采购绩效管理,分为对外的供应商绩效评价和对内的采购组织绩效评价。供应商绩效评分系统可实时提供对供应商绩效、差距以及成本、质量或者交付时间等的实时监控。当拥有了这些数字化信息后，采购经理就能够第一时间发现供应商出现的问题，更快采取行动并做出决策，同时系统还能提供相应工具帮助，鼓励或促使供应商做出改进。

采购组织绩效评分记录并衡量整个采购部门人员或单个采购品类的绩效。数字化采购系统能够记录采购团队的全部活动，并同时跟踪成本节省措施的落地实施。采购经理可以通过数字化采购系统，非常直观而全面地监督和管理工作的进度与结果，也可以细致到审阅负责单一品类采购人员的绩效完成情况与业务水平。

（五）数字化采购的应用

1. 目录化采购

数字化采购将通过目录化采购，构建基于品类的自动化采购流程，从而帮助企业加强全流程控制，实现差异化品类分析，并在复杂的支出类别中发现可持续的成本节省。数字化采购结合最佳实践和企业采购品类自定义编码，建立全品类目录化采购：从根本上规范采购流程，基于采购目录建立精细的品类管理模式，实现差异化分析，优化各采购品类的管理策略，最常见的就是网上商城模式，如大家熟知的京东商城、中石化的"易派客电子商务平台"等。

2. 从采购到发票自动化

数字化采购通过批量执行重复性任务、自动触发请购及审批流程，实现核心的采购到发票管理活动的自动化和标准化，帮助企业全面提高采购效率，持续降低管理成本。企业应用自动化技术，消除重复性手动操作，使员工专注于高附加值工作，以创造更大价值；实时感知物料需求，并自动触发补货请购，从而简化和智能化请购流程；结合最佳实践和企业现有流程各环节审批任务，大幅度缩短审批周期，提高效率。

3. 阳光采购和风险合规

很多企业推动阳光采购，采购全过程都在信息系统里进行，全程留痕，便于审计和跟踪。数字化采购通过构建风险与合规管理生态系统，应用数字技术，自动追踪采购行为和异常情况，帮助决策制定者实时洞察采购风险合规性；将风险与采购管理无缝嵌入采购流程，从而自动监控采购各环节的行为和进行审计跟踪，帮助企业快速洞察风险与机遇，有效控制采购风险；也可以应用机器人流程自动化技术，自动化审计跟踪，提升审计效率。

4. 付款与供应链金融

数字化采购能够应用智能合约技术自动触发付款流程，消除手动验证，未来可以结合区块链分布式记账技术，在智能合约触发付款后，执行自动化安全付款，实现精准触发付款，推动付款管理更加安全与高效。

根据企业需求提供供应链金融功能，应用智能合约技术实现灵活按需融资，从而增加企业的自由现金流，释放运营资本；结合动态折扣功能，最大限度享受供应商折扣，从而降低采购成本，实现更高的收益率。

（六）数字化采购的成本控制

按照《如何专业做采购》这本书中的表述，专业采购人员需要具备大核心能力，即"SCAN专业采购四大核心能力"。

SCAN是四个英文词组的首字母组合：supplier management（供应商管理）、cost analysis（成本分析）、agreement management and compliance management（合同管理与合规管理）、negotiation skill（谈判技巧）。

所谓"四大核心能力"，也就是要能回答以下四个问题。

- 为什么选择这家供应商？
- 为什么是这个价格？
- 如何通过合同控制采购风险？
- 如何进行一场双赢的谈判？

实施数字化采购转型，四大核心能力都可以在新采购中得到体现，下面重点谈谈第二个：为什么是这个价格？其余的请参照中国采购商学院其他相关书籍。

1. 成本模型应用数字化采购

本书第一部分阐述了成本模型的创建、成本核算体系的建设。成本模型实质是数字化管理的一个应用。

首先看一下数字化的概念：数字化就是将大量复杂多变的信息转变为

可以度量的数字、数据，再以这些数字、数据建立起适当的数字化模型。成本模型就是数字化模型的应用。

（1）成本要素定义，就是将采购过程中的要素进行数字化定义，以便于数据收集、按照种类存储。

（2）获取成本数据，则是把从各种渠道收集的数据按照成本要素分类存储，便于成本核算运用。

（3）构建成本模型，将上述成本要素分类收集的数据，合理应用到产品的成本架构中，核算出应当成本。

从成本模型的构建过程我们可以明显看到数据化管理的应用：业务工作通过完善的基础统计报表和数据分析体系进行明确计量、科学分析、精准定性，以数据报表的形式进行记录、查询、汇报、公示及存储，为管理者提供真实有效的科学决策依据。在数字化时代，这一切都可以由计算机完成。

2. 大数据

数字化采购体系的核心就是数据，而且是海量数据。企业运营的方方面面都离不开数据，包括分析客户需求，了解哪些产品或服务可以更好地满足这些需求，确定合适的供应商，并确定合理的价格。企业应该有意识地获取比现在更多的内外部数据。这些数据最终都是为成本核算服务的，任何业务的往来最终都体现在成本上。

（1）大数据：它是指无法在可承受的时间范围内用常规软件工具进行捕捉、管理和处理的数据集合，是需要新处理模式才能具有更强的决策力、洞察发现力和流程优化能力的海量、高增长率与多样化的信息资产。

（2）数据分析：它是指用适当的统计分析方法对收集来的大量数据进行分析，提取有用信息和形成结论，从而对数据加以详细研究和概括总结的过程。这一过程也是质量管理体系的支持过程。在实际应用中，数据分析可以帮助人们做出判断，以便采取适当的行动。

（3）数据挖掘：它一般是指从大量的数据中通过算法搜索隐藏于其中的信息的过程。数据挖掘通常与计算机科学有关，并通过统计、在线分析处理、情报检索、机器学习、专家系统（依靠过去的经验法则）和模式识别等诸多方法实现上述目标。

3. 数字化采购中的成本控制机会

企业将"一切活动数据化",是互联网时代的特征。当企业拥有越来越多的数据时,数据的价值就体现出来了,成为企业发展的动力、企业生存的保障,是企业的基石。

在本书第二部分我们总结通过"八大方法"寻找企业降本的机会,数字化采购会更好地支持这八个工具。

(1)采购需求管理:通过数据化管理更好地收集用户数据,首先对"用户需求说明书"进行细化,对比较复杂的用户需求进行建模分析,以帮助开发人员更好地理解需求。数字化时代的C2B业务,更需要大数据的分析挖掘,以确保开发计划等环节及早应对市场。

(2)支出分析:大数据分析的一部分,数据是基础,分析才会有支持决策的依据。

(3)价格分析:价格成本分析是大数据分析的一项基本工作。数字化时代,企业的大数据来源更广,成本的对比分析更加全面。价格成本分析得全面也会更好地控制采购的透明度,增加阳光采购度。

(4)自制或外购、租赁分析:运用大数据,根据计算模型自动创建、分析自制或外购。

(5)招标与谈判:招标与谈判都要建立在成本分析的基础上,建立在数据分析的基础上。数字采购时代,企业选择什么样的供应商,采购是什么样价格,在竞争性谈判之前都会做好数据分析。招标与谈判就是建立一个公开、公正、透明的合作机会。

(6)集中与联合采购:数字化时代的集中采购,可以通过大数据对以往的采购进行对比分析,发掘哪些品类可以集中,哪些品类可以合并,哪些供应源可以统一。大数据时代,信息的互通让企业之间的联合和不同组织之间的联合成为可能,是企业之间合作的基础,使企业更好地寻找到降本机会。

(7)全球采购:掌握全球的数据,更能对数据做好分析,用全球的视角分析成本控制的可能。

(8)目标成本法:数字化采购都会事先核算应当成本,制定采购的目标价格。其实目标价格制定的合理性主要取决于大数据的分析能力。

以上八大工具必须依赖于大数据的收集、大数据的分析、大数据的挖掘。拥抱数字化采购时代，拥抱大数据。一切业务皆数据，一切数据皆业务！

4. 企业内部采购商城

企业内部采购商城通过目录化采购构建基于品类的自动化采购流程，从而帮助企业加强全流程控制，实现差异化品类分析，并在复杂的支出类别中发现可持续的成本节约。

（1）它是一些预先核准的、基于云的私家"店铺"，内部客户可在店铺中基于公司政策，选择商品和服务进行目录化采购。

（2）它结合最佳实践和企业采购品类，自定义商品及服务编码，建立全品类目录化采购，能够快速将供应商的产品纳入采购目录，从而持续控制采购种类，从根本上规范采购流程和控制采购风险。

（3）它基于采购目录建立精细的品类管理模式，分别制订标准化采购流程和审批工作流，实现差异化品类分析，优化各采购品类的管理策略。

（4）它应用计算机和人工智能技术，迅速处理分类目录外的临时采购数据，充分挖掘所有品类支出数据的价值。

以上是数字化采购对成本控制的简要分析，更多的成本控制将会基于大数据的分析与挖掘，结合采购与供应管理实践得到运用。

5. 数字化采购 4.0 转型路径图

数字化转型刚刚起步，从某种程度上说是"将起未起"，如飞机在滑行阶段。很多领先的企业开发了数字化采购产品，但我觉得有些"碎片化"，解决的都是某个"点"的问题，最多是某条"线"的问题。就像我们买家具，今天椅子坐着不舒服，就买个沙发，明天看书不方便，就买个书桌。由于缺少整体考虑，家具互相之间不搭配，往往会让我们花冤枉钱。

如何进行整体思考，从战略高度拥有顶层设计呢？我们把企业数字化采购转型路径图分成四步，把它叫作"数字化采购 4.0 转型路径图"（见图 8-6），期待这张图能促使大家进行思考，找到方向，踏实迈好每一步。

1.0 电子化：记录下来，呈现出来，让管理"看见"。

2.0 系统化：流动起来，串联起来，让管理更有效率。

3.0 集成化：并联起来，互联互通，让管理协同。

4.0 智能化：数据洞察，挖掘规律，让决策智能。

图 8-6　数字化采购 4.0 转型路径图

有人预计，到 2020 年，采购将全面进入数字化时代，采购必须做出改变，转型势在必行。

目前国内大多数企业的采购业务普遍以 1.0 手工为主，效率低下。随着企业信息管理系统逐渐普及，部分企业开始使用电子采购系统 2.0，但是系统间的数据兼容 3.0 问题、共享问题，大家对数字化采购的认识问题，以及对采购地位重视的问题，正阻碍企业快速、科学地制定决策。至于 4.0，更多的是一种展望，部分领先的数字化采购产品提供商在跃跃欲试。

当然，有一点需要说明的是，企业引入数字化采购产品是否一定属于 1.0 到 4.0 呢？我觉得总体上是这样的，但开发数字化产品不一定是割裂式地开发，可能开发的产品直接就具备 4.0 的特征，但它在具备 4.0 的特征时，一定已经具备了 1.0、2.0、3.0 的特征。1.0、2.0、3.0 是 4.0 的基础，前一步走得踏实，下一步才能落地走得稳。也就是说，产品本身不一定是独立的，可以兼具 1.0 和 4.0 的特征，但业务转型或者说业务变革，是需要逐级进行的。这就是我们为什么把它叫作"数字化采购 4.0 转型路径图"。我们用这张图帮助大家厘清每一步的目标和该做的事，让大家在数字化转型的路上目标明确、少走弯路，最终实现业务数字化、流程自动化、决策智能化，并且通过 4.0 转型路径图，实现数字化采购转型。

6. 采购的未来畅想与困惑

非常确定的一个趋势是，数字科技正在并必将取代很多供应链管理者的工作，而且做得比人更好。不难想象，10 年内甚至更短的时间内，随着流程自动化、数据驱动下的商务分析的发展，商务人工智能的普及应用，供应链管理将极大地减少对人的依赖。当计划、采购、生产运营、订单管理、物流管理等职能大范围地实现自动化、智能化后，什么工作是能留给供应链人的呢？又有什么新的工作会随之创造出来呢？

也许有人会说，与供应商打交道，终究还是需要人来进行的。但现在，几乎每一篇商业文章都会提到区块链（block chain）。区块链技术以及相应的智能合约技术，将开启供应链上下游合作方之间更加灵活的变革与进步。那时候，企业与供应商之间的关系建立在流程的基础上，除了双方高层之间的交往和约定，就不需要人来进行日常维护。

目前市场上对于能够分析数据、构建模型，使用数字化工具和算法的供应链人有巨大且急迫的需求。采购人员在数字化采购中更要发挥自己的作用，控制好成本。至于数字化采购对采购职业的冲击和威胁，我们采购人则要敢于面对，勇于面对。掌握数字化采购技术，提升专业水平，用专业赢得认可！

思考题

1. 结合本章学习，思考供应链协同降本的方法。
2. 回顾本章内容，论述价值链管理如何实施。
3. 简述供应商早期参与的注意事项有哪些。
4. 如何建设基于成本的伙伴供应商关系？
5. 数字化采购的相关概念、意义以及对成本控制工作的影响有哪些？

参考文献

由于编者水平有限，书中不足之处在所难免，诚请广大读者指正。同时，为了给读者奉献较好的作品，我们进行了大量的资料收集、检索、查阅与整理工作。在写作本书的过程中，我们引用了一些资料和文献。这些资料的原创作者为本书的完成提供了很多便利。在此，深表感谢。

作者查阅、参考了大量的文章、文献和作品，部分精彩文章未能正确、及时注明来源及联系版权拥有者并支付稿酬，希望相关版权拥有者见到本申明后及时与我们联系，我们将按相关规定支付稿酬。在此，深深表示歉意与感谢。

[1] 宫迅伟. 如何专业做采购 [M]. 北京：机械工业出版社，2015.

[2] 宫迅伟，等. 采购 2025 数字化时代的采购管理 [M]. 北京：机械工业出版社，2019.

[3] 宫迅伟. 中国好采购 [M]. 北京：机械工业出版社，2017.

[4] 英国皇家采购与供应学会（CIPS）. 采购与供应中的合同与谈判 [M]. 北京中交协物流人力资源培训中心，译. 北京：机械工业出版社，2014.

[5] 克里斯蒂·舒，约瑟夫·L. 儒道，罗伯特·库莫斯，迈克尔·F. 斯卓，阿连卡·崔普莱特，吉姆·皮尔斯. 棋盘博弈采购法 [M].

姚倩，李学芸，叶斐杰，吴江，译 . 3 版 . 北京：清华大学出版社，2017.

[6] 郭小金，吉伟莉，张绪军 . 成本会计学 [M]. 上海：复旦大学出版社，2017.

[7] 胡亦盛，楼儒铠，章豪锋 . 价值链、供应链与产业链的概念辨析 [J]. 现代物业（中旬刊），2010，9（6）.

[8] 乔吉俊 . 从价值链到供应链：企业竞争优势理论的衍变 [J]. 机械管理开发，2003（2）.

[9] 温晓龙，崔巍，温晓燕，宋存义，Tim Folsom. 工矿企业设备租赁与购买的经济分析与决策选择 [J]. 煤炭经济研究，2007（3）.

[10] 高健芸，周雪璇 . ZARA 极速供应链的成功经验 [J]. 商情，2016（27）.

[11] 陈志祥，张国兴 . 价值工程在日化企业产品开发中的应用 [J]. 中国工程科学，2005，7（6）.

[12] Anna E.Flynn，Sam Farney. CCPM 职业资格认证核心教程（Ⅲ）供应管理：价值增值 . 郝皓，韦璐，译 . 中国物流与采购联合会采购与供应链管理专业委员会，美国供应管理协会 .

[13] 美国管理会计师协会（IMA）. 财务决策（英汉双语，下册）[M]. 舒新国，赵澄，译 . 4 版 . 北京：经济科学出版社，2015.

[14] 项目管理协会 . 项目管理知识体系指南：PMBOK 指南 [M]. 许江林，等译 . 5 版 . 北京：电子工业出版社，2013.